Second-Level-Domains aus kennzeichenrechtlicher Sicht

Europäische Hochschulschriften
Publications Universitaires Européennes
European University Studies

Reihe II
Rechtswissenschaft

Série II Series II
Droit
Law

Bd./Vol. 3328

PETER LANG
Frankfurt am Main · Berlin · Bern · Bruxelles · New York · Oxford · Wien

Christian Racz

Second-Level-Domains aus kennzeichenrechtlicher Sicht

PETER LANG
Europäischer Verlag der Wissenschaften

Die Deutsche Bibliothek - CIP-Einheitsaufnahme

Racz, Christian :

Second-Level-Domains aus kennzeichenrechtlicher Sicht / Christian Racz. - Frankfurt am Main ; Berlin ; Bern ; Bruxelles ; New York ; Oxford ; Wien : Lang, 2002
(Europäische Hochschulschriften : Reihe 2, Rechtswissenschaft ; Bd. 3328)
Zugl.: Bochum, Univ., Diss-, 2001
ISBN 3-631-38425-4

D 294
ISSN 0531-7312
ISBN 3-631-38425-4

www.peterlang.de

Für meine Familie

Vorwort

Die Bewältigung der rechtlichen Fragestellungen, die sich durch die globale Verbreitung des Internets ergeben, ist von entscheidender Bedeutung für die Zukunft dieses noch jungen Mediums. Der elektronische Geschäftsverkehr und die Bereitschaft von Unternehmen, neue Marketing- und Distributionswege zu erschließen, hängt entscheidend von der zu erzielenden Rechtssicherheit ab. Ohne Rechtssicherheit wird der wirtschaftliche Erfolg, von dem das Internet letztlich abhängt, ausbleiben. Bei der Bewältigung der Rechtsprobleme des Internets sind jedoch in vielerlei Hinsicht Besonderheiten zu beachten: Zum einem sind die rechtlichen Fragestellungen in kaum einem anderen Gebiet so eng mit technischen Gegebenheiten und Entwicklungen verknüpft wie im Bereich des Internets, zum anderen unterliegt kaum ein anderer Bereich einer vergleichbar rasanten Entwicklungsdynamik.

Indes besteht an Publikationen zum Themenbereich Internet kein Mangel. Die Fragestellungen, welche sich durch die Etablierung des Internets ergeben, sind äußerst zahlreich. Gleiches gilt für die hierzu entwickelten Lösungsansätze. Besondere Aufmerksamkeit erzielen seit nunmehr mehreren Jahren die „*Adressen des Internets*“, die Domain-Namen. Die hierzu entwickelten Lösungsansätze lassen eine eindeutig gefestigte Rechtsauffassung noch nicht erkennen. Bislang existieren zahlreiche Urteile von Amts- und Landgerichten, aber nur wenige Urteile von Oberlandesgerichten. Die vorhandenen Urteile zum Kennzeichenrecht weisen zwar eine gemeinsame Grundtendenz auf, widersprechen sich aber nicht selten in den verschiedensten Punkten. Urteile, die einer vorschnell als gefestigt erklärten Rechtsprechung mitunter deutlich entgegenstehen, sind bis keine Seltenheit. Gleiches gilt für die zu diesem Themenkomplex veröffentlichte Literatur. Im Übrigen sind zahlreiche Publikationen als „*Praxisleitfaden*“ ausgelegt und dienen vorwiegend der schnellen Orientierung in diesem komplexen Rechtsgebiet.

Von der erforderlichen Rechtssicherheit kann noch nicht gesprochen werden. Insofern ist es angezeigt, die verschiedenen Lösungsansätze zu analysieren und zum einen auf ihre Vereinbarkeit mit dem geltenden Recht, zum anderen aber auch auf ihre Praxistauglichkeit hin zu untersuchen. Hierzu konnten Rechtsprechung und Literatur noch bis einschließlich Juli 2001 berücksichtigt werden. Weiterhin gilt es aber auch, der Entwicklungsdynamik des Internets gerecht zu werden. Hierzu ist es erforderlich, neue Entwicklungen, Tendenzen und Probleme möglichst frühzeitig zu erkennen und hierzu auf der Grundlage des geltenden Rechts Lösungsansätze zu entwickeln.

Die Entwicklungsdynamik des Internets führt mitunter aber auch zu Problemen rein tatsächlicher Natur: Daß die Siemens AG in einigen Jahren noch immer unter der Internetadresse „*http://www.siemens.de*" zu erreichen ist, scheint nahezu sicher. Daß jedoch die „*Uniform Dispute Resolution Policy*" der ICANN noch immer unter „*http://www.icann.org/udrp/udrp.htm*" zu finden sein wird, ist schon nicht mehr so sicher. Dementsprechend kann nicht garantiert werden, daß die in dieser Arbeit angegeben Hyperlinks auch tatsächlich zu der gewünschten Internetseite führen. Der Grund für dieses Problem liegt schlicht in der Inkompatibilität der Printmedien mit dem Internet. Während das gedruckte Wort nie mehr geändert werden kann, ist eine Publikation im Internet dynamisch.

Diese Arbeit wurde im Sommersemester 2001 von der jurisitschen Fakultät der Ruhr-Universität Bochum als Dissertation angenommen. Meinem Doktorvater, Prof. Dr. Daniel Zimmer LL.M., danke ich für die vorbildliche Betreuung dieser Arbeit. Dem Zweitgutachter Prof. Dr. Klaus F. Röhl danke ich für die zügige Begutachtung.

Gelsenkirchen, im Juli 2001

Christian Racz

EMail:
christian@racz.de

Inhaltsverzeichnis

Literaturverzeichnis

Althammer, Werner	Warenzeichengesetz, 4. Auflage Köln-Berlin-Bonn-München 1989 (zitiert: Althammer, WZG)
Althammer, Werner / **Ströbele**, Paul / **Klaka**, Rainer	Markengesetz, 6. Auflage Köln-Berlin-Bonn-München 2000 (zitiert: Althammer/Ströbele/Klaka, Markengesetz)
Apel, Jürgen / Große-Ruse, Henning	Markenrecht versus Domainrecht WRP 2000, S. 816 – 823 (zitiert: Apel/Große-Ruse, WRP 2000)
Bachmann, Birgit	Der Gerichtsstand der unerlaubten Handlung im Internet, IPRax 1998, S. 179 - 187 (zitiert: Bachmann, IPRax 1998)
Bar, Christian, von	Internationales Privatrecht, Band II, 1. Auflage München 1991 (zitiert: von Bar, IPR Bd. II)
Bartsch, Michael / **Lutterbeck**, Bernd	Neues Recht für neue Medien, 1. Auflage Köln 1998 (zitiert: Bartsch/Lutterbeck/*Bearbeiter*, Neues Recht für neue Medien)
Baumbach, Adolf / **Hefermehl,** Wolfgang	Wettbewerbsrecht, Gesetz gegen den unlauteren Wettbewerb, Zugabenverordnung, Rabattgesetz und Nebengesetze, 20. Auflage München 1998 (zitiert: Baumbach/Hefermehl, Wettbewerbsrecht) 16. Auflage München 1990 (zitiert: Baumbach/Hefermehl, Wettbewerbsrecht – 16. Auflage) Warenzeichenrecht, 12. Auflage München 1985 (zitiert: Baumbach/Hefermehl, WZG)

Bäumer, Ulrich
Domain Namen und Markenrecht,
CR 1996, S. 174 – 179
(zitiert: Bäumer, CR 1996)

Berlit, Wolfgang
Änderung des UWG durch das Markenrechtsreformgesetz,
NJW 1995, S. 365 – 368
(zitiert: Berlit, NJW 1995)

Multimedia und Marken: Aktuelle Tendenzen der markenrechtlichen Rechtsprechung,
NJW 1999, S. 701 – 702
(zitiert: Berlit, NJW 1999)

Bethge, Herbert
Examensklausur Öffentliches Recht,
JURA 1985, S. 44 – 49
(zitiert: Bethge, JURA 1985)

Bettinger, Torsten
Kennzeichenrecht im Cyberspace: Der Kampf um die Domain – Namen,
GRUR Int. 1997, S. 402 – 420
(zitiert: Bettinger, GRUR Int. 1997)

Bettinger, Torsten / **Thum**, Dorothee
Territoriales Markenrecht im Global Village – Überlegungen zu internationaler Tatortzuständigkeit, Kollisionsrecht und materiellem Recht bei Kennzeichenkonflikten im Internet,
GRUR Int. 1999, S. 659 - 681
(zitiert: Bettinger/Thum, GRUR Int. 1999)

Bottenschein, Florian
Namensschutz bei Streitigkeiten um Internet-Domains,
MMR 2001, S. 286 – 292
(zitiert: Bottenschein, MMR 2001)

Bücking, Jens	Internet-Domains – Neue Wege und Grenzen des bürgerlich-rechtlichen Namensschutzes, NJW 1997, S. 1886 – 1891 (zitiert: Bücking, NJW 1997)
	Namens- und Kennzeichenrecht im Internet 1. Auflage Stuttgart 1999 (zitiert: Bücking, Namens- und Kennzeichenrecht)
	Update Domainrecht: Aktuelle Entwicklungen im deutschen Recht der Internetdomains, MMR 2000, S. 656 – 664 (zitiert: Bücking, MMR 2000)
Burk, Dan L.	Trademarks Along the Infobahn: A First Look at the Emerging Law of Cybermarks, The Richmond Journal of Law & Technology, Volume 1, Issue 1 (1995) Internet: http://www.urich.edu/~jolt/v1i1/burk.html (zitiert: Burk, Trademarks Along the Infobahn)
Deutsch, Volker	Zur Markenverunglimpfung – Anmerkungen zu den BGH-Entscheidungen „*Mars*“ und „*Nivea*“, GRUR 1995, S. 319 – 321 (zitiert: Deutsch, GRUR 1995)
Dreiss, Uwe / **Klaka,** Rainer	Das neue Markengesetz, 1. Auflage Bonn 1995 (zitiert: Dreiss/Klaka, Das neue Markengesetz)
Eichmann, Helmut	Der Schutz von bekannten Kennzeichen, Festschrift für Ulrich Krieger, GRUR 1998, S. 201 – 217 (zitiert: Eichmann, FS Krieger GRUR 1998)
Engel, Christoph	Inhaltskontrolle im Internet, AfP 1996, S. 220 – 227 (zitiert: Engel, AfP 1996)
Erichsen, Hans-Uwe	Kommunalrecht des Landes Nordrhein-Westfalen, 2. Auflage Siegburg 1997 (zitiert: Erichsen, Kommunalrecht)
Erman	Handkommentar zum Bürgerlichen Gesetzbuch, 2. Band 10. Auflage Münster 2000 (zitiert: Erman-*Bearbeiter*)

Ernst, Stefan

Anmerkung zum Urteil des OLG Hamm – „krupp.de“,
NJW-CoR 1998, S. 177 – 178
(zitiert: Ernst, NJW-CoR 1998)

Deutsche Städte im Internet und das Namensrecht
NJW-CoR 1997, S. 426 – 427
(zitiert: Ernst, NJW-CoR 1997)

Internetadressen, Der Stand der Rechtsprechung,
MMR 2001, S. 368 – 374
(zitiert: Ernst, MMr 2001)

Ernst-Moll, Jürgen

Die berühmte und die bekannte Marke,
GRUR 1993, S. 8 – 18
(zitiert: Ernst-Moll, GRUR 1993)

Fabricius, Fritz

Extensive Anwendung des § 12 BGB ?,
JR 1972, S. 15 – 19
(zitiert: Fabricius, JR 1972)

Fezer, Karl-Heinz

Markenrecht,
Kommentar zum Markenrecht, zur Pariser Verbandsübereinkunft und zum Madrider Markenabkommen,
2. Auflage München 1999
(zitiert: Fezer, Markenrecht)

Erste Grundsätze des EuGH zur markenrechtlichen Verwechslungsgefahr – oder: „Wie weit springt die Raubkatze ?“,
NJW 1998, S. 713 – 716
(zitiert: Fezer, NJW 1998)

Rechtsverletzende Benutzung einer Marke als Handeln im geschäftlichen Verkehr,
GRUR 1996, S. 566 – 570
(zitiert: Fezer, GRUR 1996)

Die Kennzeichenfunktion von Domainnamen,
WRP 2000, S. 669 – 674
(zitiert: Fezer, WRP 2000)

Freitag, Andreas	Technische Adresse oder geschütztes Unternehmenskennzeichen ?, MA 1996, S. 495 – 499 (zitiert: Freitag, MA 1996)
Gabel, Detlev	Internet: Die Domain-Namen, NJW-CoR 1996, S. 322 – 326 (zitiert: Gabel, NJW-CoR 1996)
Gamm, Otto Friedrich, von	Das Erfordernis der kennzeichenmäßigen Benutzung, GRUR 1974, S. 539 – 542 (zitiert: v. Gamm, GRUR 1974)
Gilster, Paul	Der Internet-Navigator, 1. Auflage München Wien 1994 (zitiert: Gilster, Internet-Navigator)
Glanegger, Peter / **Güroff,** Georg / **Kusterer,** Stefan / **Niedner,** Jochen / **Peuker,** Monika / **Ruß,** Werner / **Selder,** Johannes / **Stuhlfelder,** Ulrich	Heidelberger Kommentar zum Handelsgesetzbuch, 5. Auflage Heidelberg 1999 (zitiert: Glanegger u.a., Handelsgesetzbuch)
Graefe, Thomas	Marken und Internet, MA 1996, S. 100 – 103 (zitiert: Graefe, MA 1996)
Hackbarth, Ralf	Anmerkung zum Urteil des OLG Hamburg – „*warez.de*“, CR 1999, S. 186 – 187 (zitiert: Hackbarth, CR 1999)
Hafner, Katie / **Lyon**, Matthew	ARPA KADABRA – Die Geschichte des INTERNET, 1. Auflage Heidelberg 1997 (zitiert: Hafner/Lyon, ARPA KADABRA)
Hahn, Harald / **Wilmer**, Thomas	Die Vergabe von Top-Level-Domains und ihre rechtlichen Konsequenzen, NJW-CoR 1997, S. 485 – 489 (zitiert: Hahn/Wilmer, NJW-CoR 1997)

Hajer, Hans / **Kolbeck,** Rainer
Internet,
1. Auflage Haar 1994
(zitiert: Hajer/Kolbeck, Internet)

Helm, Marianne
Zur ergänzenden Anwendung wettbewerbsrechtlicher Bestimmungen auf markenrechtliche Tatbestände,
GRUR 2001, S. 291 – 295
(zitiert: Helm, GRUR 2001)

Hoeren, Thomas
Cybermanners und Wettbewerbsrecht,
WRP 1997, S. 993 – 998
(zitiert: Hoeren, WRP 1997)

Rechtsoasen im Internet
MMR 1998, S. 297 – 298
(zitiert: Hoeren, MMR 1998)

Internet und Recht – Neue Paradigmen des Informationsrechts,
NJW 1998, S. 2849 – 2854
(zitiert: Hoeren, NJW 1998)

Rechtsfragen des Internet. Ein Leitfaden für die Praxis,
Köln 1998
(zitiert: Hoeren, Rechtsfragen des Internet)

Kurzkommentar zum Urteil des OLG Karlsruhe vom 9.6.1999 – „*Bad-Wildbach.com*",
EWiR 1999, S. 983 – 984
(zitiert: Hoeren, EWiR 1999)

Hoeren, Thomas / **Sieber,** Ulrich (Hrsg.)
Handbuch Multimedia Recht – Rechtsfragen des elektronischen Geschäftsverkehrs,
Loseblattsammlung, Stand Dezember 1998,
München 1999,
(zitiert: Hoeren/Sieber/*Bearbeiter*, HMR)

Hopt, Klaus J. / **Baumbach,** Adolf / **Duden,** Konrad
Handelsgesetzbuch,
30. Auflage 2000
(zitiert: Hopt/Baumbach/Duden, Handelsgesetzbuch)

Huber, Peter
Das internationale Deliktsrecht nach der Reform,
JA 2000, S. 67 – 73
(zitiert: Huber, JA)

Hüskes, Ralf / **Brenken**, Dirk
Virtueller Auftritt -
Der Weg zur eigenen Webpräsenz,
c't Magazin für Computertechnik,
Heft 23 1998, S. 132 – 142
(zitiert: Hüskes/Brenken, c't 23/1998)

Ingerl, Reinhard / **Rohnke**, Christian
Markengesetz,
Gesetz über den Schutz von Marken und sonstigen Kennzeichen,
1. Auflage München 1998
(zitiert: Ingerl/Rohnke, Markengesetz)

Die Umsetzung der Markenrechts-Richtlinie durch das neue Markengesetz,
NJW 1994 S. 1247 – 1255
(zitiert: Ingerl/Rohnke, NJW 1994)

Jaeger-Lenz, Andrea
Kennzeichenschutz gegen ähnliche Domainbezeichnungen ?,
K&R 1998, S. 9 – 17
(zitiert: Jaeger-Lenz, K&R 1998)
Im Netz der Marken,
Verlagsbeilage zur Frankfurter Allgemeinen Zeitung (*FAZ*) vom 08. August 1998, S. B 9
(zitiert: Jaeger-Lenz, Im Netz de Marken)

Kegel, Gerhard / **Schurig**, Klaus
Internationales Privatrecht,
8. Auflage 2000
(zitiert: Kegel/Schurig, IPR)

Keller, Erhard
Die zeichenmäßige Benutzung im Markenrecht,
GRUR 1996, S. 607 – 613
(zitiert: Keller, GRUR 1996)

Kilian, Matthias
Die Adresse im Internet – Domains und ihr rechtlicher Schutz,
DZWir 1997, S. 381 – 390
(zitiert: Kilian, DZWir 1997)

Köhler, Helmut / **Piper**, Henning
Gesetz gegen den unlauteren Wettbewerb
1. Auflage 1995
(zitiert: Köhler/Piper, UWG)

Köhler, Markus /
Arndt, Hans-Wolfgang
Recht des Internet,
1. Auflage 1999
(zitiert: Köhler/Arndt, Recht des Internet)

Koller, Ingo /
Roth, Wulf-Henning /
Morck, Winfried
Handelsgesetzbuch,
2. Auflage München 1999
(zitiert: Koller/Roth/Morck, Handelsgesetzbuch)

Kröger, Detlef /
Gimmy, Marc A. (Hrsg.)
Handbuch zum Internetrecht,
Electronic Commerce – Informations-, Kommunikations- und Mediendienste,
1. Auflage 2000
(zitiert: Kröger/Gimmy/*Bearbeiter*, Handbuch zum Internetrecht)

Krüger, Christof
Zum gedanklichen Inverkehrbringen im Sinne der §§ 9 I 2, 14 II 2 Markengesetz,
GRUR 1995, S. 527 – 530
(zitiert: Krüger, GRUR 1995)

Kuner, Christopher
Internationale Zuständigkeitskonflikte im Internet,
CR 1996, S. 453 – 458
(zitiert: Kuner, CR 1996)

Internet für Juristen,
1. Auflage München 1996
(zitiert: Kuner, Internet für Juristen)

Kunz-Hallstein, Hans Peter
Europäisierung und Modernisierung des deutschen Warenzeichenrechts,
GRUR Int. 1990, S. 746 – 759
(zitiert: Kunz – Hallstein, GRUR Int. 1990)

Kur, Annette
Kennzeichenkonflikte im Internet – „Kinderkrankheiten" oder ernstzunehmendes Problem ?,
in Festschrift für Beier 1996,
(zitiert: Kur, Kennzeichenkonflikte im Internet)

Internet Domain names,
CR 1996, S. 325 – 331
(zitiert: Kur, CR 1996)

Namens- und Kennzeichenschutz im Cyberspace,
CR 1996, S. 590 – 594
(zitiert: Kur, CR 1996)

Neue Perspektiven für die Lösung von Domainnamen - Konflikten: Der WIPO-Interim Report,
GRUR Int. 1999, S. 212 - 219
(zitiert: Kur, GRUR Int. 1999)

Territorialität versus Globalität - Kennzeichenkonflikte im Internet,
WRP 2000, S. 935 - 940
(zitiert: Kur, WRP 2000)

Lehmann, M.
Domains – weltweiter Schutz für Name, Firma, Marke, geschäftliche Bezeichnung im Internet ?
WRP 2000, S. 947 – 950
(zitiert: Lehmann, WRP 2000)

Larenz, Karl
Methodenlehre der Rechtswissenschaft,
6. Auflage Berlin-Heidelberg-New York-London-Paris-Tokyo-Hong Kong-Barcelona-Budapest 1991
(zitiert: Larenz, Methodenlehre)

Allgemeiner Teil des deutschen Bürgerlichen Rechts,
7. Auflage München 1989
(zitiert: Larenz, AT)

Larenz, Karl / Canaris, Claus-Wilhelm
Lehrbuch des Schuldrechts,
2. Band Besonderer Teil 2. Halbband,
13. Auflage München 1994
(zitiert: Larenz/Canaris, SBT II/2)

Löffler, Severin
Werbung im Cyberspace – Eine kollisionsrechtliche Betrachtung,
WRP 2001, S. 379 – 384
(zitiert: Löffler, WRP 2001)

Mankowski, Peter
Das Internet im Internationalen Vertrags- und Deliktsrecht,
RabelsZ 1999, S. 203 - 294,
(zitiert: Mankowski, RabelsZ 1999)

Internet und Internationales Wettbewerbsrecht,
GRUR Int. 1999, S. 909 – 921
(zitiert: Mankowski, GRUR Int. 1999)

Kurzkommentar zum Urteil des OLG Frankfurt/Main vom 03.12.1998 (Az. 6 W 122/98),
EWiR 1999, S. 471 – 472
(zitiert: Mankowski, EWiR 1999)

Besondere Formen von Wettbewerbsverstößen im Internet und Internationales Wettbewerbsrecht, GRUR Int. 1999, S. 995 – 1003 (zitiert: Mankowski, GRUR Int. 1999)

Medicus, Dieter — Bürgerliches Recht, 18. Auflage Köln-Berlin-Bonn-München 1999 (zitiert: Medicus, Bürgerliches Recht)

Meister, Herbert — Die Verteidigung von Marken. Eine Skizze zum neuen Recht, WRP 1995, S. 366 – 377 (zitiert: Meister, WRP 1995)

Münchener Kommentar — Münchener Kommentar zum Bürgerlichen Gesetzbuch, Band 1 Allgemeiner Teil (§§ 1 – 240) 4. Auflage München 2001

Band 10 Einführungsgesetz zum Bürgerlichen Gesetzbuch (Art. 1-38) Internationales Privatrecht 3. Auflage 1998 (zitiert: Mü/Ko-*Bearbeiter*)

Münchener Kommentar zum Handelsgesetzbuch Band 1 Erstes Buch – Handelsstand (§§ 1 – 104) 1. Auflage 1996 (zitiert: Mü/Ko/HGB-*Bearbeiter*)

Mutius, Albert, von — Grundfälle zum Kommunalrecht, JuS 1977, S. 99 – 104 (zitiert: v. Mutius, JuS 1977)

Neth, Hansjörg — kaufbar.de – Domainbörsen im Internet, c't 17/1999, S. 86 – 87. (zitiert: Neth, c't 17/1999)

Nordemann, Axel — Internet-Domains und zeichenrechtliche Kollisionen, NJW 1997, S. 1891 – 1897 (zitiert: Nordemann, NJW 1997)

Nordemann, Axel / **Goddar**, Heinz / **Tönhardt**, Marion / **Czychowski**, Christian — Gewerblicher Rechtsschutz und Urheberrecht im Internet, CR 1996, S. 645 – 657 (zitiert: Nordemann/Goddar/Tönhardt/Czychowski, CR 1996)

Nußbaum, H. | Der persönliche Schutz gegen Namensmißbrauch und unbefugte Darstellungen,
Dissertation Freiburg 1932
(zitiert: Nußbaum, Der persönliche Schutz gegen Namensmißbrauch und unbefugte Darstellungen)

Oakes, Chris | The Next Name Battle,
WIRED – 20. Juli 1998
im Internet abrufbar unter:
http://www.wired.com/news/news/technology/story/13820.html
(zitiert: Oakes, The Next Name Battle)

Omsels, Hermann - Josef | Die Kennzeichenrechte im Internet,
GRUR 1997, S. 328 – 337
(zitiert: Omsels, GRUR 1997)

Palandt, Otto | Bürgerliches Gesetzbuch,
60. Auflage 2001
(zitiert: Palandt-*Bearbeiter*)

Pappermann, Ernst | Bahnhofsbezeichnung und gemeindliches Namensrecht – BVerwGE 44, 351 ff.,
JuS 1976, S. 305 – 309
(zitiert: Pappermann, JuS 1976)

Perritt, Henry H. | Law and the Information Superhighway: Privacy, Access, Intellectual Property, Commerce, Liability
1. Auflage New York 1996
(zitiert: Perritt, Law and the Information Superhighway)

Pfeiffer, Tim | Cyberwar gegen Cybersquatter,
GRUR 2001, S. 92 – 97
(zitiert: Pfeiffer, GRUR 2001)

Piper, Henning | Der Schutz der bekannten Marke,
GRUR 1996, S. 429 – 439
(zitiert: Piper, GRUR 1996)

Prell, Wolfgang | Das Namensrecht der Gemeinden,
Dissertation Marburg 1989
(zitiert: Prell, Das Namensrecht der Gemeinden)

Regionales Rechenzentrum für Niedersachsen (RRZN)
Internet – Eine Einführung in die Nutzung der Internet – Dienste,
5. Auflage Hannover 1997
(zitiert: RRZN, Internet – Eine Einführung in die Nutzung der Internet-Dienste)

Reichsgerichtsräte Kommentar
Das Bürgerliche Gesetzbuch mit besonderer Berücksichtigung der Rechtsprechung des Reichsgerichts und des Bundesgerichtshofes,
Band I §§ 1 – 240
12. Auflage Berlin – New York 1982
(zitiert: BGB-RGRK/*Bearbeiter*)

Renck, Andreas W.
Kennzeichenrechte versus Domain-Names – Eine Analyse der Rechtsprechung.
NJW 1999, S. 3587 – 3594
(zitiert: Renck, NJW 1999)

Ricke, Stefan (Hrsg.)
Ratgeber Online Recht,
1. Auflage München 1998
(zitiert: Ricke, Ratgeber Online Recht)

Rößler, Bernd
Die Ausnutzung der Wertschätzung bekannter Marken im neuen Markenrecht,
GRUR 1994, S. 559 – 569
(zitiert: Rößler, GRUR 1994)

Rüßmann, Helmut
Wettbewerbshandlungen im Internet – Internationale Zuständigkeit und anwendbares Recht,
K&R 1998, S. 422 – 427
(zitiert: Rüßmann, K&R)

Sack, Rolf
Sonderschutz bekannter Marken,
GRUR 1995, S. 81 – 98
(zitiert: Sack, GRUR 1995)

Die eigenmächtige Werbung mit fremden Namen als Delikt,
WRP 1984, S. 521 – 535
(zitiert: Sack, WRP 1984)

Das internationale Wettbewerbs- und Immaterialgüterrecht nach der EGBGB-Novelle,
WRP 2000, S. 269 – 289
(zitiert: Sack, WRP 2000)

Sandrock, Otto
Das Kollisionsrecht des unlauteren Wettbewerbs zwischen dem internationalen Immaterialgüterrecht und dem internationalen Kartellrecht,
GRUR Int. 1985, S. 507 - 522
(zitiert: Sandrock, GRUR Int. 1985)

Schack, Haimo
Internationale Urheber-, Marken- und Wettbewerbsrechtsverletzungen im Internet,
MMR 2000, S. 59 – 65
(zitiert: Schack, MMR 2000)

Neue Techniken und Geistiges Eigentum,
JZ 1998, S. 753 – 763
(zitiert: Schack, JZ 1998)

Schmidt, Karsten
Handelsrecht,
5. Auflage 1999
(zitiert: Schmidt, Handelsrecht)

Schmidt-Aßmann, Eberhard (Hrsg.)
Besonderes Verwaltungsrecht,
10. Auflage Berlin New York 1995
(zitiert: Schmidt-Aßmann, Besonderes Verwaltungsrecht)

Schmittmann, Jens M.
Domain-Names von Gebietskörperschaften – Streitpunkte in der Praxis,
K&R 1999, S. 510 – 513
(zitiert: Schmittmann, K&R 1999)

Schneider, Gerhard
Die Wirksamkeit der Sperrung von Internet-Zugriffen,
MMR 1999, S. 571 - 577
(zitiert: Schneider, MMR 1999)

Schuster, Fabian / **Müller,** Ulf
Entwicklung des Internet- und Multimediarechts von Juli 2000 bis März 2001,
Beilage zu MMR 07/2001
(zitiert: Schuster/Müller, Beilage MMR 07/2001)

Scholz, Ulrich
Die Änderung der Gleichgewichtslage zwischen namensgleichen Unternehmen und das Recht auf die Namensmarke,
GRUR 1996, S. 679 – 688
(zitiert: Scholz, GRUR 1996)

Schreibauer, Marcus / **Mulch**, Joachim

Die im Jahr 2000 veröffentlichte Rechtsprechung zum Internetrecht,
WRP 2001, S. 481 – 494
(zitiert: Schreibauer/Mulch, WRP 2001)

Schultz, Detlef, von

Eigenname contra prioritätsältere Phantasiebezeichnung,
GRUR 1992, S. 487 – 491
(zitiert: von Schultz, GRUR 1992)

Schwarz, Matthias

Recht im Internet
1. Auflage Stadtbergen 1996
(zitiert: Schwarz/*Bearbeiter*, Recht im Internet)

Sietmann, Richard

Nummernspiele – Ressourcenkonflikte um Namen und Adressen bleiben ein Politikum,
c't 9/1999, S. 180 – 191
(zitiert: Sietmann, c't 9/1999)

Soergel

Bürgerliches Gesetzbuch mit Einführungsgesetz und Nebengesetzen,
Band 1 Allgemeiner Teil (§§ 1 – 103)
13. Auflage Stuttgart 2000

Band 10 Einführungsgesetz
12. Auflage Stuttgart 1996
(zitiert: Soergel-*Bearbeiter*)

Spindler, Gerald

Deliktsrechtliche Haftung im Internet – nationale und internationale Rechtsprobleme,
ZUM 1996, S. 533 - 563
(zitiert: Spindler, ZUM 1996)

Starck, Joachim

Markenmäßiger Gebrauch – Besondere Voraussetzung für die Annahme einer Markenverletzung ?,
GRUR 1996, S. 688 – 693
(zitiert: Starck, GRUR 1996)

Markenschutz – Bemerkungen zum Schutz gegen Rufausnutzung und Rufbeeinträchtigung,
MarkenR 2000, S. 73 – 76
(zitiert: Starck, MarkenR 2000)

Staudinger, J., von
Kommentar zum Bürgerlichen Gesetzbuch mit Einführungsgesetz und Nebengesetzen,
erstes Buch Allgemeiner Teil (§§ 1 – 12; VerschG)
13. Auflage Berlin 1995
(zitiert: Staudinger-*Bearbeiter*)

Steinhaus, Ingo
Basiswissen Internet,
1. Auflage München 1998
(zitiert: Steinhaus, Basiswissen Internet)

Stoll, Hans
Sturz vom Balkon auf Gran Canaria – Akzessorische Anknüpfung, deutsches Deliktsrecht und örtlicher Sicherheitsstandard,
IPRax 1989, S. 89 – 93
(zitiert: Stoll, IPRax 1989)

Stratmann, Holger
Internet domain names oder der Schutz von Namen, Firmenbezeichnungen und Marken gegen die Benutzung durch Dritte als Internet-Adresse,
BB 1997, S. 689 – 693
(zitiert: Stratmann, BB 1997)

Strömer, Tobias H.
Online-Recht,
1. Auflage 1997
(zitiert: Strömer, Online-Recht)

Online-Recht
2. Auflage 1999
(zitiert: Strömer, Online-Recht 2. Auflage)

Das ICANN-Schiedsverfahren – Königsweg bei Domainstreitigkeiten,
K&R 2000, S. 587 – 594
(zitiert: Strömer, K&R 2000)

Ullrich, Norbert
Der Schutz einer Unternehmens-Domain,
WM 2001, S. 1129 – 1135
(zitiert: Ullrich, WM 2001)

Ubber, Thomas
Rechtsschutz bei Mißbrauch von Internet-Domains,
WRP 1997, S. 497 – 513
(zitiert: Ubber, WRP 1997)

Venditto, Gus

Netscape's Quiet Power Grab,
Internet World – 24. August 1998
im Internet abrufbar unter:
http://www.internetworld.com/print/1998/08/24/opinion/19980824-target.html
(zitiert: Venditto, Netscape's Quiet Power Grab)

Viefhues, Martin

Reputationsschutz bei Domain Names und Kennzeichenrecht,
MMR 1999, S. 123 – 127
(zitiert: Viefhues, MMR 1999)

Anmerkung zum Urteil des LG Essen: Pfändung von Domain Names,
MMR 2000, S. 286 – 291
(zitiert: Viefhues, MMR 2000)

Völker, Stefan / **Weidert,** Stefan

Domain-Namen im Internet,
WRP 1997, S. 652 – 663
(zitiert: Völker/Weidert, WRP 1997)

Welzel, Stephan

Zwangsvollstreckung in Internet-Domains,
MMR 2001, S. 131 – 139
(zitiert: Welzel, MMR 2001)

Wagner, Gerhard

Zeichenkollisionen im Internet,
ZHR 1998, S. 701 – 721
(zitiert: Wagner, ZHR 1998)

Wegner, Gerhard

Ehrenschutz und Pressefreiheit im europäischen Zivilverfahrens- und internationalen Privatrecht,
RabelsZ 1998, S. 244 – 285
(zitiert: Wegner, RabelsZ)

Wegner, Ralf

Rechtlicher Schutz von Internetdomains,
CR 1998, S. 676 – 684
(zitiert: Wegner, CR 1998)

Der rechtliche Schutz von Internetdomains,
CR 1999, S. 250 – 258
(zitiert: Wegner, CR 1999)

Wilde, Günther

Probleme der kennzeichenmäßigen Benutzung von Kennzeichen,
GRUR 1968, S. 477 – 485
(zitiert: Wilde, GRUR 1968)

Wilmer, Thomas
Offene Fragen der rechtlichen Einordnung von Internetdomains,
CR 1997, S. 562 – 566
(zitiert: Wilmer, CR 1997)

Winkelmann, Helmut
Das Recht der öffentlich-rechtlichen Namen und Bezeichnungen,
1. Auflage 1985
(zitiert: Winkelmann, Namen und Bezeichnungen)

Winkler, Matthias
Das Widerspruchsverfahren nach dem neuen Markenrecht,
GRUR 1994, S. 569 – 578
(zitiert: Winkler, GRUR 1994)

World Intellectual Property Organization (WIPO)
The Management of Internet Names and Adresses: Intellectual Property Issues,
Interim Report of the WIPO Internet Domain Name Process,
23. Dezember 1998
im Internet abrufbar unter: http://wipo2.wipo.int
(zitiert: WIPO, RFC-3-Interim Report)

The Management of Internet Names and Adresses: Intellectual Property Issues,
Final Report oft the WIPO Internet Domain Name Process,
30. April 1999
im Internet abrufbar unter: http://wipo2.wipo.int
(zitiert: WIPO, Final Report)

Einführung

I. Problemstellung

Das Internet ist den Kinderschuhen entwachsen. Innerhalb von fünf Jahren hat es 150 Millionen Nutzer erreicht. Ihre Zahl verdoppelt sich alle zwei Jahre. Im Jahr 2005 werden voraussichtlich eine Milliarde Menschen per Internet miteinander verbunden sein.[1] Allein in Deutschland nutzen inzwischen mehr als 10 Millionen Menschen das Medium, das erst seit Anfang der neunziger Jahre öffentlich zugänglich ist. Das Internet ist kein elitäres, sondern ein populäres Medium. Es ist multifunktional und deckt alle Bereiche menschlicher Aktivitäten ab: Forschung, Bildung, Kommunikation, Politik, Unterhaltung und Handel. Konnten es sich Unternehmen bis vor kurzem noch leisten, das neue Medium zu vernachlässigen, so werden heute Unternehmen, die sich nicht auf das Internetzeitalter vorbereitet haben, an den Börsen hart bestraft.

Im Vordergrund steht die Nutzung des Internets als Marketing-Instrument und als Vertriebskanal, sowohl im Geschäft mit privaten Kunden (*business to consumer – „B2C"*) als auch mit anderen Unternehmen (*business to business – „B2B"*). Unausweichlich wird damit der Konflikt mit dem eigenen Vertrieb und Handel. Ob in der Reisebranche, in der Musikindustrie, im Buchhandel, in den Banken oder bei den Autoherstellern: Die Frage, wie das Internet den traditionellen Vertrieb beeinflussen wird, ist überall ähnlich. Aufs engste damit verbunden ist die Frage der richtigen Positionierung im „*Internetmarkt*". Unternehmen stehen plötzlich vor der Aufgabe, ihre traditionellen, aufwendig eingeführten Kennzeichen im Internet erneut zu verteidigen. Dabei wird zukünftig der Wert eines Kennzeichens unter ökonomischen Aspekten aufgrund der Globalisierung des Wettbewerbs noch weitaus stärker in den Vordergrund rücken als bisher.

---

[1] Aktuelle Zahlen bei: RIPE DNS-Hostcount (*http://www.ripe.net*).

Im Gegensatz zu den klassischen Massenkommunikationsmitteln (*Print, Hörfunk, TV*), die sich lediglich an einen passiven Rezipienten richten, muß der Internetnutzer selbst aktiv werden. Er entscheidet allein darüber, ob und welches Internetangebot er auswählt. Hierzu stehen ihm vor allem zwei Wege offen:

Zum einen kann sich der Internetnutzer sogenannter Suchmaschinen (*z.B. Yahoo*[2], *HotBot*[3], *Excite*[4], *Lycos*[5], *AltaVista*[6] *usw.*) bedienen. Hierbei gibt der Internetnutzer das Unternehmenskennzeichen, den Markennamen oder ein sonstiges Stichwort in die Suchmaske der entsprechenden Suchmaschine ein.

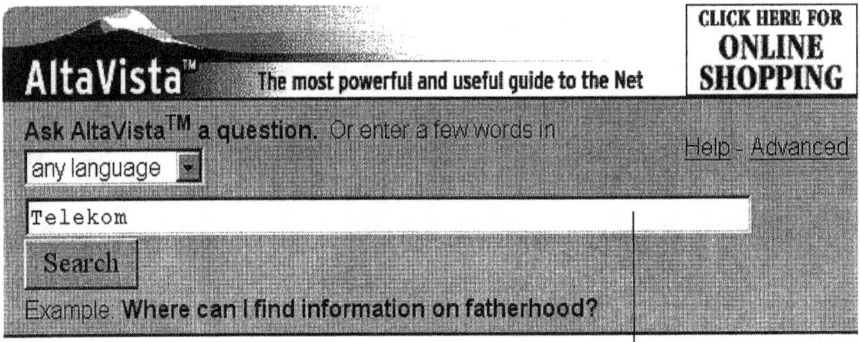

Abbildung 1: Suchmaske der AltaVista Suchmaschine

Daraufhin werden alle Internetseiten angezeigt, welche mit dem eingegebenen Stichwort in Verbindung gebracht werden können. Diese Internetseiten können dann direkt ausgewählt und aufgerufen werden.

---

[2] http://www.yahoo.com
[3] http://www.hotbot.com
[4] http://www.excite.com
[5] http://www.lycos.com
[6] http://www.altavista.com

Der Nachteil dieser Vorgehensweise besteht darin, daß sehr viele Internetadressen angezeigt werden, die mit der gesuchten Internetseite in keinem direkten Zusammenhang stehen. Der Sucherfolg hängt damit in großem Maße vom Zufall ab (*Die Eingabe des Stichwortes „Telekom" in die Suchmaske der AltaVista-Suchmaschine förderte 1.539.261 Internetseiten zutage – Stand Juli 2001*). Trotz der teilweise enormen Menge der so aufgeführten Internetadressen (*bzw. Hyperlinks*) kann sich der Internetnutzer nicht darauf verlassen, die gewünschte Internetadresse auch tatsächlich zu finden. Selbst die umfangreichen Kataloge der Suchmaschinen beinhalten nur einen Ausschnitt der zur Zeit über 60 Millionen Webseiten.

Die zweite Vorgehensweise besteht darin, daß die gewünschte Internetadresse direkt in das URL *(**U**nified **R**esource **L**ocator)* – Eingabefeld des Internetbrowsers eingegeben wird.

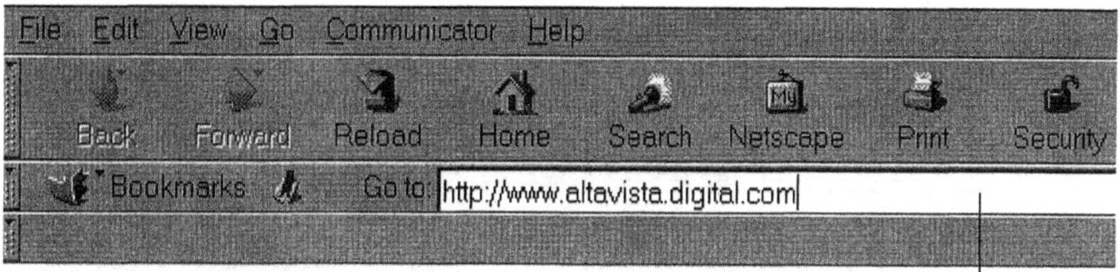

Abbildung 2: URL-Eingabefeld des Internetbrowsers „ Netsacpe Communicators 4.6"

URL
Eingabefeld

Diese Vorgehensweise setzt selbstverständlich voraus, daß die Internetadresse dem Internetnutzer auch bekannt ist. Daraus ergibt sich, daß ein Unternehmen, welches das Internet als neues Betätigungsfeld nutzen will, seine potentiellen Kunden wissen lassen muß, wo bzw. unter welcher Adresse es im Internet zu erreichen ist. Insofern bietet es sich an, dem Internetnutzer das Auffinden der eigenen Webseiten im Internet dadurch zu erleichtern, daß eine kurze und einprägsame Internetadresse gewählt wird.

Zu beachten ist dabei, daß der Internetnutzer häufig versuchen wird, das Unternehmen unter einer Internetadresse zu erreichen, die er selbst für naheliegend hält und die er selbst als Internetadresse gewählt hätte.[7] Dementsprechend eignet sich für ein Unternehmen keine Internetadresse besser als eine solche, die aus dem Unternehmenskennzeichen oder der Marke abgeleitet wird. Deshalb versuchen in der Praxis die meisten Unternehmen, den einprägsamsten Teil ihrer Kennzeichen in die Internetadresse aufzunehmen.

Beispiele:

Internetadresse (URL)	**Unternehmen**
http://www.beck.de	C.H. Beck Verlag
http://www.cocacola.com	The Coca Cola Company
http://www.daimler-chrysler.de	Daimler-Chrysler AG
http://www.deutsche-bank.de	Deutsche Bank AG
http://www.lufthansa.de	Deutsche Lufthansa AG
http://www.microsoft.com	Microsoft Corporation
http://www.siemens.de	Siemens AG
http://www.spiegel.de	Spiegel-Verlag

Problematisch ist hierbei, daß im Gegensatz zum Geschäftsverkehr außerhalb des Internets, wo z.B. aufgrund geographischer Entfernung oder mangels der erforderlichen Branchennähe die Benutzung identischer Kennzeichen ohne Konflikte möglich ist, im Internet eine Internetadresse bzw. ein Domain-Name weltweit nur ein einziges Mal unter derselben Top-Level-Domain (*z.B. „.de" oder „.com"*) vergeben werden kann.

---

[7] Ubber, WRP 1997, S. 497 (497).

Ist beispielsweise der Domain-Name „*www.cocacola.com*" vergeben, ist allen späteren Interessenten, die ihrem Angebot im Internet diese Adresse geben wollen, eine solche Adressierung verwehrt, der aussagekräftige Domain-Name gleichsam monopolisiert. Dieses ist eine Folge der bestehenden Adressierungsmethode – dem **D**omain-**N**ame-**S**ystem (*DNS*) – im Internet.

Dem Kennzeicheninhaber verbleibt lediglich die Möglichkeit, sein Kennzeichen abzuwandeln,

www.coca-cola.com

es mit Zusätzen zu versehen,

www.cocacola2.com

es unter einer anderen Top-Level-Domain zu registrieren

www.cocacola.de

oder seine Website in einem Unterverzeichnis des Erstanmelders des Domain-Namens unterzubringen.

www.cocacola.com/Unterverzeichnis/Index.html

Aus der Sicht eines Informatikers sind diese Probleme oft nicht nachvollziehbar, denn eine minimale Modifizierung der Internetadresse an nur einer Stelle, etwa in „*www.coca-cola.com*", ist immer möglich. Doch aus Sicht des Inhabers einer Marke, Firma oder eines sonstigen Kennzeichens ist dieses Ausweichen keine erstrebenswerte Alternative, denn es führt zu einem Nebeneinander zweier beinahe identischer Domain-Namen im Internet. Irreführung und Rufschädigung sind damit sehr naheliegend.[8]

Insofern mußten viele Unternehmen, die ihr Kennzeichen zum Bestandteil ihrer Internetadresse machen wollten, feststellen, daß das eigene Kennzeichen bereits von einem anderen Unternehmen oder einer Privatperson als Internetadresse benutzt wird.
Die Cebit, die Deutsche Bank AG, McDonald's und der Computerhersteller Apple mußten zunächst auf die Registrierung ihrer Marke oder Firma als Bestandteil einer Internetadresse verzichten. Die Internetadressen „*cebit.de*", „*deutsche-bank.com*", „*mcdonalds.com*" und „*apple.com*" waren bereits von anderen Unternehmen oder Privatpersonen als Internetadresse oder genauer als Domain-Name registriert worden.[9] Ebenso war es dem ehemaligen Kruppkonzern[10] nicht möglich, die Internetadresse „*www.krupp.de*" für sich registrieren zu lassen.[11] Diese wurde bereits von einer natürlichen Person mit dem Familiennamen Krupp registriert. Gleiches widerfuhr der Deutschen Shell AG hinsichtlich der naheliegenden Internetadresse „*www.shell.de*".[12]
Andere Unternehmen und natürliche Personen hingegen, deren Website bereits unter einem bestimmten Domain-Namen im Internet abrufbar ist, erhalten nicht selten Abmahnungen, in denen sie aufgefordert werden, eine weitere Verwendung dieses Domain-Namens zu unterlassen und ihn freizugeben.

---

[8] So auch LG Köln MMR 2000, S. 120 – „Bindestrich-Domain".
[9] Kur, Kennzeichenkonflikte im Internet, S. 265 (271); Gabel, NJW-CoR 1996, S. 322 (323).
[10] Nunmehr: Thyssen-Krupp AG.
[11] OLG Hamm CR 1998, S. 240 ff. – "krupp.de".
[12] OLG München CR 1999, S. 382ff. – „shell.de".

Für den Kennzeicheninhaber stellt sich damit die Frage, ob man sich dem derzeit vorherrschenden Grundsatz bei der Internetadressenregistrierung *„first come, first served“* beugen muß, oder ob und auf welcher rechtlichen Grundlage die gewünschte Internetadresse für das eigene Unternehmen gesichert werden kann.

II. Gang der Untersuchung

Die hier nur kurz umrissene Diskussion der kennzeichenrechtlichen Fragestellungen im Zusammenhang mit Second-Level-Domains soll durch die nachfolgende Darstellung belebt werden. Ziel ist es, die mit den Domain-Namen verbundenen kennzeichenrechtlichen Fragestellungen zu analysieren und Lösungsansätze zu entwickeln bzw. bereits vorhandene Lösungsansätze auf ihre Vereinbarkeit mit dem geltenden Recht sowie auf ihre Praxistauglichkeit hin zu untersuchen. In besonderem Maße werden aber auch neue Entwicklungen, Tendenzen und Probleme aufgegriffen, um hierzu auf der Grundlage des geltenden Rechts neue Lösungsansätze zu entwickeln.

Als Vorbedingung der rechtlichen Klärung ist es jedoch erforderlich, im ersten Kapitel der Dissertation einen Einblick in die technischen und organisatorischen Grundlagen des bestehenden **D**omain-**N**ame-**S**ystems (*DNS*) zu geben. Anschließend wird dann im zweiten Kapitel die Vergabe der Domain-Namen erörtert. Erst nach dieser für juristische Arbeiten ungewohnt ausführlichen Darstellung vorwiegend technischer Gegebenheiten können dann im dritten Kapitel die kennzeichenrechtlichen Fragestellungen, die mit der Eintragung und Benutzung der Domain-Namen verbunden sind, sinnvoll untersucht werden.

Hierbei wird zunächst der Schutz des Kennzeichens gegen die Benutzung als Second-Level-Domain erörtert. Dabei wird aufgezeigt, daß sich die Rechtsfragen, welche sich durch die Domain-Namen ergeben, auf der Grundlage des allgemeinen Kennzeichenrechts lösen lassen. Hierzu ist zunächst zu untersuchen, unter welchen Voraussetzungen deutsches Recht überhaupt anwendbar ist.

Anschließend wird die Anwendbarkeit der in Betracht kommenden Schutztatbestände auf die Problematik der Domain-Namen hin untersucht. Hierbei wird insbesondere der Frage nachgegangen, ob die Verwendung von Domain-Namen im Internet kennzeichenmäßig im Sinne des MarkenG erfolgt. Weiter wird die Streitfrage, welche Ware bzw. Dienstleistung zur Bestimmung der Verwechslungsgefahr im Sinne des § 14 II MarkenG maßgeblich ist, diskutiert und einer Lösung zugeführt. Im übrigen wird ermittelt, unter welchen Bedingungen eine Einschränkung des Grundsatzes der zeitlichen Priorität im Sinne des § 6 MarkenG geboten ist.

Anschließend wird das Sonderproblem des Domain-Grabbing untersucht. Hierbei wird die besondere Bedeutung des § 12 BGB für diese Fallkonstellation herausgestellt, und es wird untersucht, unter welchen Voraussetzungen die Vorschriften des UWG eingreifen.

Sodann werden die Besonderheiten aufgezeigt, die sich bei dem Schutz des Gemeindenamens gegen die Benutzung als Second-Level-Domain ergeben. Insbesondere wird erörtert, weshalb in dieser Konstellation das MarkenG in der Regel keinen Schutz vor Kennzeichenverletzungen bietet. Im übrigen wird die in diesem Fall ausnahmsweise rechtserhebliche Bedeutung der Top-Level-Domains untersucht.

Das dritte Kapitel wird sodann durch die Erörterung der Schutzmöglichkeiten des „*bekannten*" und des „*berühmten*" Kennzeichens gegen die Benutzung als Second-Level-Domain abgeschlossen. Hier wird insbesondere aufgezeigt, daß allein dem „*berühmten*" Kennzeichen durch § 12 BGB ein absoluter Schutz zukommt.

Schließlich wird im letzten Kapitel der Dissertation die Frage diskutiert, ob auch dem Domain-Namen selbst kennzeichenrechtlicher Schutz zugute kommen kann. Dabei wird dargelegt, daß der Domain-Name selbst als „*besondere Bezeichnung eines Geschäftsbetriebs*" im Sinne des § 5 II 1 MarkenG anzusehen ist, wenn dieser von Hause aus unterscheidungskräftig ist.

1. Kapitel: Die Domain-Namen

Die rechtliche Behandlung der Domain-Namen setzt zunächst eine Betrachtung des derzeitigen **D**omain-**N**ame-**S**ystems (*DNS*) und seiner Eigenarten voraus. Das DNS ist jedoch auf das engste mit dem Internet und seiner Entstehungsgeschichte verknüpft. Insofern ist eine Auseinandersetzung mit den historischen, technischen und organisatorischen Gegebenheiten des heutigen Internets erforderlich.

A. Internet

Das heutige Internet (***Inter****connected* ***Net****work)*, das sich in den letzten Jahren explosionsartig verbreitet hat und eine bisher nie dagewesene Freiheit an Kommunikation und Information gewährleistet, ist aus der militärischen Forschung der USA[13] während des Kalten Krieges entstanden.[14]

Im Jahre 1962 diskutierte Paul Baran von der RAND Corporation in Santa Monica, Kalifornien, in seinem Report „*On Distributed Communication Networks*"[15], wie das U.S. Militär sein Kommunikationssystem vor ernsten Zerstörungen durch atomare Angriffe schützen könne.[16] Man kam zu dem Schluß, daß hierfür ein Netzwerk benötigt wird, welches nicht von einem einzigen zentralen Rechner abhängig ist. Bei herkömmlichen Netzwerken ist das Herzstück jedoch stets der Server, d.h. ein Rechner, der Daten verwaltet und sie auf Anforderung der Clients, d.h. der angeschlossenen Rechner, zur Verfügung stellt.[17]

---

[13] US-Präsident Dwight Eisenhower hatte hierzu die ARPA (*Advanced* ***R****esearch* ***P****rojects* ***A****gency*) in der Phase der nationalen Krise, die auf den Start des russischen Satelliten Sputnik im Oktober 1957 folgte, ins Leben gerufen.
[14] RRZN, Internet – Eine Einführung in die Nutzung der Internet-Dienste, S. 13.
[15] Das Dokument ist heute noch im Internet abrufbar unter: http://www.rand.org/publications/RM/RM3420.
[16] Nach Hafner/Lyon (*APRA KADABRA, S. 10*) wurden durch das ARPA Projekt nur friedliche Ziele verfolgt, nämlich Computer in wissenschaftlichen Einrichtungen der USA miteinander zu verbinden, damit die Forscher Rechnerkapazität gemeinsam nutzen konnte.
[17] Kuner, Internet für Juristen, S. 15; Hajer/Kolbeck, Internet, S. 14.

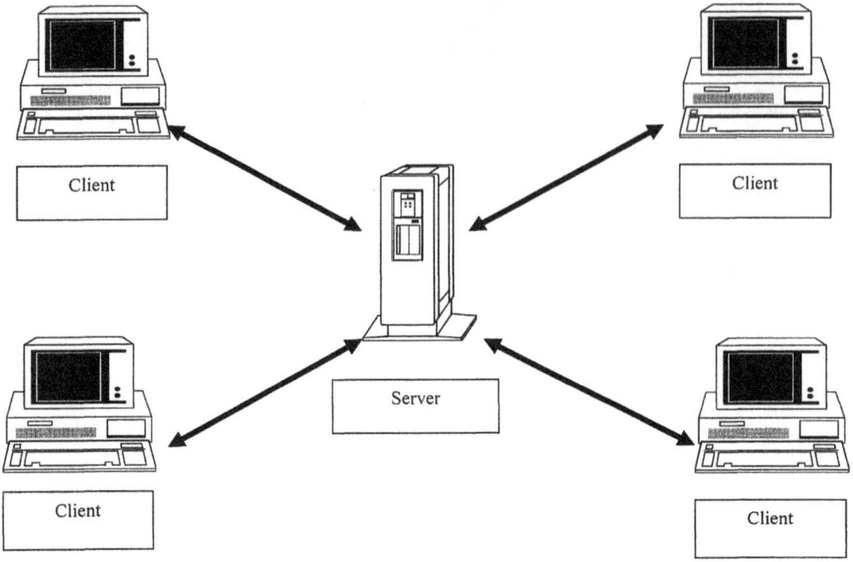

Abbildung 3: Vereinfachte Darstellung eines herkömmlichen Client-Server- Netzwerks

Für das US-Verteidigungsministerium war jedoch gerade diese zentrale Stellung des Servers problematisch. Der Ausfall des zentralen Servers, z.B. durch einen nuklearen Angriff, hätte den Zusammenbruch des gesamten Netzwerkes zur Folge. Erforderlich war also ein Netzwerk, das einen Angriff unbedingt überstehen kann, damit immer noch ein Vergeltungsschlag ausgeführt werden kann.[18] Insofern schlug Paul Baran ein System ohne zentrale Steuerung und Kontrolle vor, bei dem die überlebenden Knoten in der Lage wären, trotz Ausfalls anderer Punkte Verbindungen aufrechtzuerhalten (*dezentrales Netzwerk*). Von Anfang an sollte dabei von einem unzuverlässigen Netzwerk ausgegangen werden.

---

[18] Hafner/Lyon, ARPA KADBRA, S. 63.

Wichtigstes Merkmal eines solchen Netzes sollten „*paketvermittelte*" Verbindungen sein. Dabei wird jede Nachricht in einzelne kleine „*Pakete*"[19] mit eigener Adresse aufgeteilt, die unabhängig voneinander ihren Weg durch das Netz zum Empfänger finden und erst dort vom Computer wieder zusammengesetzt und in lesbare Form gebracht werden.[20] Dieses Verfahren bietet den Vorteil, daß die Kapazität einer Leitung auf mehrere Benutzer verteilt und so besser ausgenutzt werden kann. Außerdem kann die Übertragungssicherheit durch redundante Verbindungswege und durch die Möglichkeit der Wiederholung zerstörter oder verlorengegangener Pakete erhöht werden.[21]

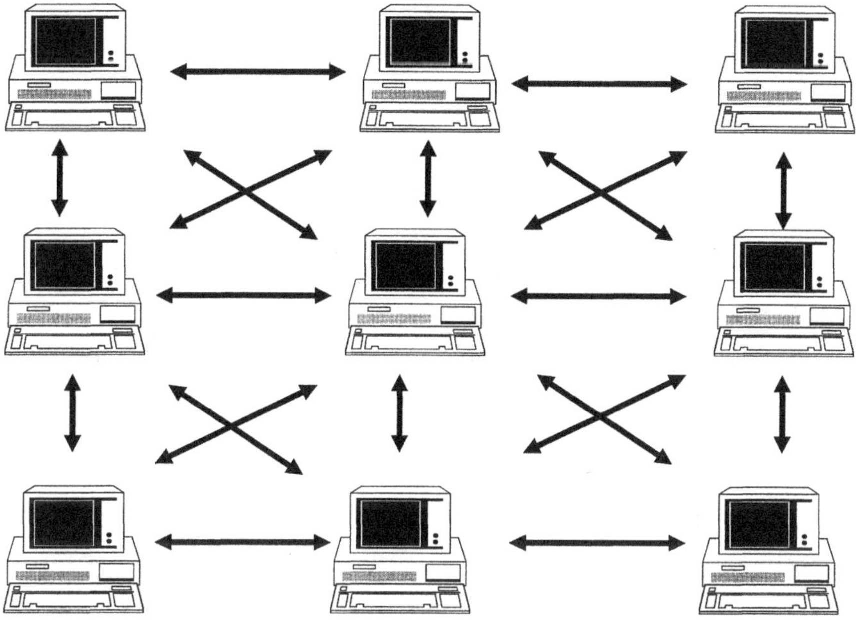

Abbildung 4: Vereinfachte Darstellung eines dezentralen (verteilten) Netzwerkes

[19] Der Begriff „*Paket*" bzw. „Paketvermittlung" (*Packet- Switching*) stammt jedoch von Donald Watts Davies. Paul Baran benutzte noch den Begriff „*distributed adaptive message block switching*".
[20] Hafner/Lyon, ARPA KADABRA, S. 69.
[21] RRZN, Internet – Eine Einführung in die Nutzung der Internet-Dienste, S. 13.

Die Wissenschaftler des US-Verteidigungsministeriums übernahmen dieses Prinzip und entwickelten ein derartiges Netzwerk, das im Jahr 1969 unter dem Namen ARPANET in Betrieb genommen wurde.[22]
Zunächst wurden vier Universitäten und Forschungseinrichtungen[23] verbunden, um so die Großrechnerkapazitäten besser auszunutzen. Der erste Vermittlungsrechner des ARPANETs wurde am 1. September 1969 an der UCLA in Betrieb genommen und bestand aus einem für damalige Verhältnisse leistungsfähigen Minicomputer (*Honeywell 516 – IMP Nr. 1* (***I****nterface* ***M****essage* ***P****rocessor*)).[24] Der zweite IMP traf am 1. Oktober 1969 an der SRI ein. Die Installation von IMP Nr. 2 markierte den bislang bedeutsamsten Einschnitt. Von nun an konnten Forscher zwei räumlich getrennte Computer miteinander verbinden und sie dazu bringen, miteinander zu kommunizieren.[25] Das erste aus zwei Knoten bestehende ARPANET war geboren.[26]
Das ARPANET funktionierte ursprünglich durch ein besonderes Protokoll, nämlich das **N**etwork **C**ontrol **P**rotocol (*NCP*), welches die dezentralisierte Nutzung des Netzwerkes ermöglichte. Unter einem Protokoll versteht man Konventionen und Regeln über den Austausch von Informationen zwischen Kommunikationspartnern (*insbesondere Computern*), um eine vollständige, fehlerfreie und effektive Datenübertragung zu gewährleisten.[27] Ein entscheidender Vorteil des NCP war, daß es mit den verschiedensten Arten von Computern und Software arbeiten konnte, was zu einer erheblichen Expansion des ARPANETs führte.

---

[22] Siehe hierzu die Ausführungen der „*Urväter*" des Internet unter: http://www.isoc.org/internet/history/brief.html („*A Brief History of the Internet*").
[23] UCLA (**U**niversity of **C**alifornia **L**os **A**ngeles), SRI (**S**tanford **R**esearch **I**nstitute), University of Utah und UCSB (**U**niversity of **C**alifornia **S**anta **B**arbara).
[24] RRZN, Internet – Eine Einführung in die Nutzung der Internet-Dienste, S. 13; Hafner/Lyon, ARPA KADABRA, S. 147.
[25] Hafner/Lyon, ARPA KADABRA, S. 175.
[26] IMP Nr. 3 wurde am 1. November 1969 an der UCSB in Betrieb genommen. IMP Nr. 4 im Dezember 1969 an der University of Utah.
[27] RRZN, Internet – Eine Einführung in die Nutzung der Internet-Dienste, S. 15.

In den 70er Jahren wuchs das ARPANET über seinen ursprünglichen Zweck als Netzwerk des US-Verteidigungsministeriums hinaus. An das ARPANET wurden zunehmend andere wissenschaftliche Netze angeschlossen. Daraus ergab sich die Notwendigkeit einer gemeinsamen Schnittstelle zum Datenaustausch. Daraufhin wurde 1973 von der in DARPA *(**D**efense **A**dvanved **R**esearch **P**rojects **A**gency)*[28] umbenannten ARPA das Programm "*Internetting Project*" ins Leben gerufen. Aufgabe dieses Programms war es, das Internetting – das Vernetzen verschiedener Netzwerke – zu ermöglichen.

Die Lösung für solche Internet-Verbindungen lag dabei in der Verwendung des richtigen Protokolls. 1974 entwickelten Robert Kahn und Vinton G. Cerf das TCP/IP (*Transmission **C**ontrol **P**rotocol/**I**nternet **P**rotocol*). TCP/IP ist ein System von Protokollen. Es ermöglicht einen von der Plattform (also von der verwendeten Hard- und Software) unabhängigen, standardisierten Informationsaustausch. Das TCP/IP wandelt die über das Internet versandten Daten in kleine Datenpakete um, leitet sie anhand ihrer Adressen über verschiedene Internet-Knotenpunkte weiter zum Ziel und setzt sie am Zielcomputer wieder zusammen.[29] Eine durchgängige Kommunikationsverbindung ist, anders als beispielsweise beim Telefon, nicht gegeben. Die Datenkommunikation über das Internet ist vergleichbar mit dem Versenden eines Buches als eine Folge von Postkarten, die am Zielort wieder gebunden werden.[30]

Die Verbindung zum ARPANET über TCP/IP markierte einen ersten Meilenstein auf dem Weg zum heutigen Internet. Da TCP/IP kostenlos zur Verfügung gestellt und in das Betriebssystem „*UNIX*" integriert wurde, fand das Protokoll rasche Verbreitung[31] und wurde Anfang der 80er[32] Jahre vom Department of Defense zum nationalen Standard erklärt, welches das alte NCP ersetzte.[33]

---

[28] Hafner/Lyon, ARPA KADABRA, S. 160.
[29] Kuner, Internet für Juristen, S. 17.
[30] Schneider, MMR 1999, S. 571 (575).
[31] Das jahrelange Konkurrenzprotokoll OSI konnte sich letztendlich nicht durchsetzen.
[32] Die Umschaltung von NCP auf TCP/IP erfolgte am 01.Januar 1983 – sog. „*Flag day*".
[33] RRZN, Internet – Eine Einführung in die Nutzung der Internet-Dienste, S. 14; Hafner/Lyon, ARPA KADABRA, S. 294.

Der Übergang zu TCP/IP stellte eines der wichtigsten Ereignisse für die Entwicklung des Internets in den künftigen Jahren dar. Aufgrund der neu gewonnenen Standardisierung konnte das Netzwerk stark anwachsen. Es war von nun an problemlos möglich, weitere Netzwerke dem ursprünglichen Netzwerk hinzuzufügen, ohne daß daran selbst Änderungen vorgenommen werden mußten.[34]

Die eigentliche Geburtsstunde des heutigen Internets wird allgemein im Jahre 1983 angesiedelt. Damals wurde das ARPANET in das MILNET, das die militärische Funktion übernahm, und in das ARPANET für die weitere Forschung im Netzwerkbereich aufgeteilt.[35] Durch die Trennung des ARPANET von militärischen Zwecken konnte dieses stärker expandieren. Das CSNET *(**C**omputer **S**cience **R**esearch **Net**work)*, welches in den Jahren 1979 bis 1983 parallel zum ARPANET aufgebaut wurde[36], war zu Beginn der 80er Jahre das erste eigenständige Netzwerk, das die Erlaubnis der DARPA erhielt, sich dem ARPANET anzuschließen.

1986 wurde in den USA das NSFNET (*National **S**cience **F**oundation **Net**work)* gegründet. Das NSFNET, welches von der US-Regierung finanziert wurde, errichtete verschiedene Hauptstränge für das Internet, sogenannte „*Backbones*", um den Datentransfer im Internet zu erleichtern. Daraufhin schlossen sich immer mehr US-Behörden und staatliche Einrichtungen an das Internet an. Das ARPANET selbst wurde im Juni 1990 aufgelöst und dessen Funktion in die größere Struktur des Internets integriert, wobei die NSF *(**N**ational **S**cience **F**oundation)* viele der Funktionen übernahm. Die beiden Netzwerke ARPANET und CSNET hatten jedoch bereits das grundlegende Prinzip des Internets geschaffen: Netzwerke sollen durch arbeitsfähige Protokolle über sogenannte „*Gateways*" mit neuen Netzwerken, die dem permanent wachsenden Metanetzwerk hinzugefügt werden, kommunizieren.[37]

---

[34] Gilster, Internet-Navigator, S. 18; Hafner/Lyon, ARPA KADABRA, S. 295.
[35] Gilster, Internet-Navigator, S. 18.
[36] RRZN, Internet – Eine Einführung in die Nutzung der Internet-Dienste, S. 14.
[37] Gilster, Internet-Navigator, S. 19.

Bis zum Jahre 1995 versuchte das NSFNET, eine „*acceptable use policy*“ durchzusetzen, damit das Internet nur für wissenschaftliche und nicht für kommerzielle Zwecke verwendet wird. Diese Policy wurde aber Anfang 1995 aufgegeben, als sich die US-Regierung dazu entschloß, das Internet nicht mehr zu subventionieren und es statt dessen zu privatisieren.[38] Mitte 1995 wurden die Backbones des NSFNET ausgeschaltet, und die Leitungen kommerzieller Netzbetreiber übernahmen ihre Funktion.[39]

B. IP-Adressen und Domain-Namen

Die Teilnahme an der Kommunikation in einem Netzwerk setzt voraus, daß jeder angeschlossene Rechner eine eindeutige Kennung besitzt.[40] Um jedem Rechner eine eindeutige Kennung geben zu können, werden im Internet zwei Adressierungsarten verwendet. Zum einen gibt es die IP-Adresse, zum anderen die Domain-Namen. Sie sind vollkommen gleichwertig, und beide Formate können je nach Belieben benutzt werden.

I. IP-Adresse (*IPv4*)

Damit der Rechner die Datenpakete zum richtigen Ziel liefern kann, muß die Adresse maschinenlesbar sein: Man verwendet hierzu das binäre Zahlensystem. Diese Internetadresse ist im 32-Bit Format geschrieben, das heißt, die Zahl hat 32 Stellen:

01101100101100101101100110110101

Da man sich eine solche Zahl nur sehr schwer merken kann, wird sie zunächst in vier 8-Bit Informationen umgewandelt. Diese 4 Bytes *(= 4 mal 8 Bit – Dezimalzahlen von 0 bis 255*) werden dann dezimal, durch Punkte voneinander getrennt, geschrieben.

z.B.: 141.41.49.12

---

[38] Kuner, Internet für Juristen, S. 17.
[39] Steinhaus, Basiswissen Internet, S. 17.
[40] Kur, CR 1996, S. 325 (326).

Damit umfaßt der Adreßraum des Internets 256^4 (*4,3 Milliarden*) verschiedene Adressen; da ein Teil davon reserviert ist, bleiben davon etwa 3,7 Milliarden verfügbar.[41] Diese Ziffernfolge wird als "***I**nternet-**P**rotokoll-Adresse*" oder kurz IP-Adresse bezeichnet. Diese IP-Adresse könnte nun direkt in das URL-Eingabefeld eines Internetbrowsers eingegeben werden. Die IP-Adresse

http://194.120.12.110

entspricht dabei der DNS-Adresse

http://www.bundestag.de

[41] Die 4-Byte-Schreibweise erlaubt die Aufspaltung der Routing-Information in zwei Teile, von denen sich der erste auf das Netz, der zweite auf den Hostrechner in dem angegeben Netz bezieht. Je nachdem, ob nur das erste oder auch das zweite und dritte Oktett zur Netzwerkadressierung herangezogen werden, ermöglicht dies die Strukturierung des Adreßraums in Netzwerkklassen unterschiedlicher Größe. Mit dem raschen Ansteigen der Zahl der Internet-Hosts zu Beginn der neunziger Jahre zeigten sich die ersten Schwächen dieser recht groben Adreßraumstrukturierung. Der Adreßraum wurde in bestimmten Bereichen knapp. Eine dauerhafte Entspannung der Lage wird erst die mit der Einführung von IPv6 vorgesehene Erweiterung des Adreßraums von 32 auf 128 Bit mit sich bringen. An die Stelle der dezimalen Punktschreibweise von IPv4 tritt die hexadezimale Schreibweise mit acht durch Doppelpunkte getrennte 16-Bit-Zahlen der Art 1080:417A. Das ergibt rein rechnerisch die enorm große Zahl von 2 hoch 128 (*3,4 x 10 hoch 38*) unterschiedlichen Adressierungsmöglichkeiten. Damit stehen dann mehr als genug Adressen zur Verfügung, um künftig jedes Endgerät vom Handy und TV-Gerät über die Standheizung des Autos bis zur Kaffeemaschine direkt über das Internet ansprechen und steuern zu können (*siehe hierzu: Sietmann, c't 9/1999, S. 180 (184)*).

II. Domain-Namen

Das Problematische an einer IP-Adresse ist, daß man sich eine (*maximal*) 12-stellige Zahl nicht so einfach merken kann. Hinzu kommt, daß diese auch wenig aussagekräftig im Hinblick auf Websitebetreiber ist. Aus diesem Grund sind die einzelnen Rechner im Internet vorwiegend über sogenannte „*Domain-Namen*" zu erreichen.

Das **D**omain-**N**ame-**S**ystem (*DNS*)[42] gestattet es, anstelle numerischer Internetadressen symbolische Adressen, also Domain-Namen, zu verwenden. Eine solche Adresse kann man sich sehr leicht merken.[43]

Zum Routen von IP-Paketen müssen die Domain-Namen aber wieder von einem Domain-Name-Server auf die eigentlichen numerischen 32 Bit großen IP-Adressen übersetzt werden. Zu diesem Zweck enthalten die Datenbanken der Domain-Name-Server Listen mit Domain-Namen und den dazugehörigen IP-Adressen. Erst nachdem für einen Domain-Namen die korrespondierende IP-Adresse von dem Domain-Name-Server bestimmt wurde, können die Datenpakete ihren Weg zum Ziel im Internet aufnehmen.[44]

Der erste Domain-Name-Server wurde 1983 an der Universität von Wisconsin entwickelt. Heutzutage unterhält jede am Internet angeschlossene Einrichtung einen eigenen Domain-Name-Server, welcher die Buchstabenreihenfolge in eine IP-Adresse uminterpretiert. In den Tabellen der Domain-Name-Server sind für jeden Rechner dieser Einrichtung ein oder mehrere Einträge vorhanden. Des weiteren gibt es in jedem Land einen Haupt-Domain-Name-Server, der in seinen Tabellen lediglich Einträge für jede Einrichtung in diesem Land hat.

---

[42] Das DNS wurde erstmals von Jon Postel, Paul Mockapetris und Craig Partridge im November 1983 vorgestellt. Das heutige DNS beruht auf dem Request for Comments (*RFC*)-1591.

[43] Domain-Namen erinnern damit von der Grundidee her an die in den USA seit langem bekannten Vanity Numbers. Vanity Numbers sind Rufnummern, die aus Begriffen oder Namen entstehen. 0800-FLOWERS ist z.B. die Vanity Number eines Blumenversandservices in den USA.

[44] WIPO, RFC-3-Interim Report, S. 2.

Das Domain-Name-System stellt sich damit als eine weltweite, verteilte Rechnerdatenbank mit mehreren Millionen Einträgen dar. Da jede Einrichtung nur für die Daten ihrer eigenen Rechner verantwortlich ist, ist die jeweils zu verwaltende Datenmenge relativ übersichtlich.[45] Vereinfacht betrachtet handelt es sich bei einem Domain-Name-Server also um eine Art automatisches Telefonbuch. Rein technisch gesehen führt ein Domain-Name also immer zu einer IP-Adresse. Der Domain-Name ist damit lediglich ein Alias, der bei jeder Anfrage im Internet interpretiert werden muß.

III. Aufbau eines Domain-Namens im World Wide Web (*WWW*)

Domain-Namen sind insbesondere als Bestandteile von sogenannten „*URL*" (***U**nified **R**esource **L**ocator*) von Bedeutung, durch welche Ort und Format einer Seite im **W**orld **W**ide **W**eb (*WWW*) bezeichnet werden. Die URL einer Website setzt sich grundsätzlich folgendermaßen zusammen:

Dienst://Rechnername.Second-Level-Domain.Top-Level-Domain/Pfad/Datei

Beispiel: www.kennzeichenrecht.de

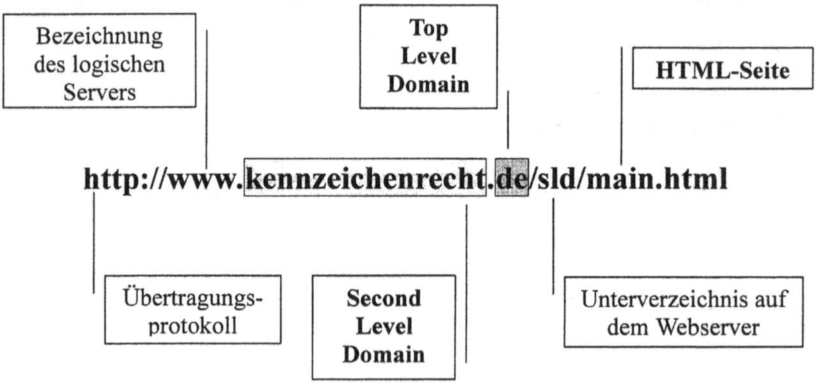

[45] RRZN, Internet – Eine Einführung in die Nutzung der Internet-Dienste, S. 34.

1. Top-Level-Domain (*TLD*)

Ein wichtiger Teil eines Domain-Namens ist die **T**op-**L**evel-**D**omain (*TLD*), die bei zentralen Organisationen eingetragen wird und, je nachdem, ob die Domain innerhalb oder außerhalb der USA eingetragen ist, aus unterschiedlichen Kürzeln besteht.
Die Top-Level-Domain dient damit der allgemeinen Einordnung des Teilnehmers.

a) Generische Top-Level-Domains (*gTLDs*)

Sogenannte **g**enerische **T**op-**L**evel-**D**omains (*gTLDs*) differenzieren Server nach den Kategorien Wirtschaftsunternehmen, Netzwerkbetreiber oder Behörde. Dabei steht z.B. die Top-Level-Domain „*.com*“ Wirtschaftsunternehmen zur Verfügung.
Die Top-Level-Domain stellt also den übergeordneten Bereich dar, dem die Domain zugeordnet wird. Der Begriff der Top-Level-Domain stammt aus den Anfangszeiten des Internets. An eine weltweite Ausdehnung des Internets dachte man seinerzeit nicht, so daß für dieses „*Ur-Internet*“ lediglich folgende Top-Level-Domains eingerichtet wurden:

generische Top-Level-Domain	Bedeutung
.com	kommerzielle Organisation
.edu	Universitäten/Bildungseinrichtungen
.gov	staatliche Einrichtungen
.int	international, intergovernmental
.mil	militärische Einrichtungen der USA
.net	Netzwerke und Internet-Systemverwaltung
.org	andere Organisationen

Von diesen sieben generischen Top-Level-Domains stehen die drei Top-Level-Domains „*.com*“, „*.net*“, und „*.org*“ grundsätzlich jedermann offen. Faktisch werden diese jedoch vorwiegend von US-amerikanischen Anbietern verwendet. Im Gegensatz dazu sind die restlichen Top-Level-Domains den angegebenen Gruppen zwingend vorbehalten.

b) Geographische Top-Level-Domains (*ccTLDs*)

Als die Internetgemeinde größer wurde und globale Dimensionen erreichte, entstand auch die Notwendigkeit, eine Länderkennung in der Internetadresse unterzubringen. Für die Zuteilung solcher *„country code"* **Top-Level-Domains** (*ccTLDs*) bzw. geographischer Top-Level-Domains ist gegenwärtig in jedem Land eine Vergabestelle zuständig, in Deutschland die DENIC eG. Gegenwärtig gibt es 249 verschiedene geographische Top-Level-Domains.[46] Die Ländercodes von *„.af"* (*Afghanistan*) bis *„.zw"* (*Zimbabwe*) verwenden die in ISO 3166 (*Codes for the Representation of Countries and Their Subdivisions*) festgelegten Zeichen.[47] Teilweise stehen die geographischen Top-Level-Domains jedermann offen, teilweise werden weitere Bedingungen an eine Registrierung geknüpft (*z.B. Nachweis des Wohnsitzes in dem entsprechenden Land*).

Beispiele für geographische Top-Level-Domains:

geographische Top-Level-Domain	**Land**
.at	Österreich
.ca	Kanada
.cn	China
.de	Deutschland
.es	Spanien
.fr	Frankreich
.it	Italien
.jp	Japan
.nl	Niederlande
.uk	Großbritannien

[46] WIPO, RFC-3-Interim Report, S. 3.

[47] In der Praxis ist die Kopplung der Ländercodes an die ISO 3166 allerdings mehrfach durchbrochen worden, ohne daß dafür systematische Gründe erkennbar waren. So erhielten Guernsey (*.gg*), Jersey (*.je*) und die Isle of Man (*.im*) von der IANA eigenmächtig Kürzel aus den reservierten Codes der Liste zugeteilt, Wales und Schottland dagegen nicht (*hierzu Sietmann, c't 9/1999, S. 180 (186)*).

c) Verteilung der Registrierungen

Einen funktionellen Unterschied zwischen generischen und geographischen Top-Level-Domains gibt es nicht. Eine Website unter einer generischen Top-Level-Domain ist genauso gut zu erreichen wie unter einer geographischen Top-Level-Domain. Gegenwärtig sind weltweit ca. 4,8 Millionen Domain-Namen registriert. Davon wurden ca. 1,4 Millionen unter einer geographischen Top-Level-Domain registriert. Jede Woche sind ca. 70.000 Neuregistrierungen zu vermerken.[48] Die deutsche Vergabestelle der Top-Level-Domain "*.de*", die DENIC eG, hat Ende August 2000 die 3.000.000ste "*.de*"-Domain vergeben.

d) Neue gTLDs

Seit Ende 1996 steht die Reform des Domain-Name-Systems auf der Tagesordnung der **W**orld **I**ntellectual **P**roperty **O**rganization (*WIPO*).[49] Ein Aspekt der Reformbestrebungen besteht darin, dem DNS neue generische Top-Level-Domains hinzuzufügen. Diese Idee geht auf einen der Mitbegründer des Internets, Dr. Jon Postel, zurück, der im Mai 1996 die Schaffung neuer Registrierungsstellen unter neuen Top-Level-Domains anregte.[50] Mit der Einführung neuer Top-Level-Domains verband sich die Hoffnung, die Streitigkeiten um die Domain-Namen würden dadurch abgeschwächt. In der Tat sind Top-Level-Domains keine natürlich beschränkte Ressource.

---

[48] WIPO, RFC-3-Interim Report, S. 3.
[49] Jaeger-Lenz, Im Netz der Marken, S. B 9.
[50] „*The Postel Internet-Draft*“ ist noch verfügbar unter: http://www.iiia.org/lists/newdom/1996q2/0259.html.

Insofern legte im Februar 1997 das IAHC (*International Ad Hoc Committee*) einen Abschlußbericht bzgl. der Schaffung neuer Top-Level-Domains vor. Daraufhin wurde am 1. Mai 1997 das sogenannte „generic Top-Level-Domain Memorandum of Understanding" (*gTLDMoU*) verabschiedet. Sieben neue generische Top-Level-Domains sollte es danach geben:

generische Top-Level-Domain	Bedeutung
.arts	Kultur- oder Unterhaltungsunternehmen
.firm	Firmen
.info	Informationsdienstleister
.nom	Eigen- und Künstlernamen
.rec	Freizeit- und Unterhaltungsbranche
.shop	Handelsunternehmen
.web	für Personen, die vornehmlich im WWW agieren

Im Januar 1998 regte die US-Regierung, in dem sogenannten „*Green Paper*", durch das „*Department of Commerce*" und das NTIA (*National Telecommunications and Information Administration*) und in Kooperation mit der IANA (*Internet Assigned Numbers Authority*) an, die Einführung neuer Top-Level-Domains auf nunmehr fünf zu begrenzen. Aufgrund kritischer Stimmen zu dem „*Green Paper*" zog die US-Regierung die Konsequenz und nahm in dem anschließend erschienenen „*White Paper*" von einer ausdrücklichen Empfehlung bzgl. der Einführung neuer Top-Level-Domain gänzlich Abstand.[51] Die Entscheidung darüber soll zukünftig bei der neu geschaffenen ICANN[52] (*Internet Corporation for Assigned Names and Numbers*) liegen.[53]

[51] The White Paper (*Section 7*): „At least in the short run, a prudent concern for the stability of the system suggests that expansion of gTLDs proceed at a deliberate and controlled pace to allow for evaluation of the impact of the new gTLDs and well-reasoned evolution of the domain space. New top level domains could be created to enhance competition and to enable the new corporation to evaluate the functioning, in the new environment, of the root server system and the software systems that enable shared registration."
[52] http://www.icann.org
[53] WIPO, RFC-3-Interim Report, S. 79.

Die Frage der Einführung neuer gTLDs wird sehr kontrovers diskutiert. Teilweise wird der Standpunkt vertreten, das Internet soll ein völlig offenes System sein, in dem jedermann nach Belieben neue gTLDs einführen kann. Über die Akzeptanz dieser gTLDs entscheidet dann ganz allein der Markt. Teilweise wird aber auch vertreten, daß von der Einführung neuer gTLDs zumindest zum jetzigen Zeitpunkt völlig Abstand genommen werden sollte. Begründet wird dies damit, daß kein wirklicher Bedarf an neuen gTLDs besteht. Vielmehr würde die Einführung neuer gTLDs die Domain-Streitigkeiten nur verschärfen und die Verkehrskreise unnötig verwirren. Nicht zuletzt deshalb, weil die ca. 250 vorhanden ccTLDs einen ausreichend großen *„name space"* bieten.[54] Nach Ansicht der WIPO (***W****orld* ***I****ntellectual* ***P****roperty* ***O****rganization*) soll mit der Einführung neuer gTLDs solange gewartet werden, bis durch eine Neuregelung der Vergabeverfahren sichergestellt wird, daß es nicht zu einer erneuten Verschärfung der Domain-Streitigkeiten kommt. Insbesondere muß sichergestellt sein, daß es nicht erneut zu einer Flut von Domain-Grabbing-Fällen kommt.[55]

Am 16. November 2000 hat die ICANN jedoch beschlossen, sieben neue gTLDs einzuführen.[56] Bei den neuen gTLDs handelt es sich folgende die Endungen

generische Top-Level-Domain	Bedeutung
.aero	für Luftfahrtunternehmen
.biz	für Unternehmen
.coop	für Genossenschaften
.info	für Internetseiten für allgemeine Informationen
.museum	für Museen
.name	für Privatpersonen
.pro	für bestimmte Berufsgruppen

---

[54] WIPO, Final Report, S. 95 ff.
[55] WIPO, Final Report, S. 78 ff.
[56] Schuster/Müller, Beilage MMR 07/2001, S. 24.

Die neuen Endungen sollen die Knappheit der Domain-Namen verringern. Die neuen gTLDs fordern es aber geradezu heraus, daß Unternehmen ihre Kennzeichen auch unter den neuen gTLDs anmelden. Andernfalls laufen sie Gefahr, Opfer des Domain-Grabbings zu werden. Durch die gebotenen Mehrfachregistrieungen wird die bestehende Knappheit der Domain-Namen nicht wirksam verringert. Vielmehr wird lediglich das Konfliktpotenzial vermehrt.

2. Second-Level-Domain (*SLD*)

Die sich an die Top-Level-Domain auf der linken Seite anschließende **Second-Level-Domain** (*SLD*) stellt den eigentlichen Namensbestandteil der Domain dar. Diese ist unter folgenden Einschränkungen frei wählbar:

Eine gültige Second-Level-Domain besteht aus Zahlen oder Buchstaben und dem Zeichen "–" (*Bindestrich*), wobei die Second-Level-Domain mit einer Zahl oder einem Buchstaben beginnen und enden muß. Eine Second-Level-Domain muß mindestens einen Buchstaben enthalten, um eine Verwechslung mit einer IP-Adresse zu vermeiden. Zwischen Groß/Kleinschreibung wird nicht unterschieden. Die Länge der Second-Level-Domain beträgt mindesten drei und höchstens 63 Zeichen. Die Namen bestehender Top-Level-Domains („*.com", ".int", ".gov", ".edu"* ...), ein und zweibuchstabige Abkürzungen sowie deutsche Kfz-Kennzeichen sind als Second-Level-Domain nicht zulässig.[57]

Aus rechtlicher Sicht ist allein die Second-Level-Domain von Bedeutung. Die Top-Level-Domain und das Kürzel „*www*", mit dem die meisten Internetadressen beginnen, steht mehr oder weniger fest.[58] Gerade dieser Gesichtspunkt verstärkt die Bedeutung einer firmennahen bzw. markennahen Second-Level-Domain. Die weitaus meisten Internetnutzer sind mit den feststehenden Kürzeln (*z.B. „www" – „.de" – „.com"* ...) vertraut.

---

[57] Vgl. die weiterführenden Hinweise der DENIC eG unter: http://www.denic.de

[58] Eine Internetadresse muß nicht zwingend mit dem Kürzel „*www*" beginnen. Vereinzelt findet sich auch das Kürzel „www2" oder ähnliches. Im Extremfall kann auch ganz auf ein solches Kürzel verzichtet werden. Beispielsweise lautet die Internetadresse der Ruhr-Universität-Bochum, auf der private Homepages von Studenten abgelegt werden können lediglich „*homepage.ruhr-uni-bochum.de*". Das Kürzel „*www*" ist hier also ersetzt durch die Bezeichnung „*homepage*". Das verbreitete Kürzel „*www*" bezeichnet also nur den logischen Server. Es steht nicht für das World Wide Web (*WWW*) schlechthin.

Auf der Suche nach der gewünschten Internetseite wird daher häufig die Marke, die geschäftliche Bezeichnung oder der Name um diese Kürzel ergänzt, in der Hoffnung, so die „richtige" Internetseite zu finden.
Im Idealfall ist also die Second-Level-Domain mit der Marke, der geschäftlichen Bezeichnung oder dem Namen identisch.

2. Kapitel: Vergabe von Domain-Namen

A. Einführung

Im Gegensatz zu reinen Online-Diensten (*z.B. AOL, CompuServe oder auch T-Online*) gibt es im Internet keinen zentralen Betreiber, welcher die organisatorische, finanzielle oder operationale Verwaltung innehat.

Aufgrund einer Selbstbeschränkung der Teilnehmer werden die notwendigen organisatorischen und administrativen Funktionen von dem Dachverband **I**nternet **Soc**iety (*ISOC*)[59] wahrgenommen, welcher einzelne Aufgaben wiederum auf andere Institutionen übertragen hat.

So war für die Vergabe von Internetadressen die **I**nternet **A**ssigned **N**umbers **A**uthority (*IANA*)[60] verantwortlich, welche wiederum die Verwaltung der Anmeldungen und Registrierungen an mehrere Vergabestellen delegierte.[61] Bevor das Internet außerhalb der USA Bedeutung erlangte, wurde die Vergabe und Registrierung der IP-Adressen und Domain-Namen zentral von dem **Inter**net **N**etwork **I**nformation **C**enter (*InterNIC*)[62] durchgeführt, welches durch ein privates Unternehmen namens **N**etwork **S**olutions **I**nc. (*NSI*) operiert.[63]

Für Europa (*RIPE-NCC = **R**eseaux **IP** **E**uropeen **N**etwork **C**oordination **C**enter*)[64] und den asiatisch-pazifischen Raum (*APNIC = **A**sia **P**acific **N**etwork **I**nformation **C**enter*) wurden gesonderte Institutionen zur Registrierung von geographischen Domain-Namen eingerichtet.[65] Für den amerikanischen Raum wurde ARIN (**A**merican **R**egistry for **I**nternet **N**umbers) geschaffen.

---

[59] http://www.isoc.org
[60] http://www.iana.org
[61] Bettinger, GRUR Int. 1997, S. 402 (405).
[62] http://www.internic.net
[63] Das in Herndon, Virginia, ansässige Unternehmen ist eine Tochter der Rüstungsfirma Science Aplications International (*SAIC*) in San Diego. Der Fünfjahresvertrag (*er sollte im September 1998 enden*) ermächtigte NSI für die Registrierung eine Jahresgebühr von 50 US-Dollar zu erheben, von denen NSI 70 % behielt. 30 % gingen in einen Internet Intellectual Infrastructure Fund, der zur Förderung von Entwicklungsprojekten gedacht war.
[64] http://www..ripe.net
[65] Bettinger, GRUR Int. 1997, S. 402 (405).

Insgesamt hatte demnach die USA die Führungsrolle im Internet inne. In jüngster Vergangenheit wurden dementsprechend vermehrt Stimmen laut, die eine stärkere internationale Beteiligung, insbesondere eine stärke Beteiligung der EU, forderten. Um diesem zu entsprechen, administriert nunmehr die neu gegründete ICANN (***I**nternet **C**orporation for **A**ssigned **N**ames and **N**umbers*)[66] den sogenannten *„A-Root-Server“*, das zentrale Adreßbuch des Internets, und wacht über die Vergabe von Top-Level-Domains. Des weiteren ist die ICANN für die Verteilung der IP-Nummernblöcke zuständig. Diese Aufgaben wurden bisher von NSI und IANA wahrgenommen. Der Zweierbund aus IANA und NSI wurde von der ICANN beerbt.

Die Monopolstellung des NSI bzgl. der Vergabe von Second-Level-Domains unterhalb der Top-Level-Domains *„.com“*, *„.org“* und *„.net“* endete im Mai 1999.[67] Am 21. April 1999 bestimmte die ICANN fünf Unternehmen, die ab Mai 1999 Domain-Namen unter den Top-Level-Domains *„.com“*, *„.org“* und *„.net“* vergeben dürfen (***S**hared **R**egistry **S**ystem – SRS*). Die Unternehmen stehen in einer Art kooperierende Konkurrenz zu NSI. Bei den Unternehmen handelt es sich um **A**merica **O**n**l**ine (*AOL*), CORE[68], France-Telecom, Melbourne IT und den New Yorker Domain-Reseller *„register.com“*. Nach dieser Testphase folgten diesen fünf Unternehmen weitere.[69]

Damit besteht erstmals ein echter Wettbewerb zwischen den einzelnen Vergabestellen.[70] Als erste Vergabestelle hat am 07. Juni 1999 *„register.com“* die Arbeit aufgenommen. Damit ist *„register.com“* in der Geschichte des Internets die erste Vergabestelle, die mit NSI in ein Konkurrenzverhältnis tritt.

---

[66] Vgl. http://www.icann.org – Der Sitz der ICANN ist in Los Angeles, Kalifornien.

[67] ICANN Press Release: http://www.icann.org/icann-pr21apr99.htm

[68] CORE wird von 85 Unternehmen und Organisationen, darunter auch die Deutsche Telekom AG und die DENIC eG, in 23 Ländern gebildet.

[69] Zu den Unternehmen, welche den Anforderungen des ICANN genügen, zählen: 9NetAvenue; A Technology Company; Active ISP; Alldomains.com; All West Communications; American Domain Name Registry; AT&T; Domain Direct; DomainRegistry.com; eNom, Inc.; InfoAvenue; InfoNetworks; InfoRamp; Interactive Telecom Network; Interdomain; Internet Domain Registrars; interQ Incorporated; MS Intergate; NameSecure.com; Name.Space Inc.; NetBenefit; NetNames; Nominalia; Port Information System AB; RCN; Telepartner AS; Verio; Virtual Internet; und WebTrends.

[70] In dem Urteil vom 14.10.1998 geht das LG Frankfurt a.M. davon aus, daß die Vergabestelle für Domain-Namen unter der Top-Level-Domain „.de“ (*DENIC*) ein marktbeherrschendes Unternehmen im Sinne des § 22 I Nr. 1 GWB ist (*NJW 1999, S. 586 (587)*). Abzuwarten bleibt insofern, ob auch die nationalen Vergabestellen sich zukünftig auf einen Wettbewerb einstellen müssen. Auswirkungen auf die nationalen Vergabestellen hat das Shared Registry System bislang nicht.

Die Vergabe der Domain-Namen unterhalb der geographischen Top-Level-Domain „*.de*“ wurde 1989 an den Informatikbereich der Universität Dortmund übertragen. Erst als die Universität Dortmund sich aufgrund der Menge der anfallenden Arbeit nicht mehr in der Lage sah, diese Dienstleistung weiterhin zu erbringen, gründete sich der Interessenverband DENIC (*IV-DENIC*). Der Interessenverband schrieb den technischen Betrieb des DENIC Mitte 1993 bundesweit aus; den Zuschlag erhielt die Universität Karlsruhe. Seit dem 01. Januar 1994 werden deshalb vom Rechenzentrum der Universität Karlsruhe die Aufgaben des DENIC erfüllt.[71] Welche Institution letztlich für die Vergabe der Internetadresse zuständig ist, hängt damit von der Wahl der Top-Level-Domain ab.[72]

[71] Strömer, Online-Recht, S. 51; Kilian, DZWir 1997, S. 381 (383).
[72] Ubber, WRP 1997, S. 497 (498).

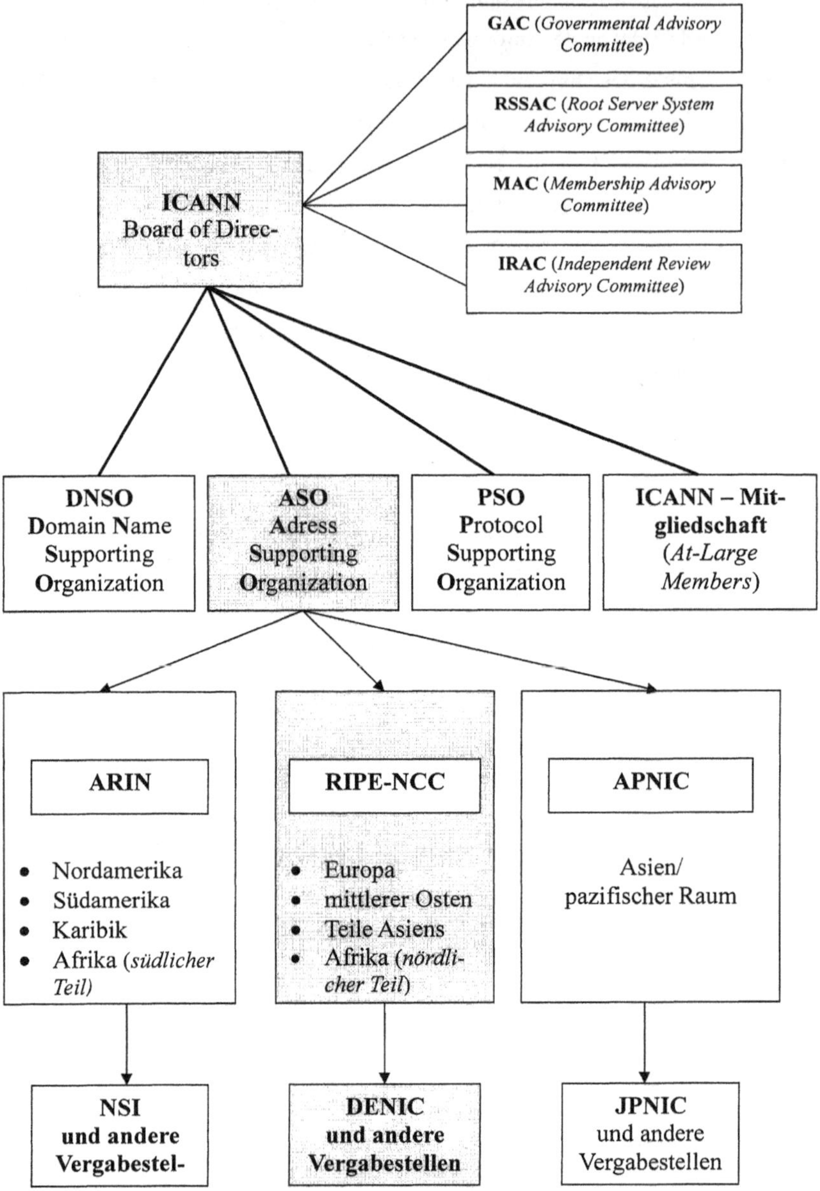

Abbildung 5: Die Struktur der weltweiten Vergabestellen (Stand: Juni 2001)

B. Vergabe von Domain-Namen durch InterNIC/NSI

I. Ursprüngliche Vergabegrundsätze

In den USA wurde die Vergabe der generischen Top-Level-Domains ursprünglich von **N**etwork **S**olutions, **I**ncorporated (*NSI*) allein verwaltet. Seit April 1999 sind auch andere Unternehmen zur Vergabe der Domain-Namen befugt.[73] NSI arbeitet dabei auf Vertragsbasis für die US-amerikanische **N**ational **S**cience **F**oundation (*NSF*) und hat für diese Aufgabe einen **Inter**net **N**etwork **I**nformation **C**enter's Registration Service (*InterNIC*) eingerichtet.[74] Die Vergabe durch NSI erfolgt auf der Top-Level-Domain-Ebene nach dem Prioritätsgrundsatz („*first come, first served*").
Früher war es möglich, beliebig viele Domain-Namen kostenlos anzumelden. Konflikte zwischen Domain-Namen und Kennzeichenrechten blieben ungeprüft. Eine Pflicht, den registrierten Domain-Namen auch tatsächlich zu benutzen, bestand nicht. Daher wurden von vielen Kennzeicheninhabern die verschiedensten Abwandlungen der eigenen Kennzeichen angemeldet.
Darüber hinaus führten diese Vergabegrundsätze dazu, daß viele Unternehmen und Privatpersonen berühmte Marken oder sonstige Kennzeichen der Konkurrenzunternehmen als Domain-Namen für sich registrierten. In den USA waren im Oktober 1994 mehr als 14 % der 500 größten amerikanischen Unternehmen von diesem sogenannten „*Domain-Grabbing*" betroffen.[75] Aufgrund der Fülle von Registrierungen änderte NSI jedoch die Vergabegrundsätze. Von nun an sollte eine „*Organisation*" möglichst nur noch einen Domain-Namen beantragen können, was allerdings in der Praxis kaum beachtet wird.[76]

---

[73] Siehe hierzu 2. Kapitel B.
[74] Bäumer, CR 1998, S. 174 (174).
[75] Bettinger, GRUR Int. 1997, S. 402 (406).
[76] Ubber, WRP 1997, S. 497 (498).

Des weiteren beschloß das NSI im Juli 1995 von nun an, eine einmalige Registrierungsgebühr („*Registration Fee*") in Höhe von 100 US $ (seit dem 1. April 1998 70 US $) sowie eine jährliche Verlängerungsgebühr von 50 US $ („*Renewal Fee" – seit dem 1. April 1998 35 US $*) zur Aufrechterhaltung der Registrierung zu erheben. Werden die Gebühren nicht bis zum Ablauf von zwei Monaten nach Fälligkeit entrichtet, wird die Registrierung aufgehoben und der Domain-Name wieder zur Registrierung freigegeben.

II. Domain Name Dispute Policy

Nachdem viele Unternehmen den wirtschaftlichen Wert eines Domain-Namens erkannten und feststellen mußten, daß ihre Kennzeichen bereits von anderen Unternehmen oder Privatpersonen als Domain-Name registriert worden sind, führte das von der NSI praktizierte Prioritätsprinzip („*first come, first served*") zu einer Vielzahl kennzeichenrechtlicher Streitigkeiten.[77] Daraufhin sah sich das NSI gezwungen, neue Geschäftsbedingungen aufzustellen, die auch Regelungen über außergerichtliche Auseinandersetzungen enthalten.

Infolgedessen trat am 23. November 1995 die sogenannte „*Domain Name Dispute Policy*" in Kraft, in der die Eintragungsvoraussetzungen und Verfahren bei Kennzeichenkonflikten im einzelnen aufgeführt wurden.[78] Eine erste Novellierung dieser Richtlinie erfolgte am 9. September 1996. Die aktuelle Fassung ist am 25. Februar 1998 in Kraft getreten [79]

Durch den Registrierungsantrag („*Registration agreement*") unterwirft sich jeder Antragsteller („*Registrant*") den Bestimmungen der „*Domain Name Dispute Policy*" in der aktuellen bzw. zukünftigen Fassung (Ziffer C (*Dispute Policy*) des *Domain Name Agreement*[80]).

---

[77] Bettinger, GRUR Int. 1997, S. 402 (406).
[78] Siehe: Anhang A.
[79] Revision 03 vom 25. Februar 1998
[80] Aktuelle Antragsformulare unter: www.internic.net

Nach Ziffer 2 der NSI „*Domain Name Dispute Policy*“ wird von dem Anmelder die Erklärung verlangt, daß nach seinem besten Wissen durch die Registrierung des Domain-Namens keine Rechte Dritter verletzt und keine gesetzwidrigen Zwecke verfolgt werden. Dementsprechend sollte der Anmelder frühzeitig eine weltweite Recherche anstellen. Der Anmelder ist für die Wahl des Domain-Namens allein verantwortlich und muß NSI und alle übergeordneten Organisationen nach Ziffer 6 („*Indemnity*“) der „*Domain Name Dispute Policy*“ von eventuellen Schadensersatzansprüchen Dritter im Zusammenhang mit der Domain-Registrierung freistellen. Grundsätzlich ist dadurch aber niemand gehindert, sich ein fremdes Kennzeichen als Domain-Namen erst einmal eintragen zu lassen.

Die NSI „*Domain Name Dispute Policy*“ enthält in Ziffer 8 („*Dispute Initiation*“) und Ziffer 9 („*Dispute Procedures*“) auch Regelungen über die einstweilige Beilegung von Domain – Streitigkeiten. Danach kann sich der Inhaber einer US-bundesstaatlichen oder ausländischen Marke, der eine Verletzung seiner Kennzeichenrechte durch einen Domain-Namen geltend macht, nach vorheriger Benachrichtigung des Domain-Anmelders an NSI wenden.

Hierzu hat er NSI einen Nachweis (*beglaubigte Fotokopie der Eintragungsurkunde*) über sein Kennzeichenrecht („*certified registration*“) zu liefern. Sofern das Datum der Aktivierung der Domain („*domain name creation date*“) vor dem Datum der ersten Benutzung des Kennzeichens oder dem Datum der Kennzeicheneintragung liegt, wird das NSI nicht weiter tätig und der Anmelder kann den Domain-Namen weiter nutzen.

Wurde der Domain-Name nach der ersten Benutzung des Kennzeichens oder der Kennzeicheneintragung aktiviert, fordert NSI den Anmelder auf, nachzuweisen, daß er auch der Inhaber des (*US-bundesstaatlichen oder ausländischen*) Kennzeichens ist, welches mit der Second-Level-Domain identisch ist. Kommt der Anmelder dieser Aufforderung binnen 30 Tagen nach, kann er den Domain-Namen bis zur endgültigen gerichtlichen Klärung weiter verwenden.

Andernfalls hat er die Möglichkeit, die Registrierung eines anderen Domain-Namens zu beantragen. Macht er von dieser Möglichkeit Gebrauch, so kann er den alten und neuen Domain-Namen gleichzeitig noch 90 Tage weiter verwenden. Erst danach wird der Domain-Name gelöscht und zunächst einmal gesperrt (*„Hold status"*). Solange der Domain-Name sich im „Hold status" befindet, kann er von niemandem benutzt werden. Weigert sich der Anmelder, einen neuen Domain-Namen zu akzeptieren, wird der Domain-Name sofort gesperrt. Allerdings erhält der Kennzeicheninhaber auch dann keine Möglichkeit, nunmehr den Domain-Namen zu erlangen. Dieser wird dann solange nicht vergeben, bis dem NSI eine gerichtliche Entscheidung über die kennzeichenrechtlichen Ansprüche vorliegt.

III. Kritikpunkte an dem Vergabeverfahren durch NSI

Die Prüfung, welche NSI auf der Grundlage der *„Domain Name Dispute Policy"* durchführt, berücksichtigt nur rein formale Aspekte.

Im Gegensatz zum Widerspruchsverfahren gemäß § 42 I MarkenG[81], welches ebenfalls zur Bewältigung einer großen Anzahl von Fällen geschaffen wurde, beschränkt sich die Prüfung durch die NSI nur auf die förmlichen Eintragungsvoraussetzungen der Kennzeichen und die Festlegung des Zeitpunktes des Benutzungsbeginns. Insbesondere kommt es weder auf die Identität der Waren und Dienstleistungen noch auf das Vorliegen einer Verwechslungsgefahr an. Wettbewerbsrechtliche Ansprüche Dritter bleiben unberücksichtigt.[82] Auf der anderen Seite muß aber berücksichtigt werden, daß das NSI zu einer weitergehenden Prüfung wohl kaum in der Lage ist. Die enorme Anzahl der täglichen Domain-Registrierungen[83] zwingt die Vergabestellen zu einem Verfahren, welches sich nur an formalen Aspekten orientiert, dafür aber äußerst schnell durchführbar ist.

[81] Das Widerspruchsverfahren gemäß § 42 I MarkenG ist ein Löschungsverfahren summarischer Art.
[82] Ubber, WRP 1997, S. 497 (499).
[83] Täglich werden mehrere tausend Anträge gestellt.

Insgesamt ist der Anwendungsbereich der *„Domain Name Dispute Policy“* aber viel zu eng. Bislang ist von dieser nur der Fall der Kollision eines Domain-Namens mit einer im *„Principal Register“* des US Patent and Trademark Office eingetragenen Bundesmarke oder einer in einem ausländischen Markenregister eingetragenen Marke erfaßt. Dieses wurde bereits bei der ursprünglichen Fassung der*„Domain Name Dispute Policy“* beanstandet. Inhabern von Firmen, Titeln oder nicht eingetragenen Marken sowie im *„Supplemental Register der USPTO“* eingetragenen Marken oder solchen der US-Bundesstaaten[84] können keine Rechte geltend machen. Diesen verbleibt nur die Möglichkeit, direkt den Rechtsweg zu beschreiten.

Insbesondere die Aussparung nicht eingetragener, aber *„berühmter“* bzw. *„bekannter“* Kennzeichen, ist unverständlich. Die Folge dieser Regelung ist, daß es Inhabern eingetragener Kennzeichen möglich ist, andere Domain-Inhaber unter Druck zu setzen, ohne vorher eine Kennzeichenverletzung gerichtlich nachweisen zu müssen.

Durch die so mögliche Blockierung eines Domain-Namens bis zum Abschluß einer gerichtlichen Auseinandersetzung zwischen den Kontrahenten wird auch in klaren Fällen der Rechtsinhaber an der Verwendung seines Kennzeichen als Internetadresse gehindert. Damit kommt das Verfahren des NSI zumindest in seiner Wirkung dem einstweiligen Rechtsschutz nahe. Auf der anderen Seite wird derjenige Domain-Inhaber, der sich nicht auf ein eigenes Kennzeichen berufen kann, durch die Benutzung des Domain-Namens aber auch keine Kennzeichenrechte anderer verletzt, durch diese Regelungen dazu gezwungen, einstweiligen Rechtsschutz vor einem US-amerikanischen Gericht gegenüber Entscheidungen der NSI in Anspruch zu nehmen, wenn er verhindern will, daß sein Domain-Name von NSI vorübergehend blockiert wird.

[84] Hoeren/Sieber/Viefhues, Teil 6 Rdnr. 245.

Insgesamt hat die Regelung in den USA bereits heftige Kritik erfahren und wurde zum Teil als verfassungswidrig kritisiert. Darüber hinaus hat diese Regelung bereits zu einer Reihe von Gerichtsverfahren gegen das NSI selbst geführt.[85] Die seit dem 07. Juni 1999 tätige Vergabestelle *„register.com“* hat die *„Domain Name Dispute Policy“* von NSI ohne Änderungen übernommen.[86] Die Chance zu einer Verbesserung der Vergabebestimmungen wurde leider nicht wahrgenommen. Der einzige Unterschied zu den Vergabebestimmungen von NSI besteht darin, daß der Registrierende den Domain-Namen sofort bei Antragstellung mittels seiner Kreditkarte bezahlen muß. Bei NSI hat der Registrierende hierzu 60 Tage Zeit, was im Grunde einer Kurzreservierung gleichkommt. Erfolgte nach 60 Tagen keine Zahlung, wird der Domain-Name wieder freigegeben.

IV Uniform Dispute Resolution Policy (*UDRP*)

Die NSI Domain Name Dispute Policy ist am 31.12.1999 außer Kraft getreten.[87] Die ICANN beschloß am 26.08.1999 neue Schlichtungsregeln für den Streit um Domain-Namen zu schaffen.[88] Die *„Uniform Dispute Resolutin Policy“* (*UDRP*)[89] trat am 01.12.1999 zusammen mit den *„Rules für Uniform Domain Name Dispute Resolutin Policy“* (*RUDRP*)[90] in Kraft, der Verfahrensordnung, nach der die ICANN-Schiedsgerichte ihre Entscheidungen treffen sollen.

Die UDRP gilt für alle Registrierungen, die nach dem Zeitpunkt erfolgten, nachdem die entsprechende Vergabestelle sich der UDRP untwerworfen hat. Von diesem Zeitpunkt an wurden alle Vergabeverträge mit den Domain-Inhabern der UDRP unterstellt. Die UDRP sieht eine Streitschlichtung bei mißbräuchlicher Registrierung von Namen in den Top-Level-Domains *„.com“*, *„.org“* und *„.net“* vor. Hinzu kommen noch ccTLDs einzelner Inselstaaten wie zum Beispiel *„.nu“*, *„.tv“* oder *„.ws“*. Die DENIC akzeptiert eine solche Streitschlichtung bislang nicht.

---

[85] Vgl. auch die Ausführungen in: WIPO, RFC-3-Interim Report, S. 85 ff.
[86] http://www.register.com/dispute-policy.cgi
[87] Strömer, K&R 2000, S. 587 (587).
[88] vgl. „Timeline for the Formulation and Implementation of the Uniform Domain-Name Dispute-Resolution Policy”, abrufbar unter: “www.icann.org/udrp/udrp-schedule.htm”.
[89] http://www.icann.org/udrp/udrp-policy-24oct99.htm.
[90] http://www.icann.org/udrp/udrp-rules-24oct99.htm.

Die Streitschlichtung erfolgt über vier verschiedene, vom ICANN lizensierte Organisationen, darunter die Schiedsstelle der WIPO[91], das National Arbitration Forum[92], das CPR-Institut for Dispute Resolution[93] und das eResolution Consortium[94]. Grundsätzlich besteht ein Wahlrecht, ob vor den ordentlichen Gerichten eine Klage erhoben oder eine der Schlichtungsorganisationen angerufen wird. Ferner können nach Art. 4 (k) UDRP staatliche Gerichte trotz einer Streitschlichtungentscheidung auch noch nachträglich tätig werden:

"The mandatory administrative proceeding requirements set forth in Paragraph 4 shall not prevent either you or the complainant from submitting the dispute to a court of competent jurisdiction for independent resolution before such mandatory administrative proceeding is commenced or after such proceeding is concluded. (...)"

Die Verbindlichkeit der Streitschlichtung und ihrer Entscheidungen beruht nicht auf staatlichem Recht. Die Kompetenz der Schlichtungsorgane ist lediglich vertraglicher Natur. Durch die Registirerung eines Domain-Namen verpflichtet sich der Domain-Inhaber zugleich die Entscheidungen der Streitschlichtungsorgane zu akzeptieren.

Die Beschwerde kann elektronisch über die Website der ausgewählten Streitschlichtungsorganisation eingereicht werden. Anschließend müssen allerdings die dort befindlichen Formulare schriftlich ausgefüllt und auf dem Postwege versandt werden (*Original und vier Abschriften*). Die Schlichtungskosten sind durch den Beschwerdeführer (*zwischen 1500 bis zu 3000 $*) zu zahlen. Der Beschwerdegegner muß innerhalb einer Frist von zwanzig Tage reagieren.

---

91 http://arbiter.wipo.int/domains.
92 http://www.arb-forum.com/domains.
93 http://www.cpradr.org.
94 http://www.resolution.ca.

Ein „*case administrator*" prüft die formellen Voraussetzungen der Beschwerde und der Erwiderung und bestimmt sodann einen Schlichter. Dieser hat nach seiner Ernennung vierzehn Tage Zeit eine Entscheidung vorzulegen. Das Verfahren dauert in der Regel lediglich zwei Monate. Die Entscheidungen werden im Volltext unter voller Namensangabe aller Beteiligten auf der Website der Streitschlichtungsorganisation veröffentlicht.

C. Vergabe von Domain-Namen in Deutschland

I. Organisation

In der Bundesrepublik Deutschland gelten für Second-Level-Domains unter der geographischen Top-Level-Domain „*.de*" ähnliche Vergabegrundsätze wie in den USA.
Die Vergabe der Second-Level-Domains wurde hierbei ursprünglich durch den Interessenverbund zur Sicherstellung des **D**eutsches **N**etwork **I**nformation **C**enters (*IV-DENIC*) gewährleistet. IV-DENIC war eine Gesellschaft bürgerlichen Rechts. Gesellschafter des Verbundes waren 35 bundesdeutsche **I**nternet-**S**ervice-**P**rovider (*ISP*) sowie als beratendes Mitglied die **D**eutsche **I**nteressen **G**emeinschaft **I**nternet e.V. (*DIGI*)[95]. Bis Ende April 1996 wurden die Second-Level-Domains unterhalb der geographischen Top-Level-Domain „*.de*" von IV-DENIC zentral vergeben. Aufgrund des erheblichen Aufwands erfolgte eine Aufteilung der administrativen und der technischen Betreuung. Das DENIC war von nun an ausschließlich für die technische Komponente (*im Rahmen eines Drittmittelprojektes im Rechenzentrum der Universität Karlsruhe*[96]) verantwortlich, während das gesamte Verwaltungsverfahren über die Mitglieder des IV-DENIC möglich war. Von diesem Zeitpunkt an war die Beantragung von Domains nicht mehr direkt bei DENIC, sondern nur noch über die Mitglieder – die **I**nternet **S**ervice **P**rovider (*ISP*) – möglich. Mit dieser Änderung der Geschäftsbedingungen bezweckte DENIC, die Haftungsrisiken bei unzulässigen Registrierungen einzuschränken.

---

[95] http://www.digi.de
[96] Bettinger, GRUR Int. 1997, S. 402 (405).

Zur Erreichung einer besseren Übersichtlichkeit wurde IV-DENIC in die Rechtsform der Genossenschaft umgewandelt. Die DENIC Domain Verwaltungs- und Betriebsgesellschaft eG (*kurz: DENIC eG*) wurde am 29. September 1997 mit Sitz in Frankfurt am Main eingetragen.

Seit der Umwandlung steht die DENIC eG nunmehr neuen Mitgliedern offen. Mitglieder der DENIC eG wiederum sind die **I**nternet **S**ervice **P**rovider (*ISP*). Jeder dieser ISP stellt lokale Zugänge zum Internet zur Verfügung[97] (*z.B. Deutsche Telekom AG, IBM Deutschland GmbH, UUNET Deutschland GmbH, mediaWays GmbH ...*[98]). Insgesamt erfolgt damit die Vergabe von Domain-Namen durch DENIC auf rein privater Basis und ist völlig frei von staatlichen Einflüssen.

II. Vergabebestimmungen

Nach den Vergabebestimmungen der DENIC eG zur Vergabe von deutschen Internet-Domains[99] liegt die Verantwortung für die Vereinbarkeit der als Domain-Namen zu registrierenden Zeichenfolge auf ihre Vereinbarkeit mit den Rechten Dritter sowie mit den allgemeinen Gesetzen ausschließlich beim Antragsteller. Der Antragsteller ist verpflichtet, einen Ansprechpartner für den sog „*administrativen Ansprechpartner*" (*admin-c*) zu bestimmen. An diesen werden dann Dritte, welche sich durch die Vergabe des Domain-Namens durch DENIC in ihren Rechten verletzt sehen, weiterverwiesen. Diese weitreichende Verantwortlichkeit des Administrators ist nicht unproblematisch. Scheidet z.B. der für die Administration eingetragene Mitarbeiter aus dem Unternehmen aus, bleibt er nach den Vergabegrundsätzen trotzdem für den Domain-Namen verantwortlich. Die damit verbundenen unternehmerischen Risiken liegen auf der Hand. Weitreichende Haftungsfreistellungsklauseln zugunsten des DENIC sind – im Gegensatz zu früheren Fassungen der Vergabebestimmungen – ebenfalls vorhanden und mit denen des NSI vergleichbar.

---

[97] Z.B. über einen sog. POP (*Point of Presence*) oder ISC (*Internet Service Center*).

[98] Im Juli 2001 waren es insgesamt 150 Mitglieder. Eine aktuelle Liste aller ISP, die Mitglieder der DENIC sind, ist abrufbar unter: http://www.denic.de/doc/DENIC/mitglieder.shtml

[99] In der Fassung vom 03.05.2000 – aktuelle Fassung unter: http://www.denic.de/doc/faq/vergabe-richtlinie.html und http://www.denic.de/doc/DENIC/agb.html.

Nach den Vergabebestimmungen kann Antragsteller und Inhaber von Domains eine juristische oder natürliche Person sein. Entgegen der früheren Fassung[100] muß diese ihren allgemeinen Gerichtsstand (*§§ 13, 17 ZPO*) nicht mehr in Deutschland haben. Letzterenfallas muß allerdings der administrative Ansprechpartner (*admin-c*) seinen Sitz in Deutschlan haben.

DENIC vergibt, ebenso wie das NSI, die Domain-Namen nach dem Prinzip *„first come, first served*". Dem ersten Antragsteller wird ein Domain-Name, soweit der Antrag den formalen Vorgaben entspricht, ohne weiteres zugeordnet. Plausibilitätskontrollen der Registrierung werden nicht durchgeführt. Dieses ermöglicht jedem beliebigen Antragsteller die Registrierung eines Domain-Namens unter Verwendung fremder Marken, geschäftlicher Bezeichnungen oder Namen. Ein den Vergaberichtlinien der NSI entsprechendes Widerspruchsverfahren ist nicht vorhanden.

1. Domain-Namen Reservierung

Die Vergabepraxis der DENIC eG hat einen Mißbrauch der Registrierung nahezu provoziert. Nicht selten wurden mehrere hundert Domain-Namen (*vorzugsweise „bekannte" bzw. „berühmte" Kennzeichen*) pro forma reserviert, ohne daß jemals die Absicht bestanden hat, diese auch tatsächlich als Domain-Namen für eine Internetseite im WWW zu verwenden. Insofern mußte zumindest die Möglichkeit, Domain-Namen vorsorglich bzw. spekulativ zu reservieren, beseitigt werden. Dementsprechend ist es seit Februar 1997 nicht mehr möglich, Domain-Namen zu reservieren, ohne diese auch tatsächlich zu verwenden. Bestehende Reservierungen dieser Art wurden nicht mehr verlängert.[101] Daraus ergibt sich, daß ein Domain-Name seit Februar 1997 delegiert sein muß, d.h. es ist ein Eintrag in einem Domain-Name-Server erforderlich, wodurch die Domain unmittelbar weltweit aufgerufen werden kann.[102] Allerdings werden an die Verwendung des Domain-Namens keine hohen Anforderungen gestellt.

---

[100] vom 15.05.1997.
[101] Ricke, Ratgeber Online Recht, S. 16.
[102] Erfolgt nur ein Eintrag beim DENIC, ist der Domain-Name noch nicht delegiert, sondern nur konnektiert.

Es gibt seitens des DENIC keine Verpflichtung, Webseiten aufzusetzen und keine Regeln dafür, welche Dienste über eine Domain zur Verfügung gestellt werden. Es ist in jedem Fall ausreichend, wenn überhaupt eine Internetseite unter dem reservierten Domain-Namen im WWW anwählbar ist. Welchen Mindestinhalt diese Internetseite haben muß, ist nicht geregelt. Im Extremfall kann es sich also auch um eine „*leere*" bzw. inhaltslose Internetseite handeln.

Möglich ist auch eine Delegierung lediglich für einen **M**ail**e**x**change Server (*MX*). Das Ergebnis dieser Maßnahme ist faktisch das gleiche wie bei einer Reservierung: Die Adresse wird für ein Internetangebot im herkömmlichen Sinne noch nicht genutzt.[103] Das Trügerische an dieser Variante ist zudem, daß bei Eingabe einer solchen Adresse im Internetbrowser keine Website gefunden wird. Daraus den Schluß zu ziehen, daß der Domain-Name noch nicht vergeben ist, ist aber nicht möglich. Es kann sich durchaus um eine Adresse für einen Mailexchange Server handeln. Dieser ist ohne weiteres nicht „*sichtbar*".

Sicherheit bietet hier nur eine Abfrage der „*WhoIs*" Datenbank. In dieser Datenbank sind alle registrierten Domain-Namen und die dazugehörigen „Inhaber" verzeichnet. Für Domain-Namen unter der Top-Level-Domain „*.de*" ist die „*WhoIs*" Datenbank leicht über die Website der Denic eG einsehbar (*www.denic.de*).

Die Informationen einer solchen „*WhoIs*" Abfrage geben in der Regel detailliert Auskunft über den Inhaber des Domain-Namens oder denjenigen, der den Domain-Namen für einen Dritten registriert hat. Auf die Richtigkeit der Informationen kann jedoch nicht in allen Fällen vertraut werden. Adreßänderungen oder ähnliches werden häufig nicht sofort nachgetragen.

---

[103] Strömer, Online-Recht, S. 56.

Beispiel:

Die *„WhoIs"* Abfrage bzgl. des Domain-Namen *„www.siemens.de"* ergibt:

% Rights restricted by copyright. See **http:** //www.ripe.net/db/dbcopyright.html
domain: siemens.de
descr: Siemens AG
descr: Otto-Hahn-Ring 6
descr: D-81730 Muenchen
descr: Germany
admin-c: HP35-RIPE
tech-c: WM19-RIPE
zone-c: RS75-RIPE
nserver: david.siemens.de 192.35.17.14
nserver: ns.sbs.de
nserver: ns0.sbs.siemens.com
nserver: david.siemens.com.sg

Als *„admin-c"* und damit als Ansprechpartner für Kennzeichenkonflikte ist eingetragen:

% Rights restricted by copyright. See **http:** //www.ripe.net/db/dbcopyright.html
person: Helmut Peisl
address: Siemens Business Services
address: D-81739 Muenchen
address: Otto-Hahn Ring 6
address: Germany
phone: +49 89 636 44587
fax-no: +49 89 636 51031
e-mail: hp@sbs.de
nic-hdl: HP35-RIPE
remarks: see also INTERNIC: >HP121<
notify: guardian@xlink.net

Insgesamt stellt die fehlende Reservierungsmöglichkeit dem Mißbrauch keine allzu großen Hindernisse in den Weg. Das bedeutendste Hindernis dürften hierbei noch die Kosten für die Registrierung des Domain-Namens und die Verwaltung bzw. Unterhaltung der anwählbaren „*leeren*" Internetseite sein. Aber auch die Kosten für eine Registrierung sind im Sog des allgemeinen Preisverfalls in der Computerbranche enorm gesunken. Insofern verwundert es nicht, daß nach wie vor viele Domain-Namen allein in der Hoffnung registriert werden, diese gewinnbringend zu veräußern. Etliche „*Domainreseller*" sind seit langem in diesem Marktsegment fest etabliert.[104] Auf den Websites der „*Domainreseller*" sind lange Listen mit Domain-Namen abrufbar, die zum Verkauf anstehen. Die Preise für dieselben sind derart hoch (*durchschnittlich werden 5000 bis 8000 US $ verlangt*), daß die nur noch sehr geringen Kosten für die Registrierung und Verwaltung der Domain-Namen kaum jemanden vom „*Domain-Grabbing*" abhalten können.

2. Rechtsstellung des Antragstellers

Problematisch ist, welche rechtliche Stellung der Antragsteller in bezug auf den von ihm registrierten Domain-Namen erwirbt. Die Vergabebestimmungen des DENIC legten in der älteren Fassung vom 15.05.1997 lediglich fest, daß der Antragsteller durch die Registrierung kein Eigentum an dem Domain-Namen erwirbt.[105] In der aktuellen Fassung vom 03.05.2000 fehlen hierzu jegliche Hinweise.

Der Antragsteller könnte durch die Registrierung aber ein dem sachenrechtlichen Eigentum angenähertes ausschließliches Recht erwerben. Insofern liegt hier zunächst ein Vergleich mit den Kennzeichen des Markengesetzes (*MarkenG*) nahe. Nach dem MarkenG erwirbt der Inhaber einer Marke oder geschäftlichen Bezeichnung ein zivilrechtliches Ausschließlichkeitsrecht, welches schon von der Gesetzestechnik her weitgehend dem sachenrechtlichen Eigentum angenähert ist.

Insbesondere die Möglichkeit, beschränkte dingliche Rechte an ihr zu erwerben und die freie Übertragbarkeit der Marke (*§ 27 I MarkenG*) machen dieses deutlich.[106]

---

[104] Z.B. www.websitenames.com; www.domainmarkt.de; www.domainnames.com; www.domainreseller.com; www.greatdomains.com.
[105] Siehe hierzu Anhang B: DENIC Vergabebestimmungen 1. Absatz, Satz 3 a. E.
[106] Ingerl/Rohnke, Markengesetz, Einl. Rdnr.1.

Gerade letzteres ist jedoch bei Domain-Namen nicht möglich. Eine Übertragung des Domain-Namens ist nur mit Zustimmung der DENIC möglich. Dadurch soll der in der Vergangenheit häufig geübten Praxis vorgebeugt werden, umstrittene Domain-Namen einfach auf Inhaber in entlegenen Ländern mit dem Ziel zu übertragen, die Rechtsverfolgung zu vereiteln oder zumindest erheblich zu erschweren. Der Domain-Name wird dem Antragsteller also nur zur Nutzung, nicht jedoch zur freien Verfügung überlassen. Eine eigentumsähnliche Stellung erwirbt der Antragsteller durch die Registrierung also gerade nicht. Geschwächt wird diese Position weiter dadurch, daß es keinerlei Bestandsgarantie für den Inhaber gibt. So wird in den USA beispielsweise diskutiert, allen Domain-Inhabern unterhalb der Top-Level-Domain „*.com*" diese zu entziehen, wenn die Website rein privaten Zwecken dient. Weiterhin ist nicht auszuschließen, daß die DENIC als privates Unternehmen ihren Betrieb irgendwann einstellen oder veräußern wird. Angesichts der Entwicklungsdynamik des Internets ist es auch nicht auszuschließen, daß sich ein völlig neues, anders organisiertes Adressierungssystem entwickelt, welches das heutige Domain-Name-System überflüssig macht. Der Bestand eines Domain-Namens ist also bei weitem nicht so sicher wie z.B. bei einer beim **D**eutschen **P**atent**a**mt (*DPA*) eingetragenen Marke im Sinne des § 4 Nr. 1 MarkenG.

Vielmehr erhält der Inhaber eines Domain-Namens durch die Registrierung lediglich das Recht, für seine IP-Adresse einen bestimmten Domain-Namen zu verwenden. Ihm wird also nur in einem zweiseitigen Vertragsverhältnis die faktische Möglichkeit der Benutzung einer Bezeichnung eingeräumt, verbunden mit dem vertraglichen Anspruch gegenüber der DENIC, diese Möglichkeit während der Laufzeit des Vertrages aufrechtzuerhalten.

Dieses wird auch durch die Vergabebestimmungen der DENIC deutlich, die bei einem Verstoß des Inhabers des Domain-Namens gegen die Vergabebestimmungen der DENIC eine Kündigungsmöglichkeit einräumen. Dadurch erhält das Rechtsverhältnis zwischen dem Inhaber des Domain-Namens und DENIC den Charakter eines Dauerschuldverhältnisses.

Darüber hinaus sahen die Vergabebestimmungen in der Fassung vom 15.05.1997 vor, daß eine Übertragung eines Domain-Namens von der Zustimmung der DENIC abhängt. Daraus folgt eine Abhängigkeit der Nutzung des Domain-Namens von DENIC, die einem relativen, nicht aber einem absoluten Recht entsprach.[107] In den Vergabebestimmungen vom 03.05.2000 wurde diese Beschränkung aufgehoben.

Im Ergebnis erwirbt der Inhaber eines Domain-Namens durch die Registrierung kein absolutes Recht an dem Domain-Namen, das – ähnlich dem Eigentum oder der Inhaberschaft an einem Immaterialgüterrecht – verdinglicht wäre. Vielmehr erwirbt er nur ein Nutzungsrecht an dem Domain-Namen. Insofern ist der Domain-Name mit einer Telefonnummer vergleichbar; auch an ihr entsteht nach § 20 II 3 TKV nur ein Nutzungsrecht.[108] In die gleiche Richtung geht auch eine Entscheidung des LG Essen, wonach es sich bei Domain-Namen um ein Rechtsinstitut sui generis, vergleichbar mit einer Lizenz handelt.[109]

3. Kritikpunkte an dem Vergabeverfahren durch das DENIC

Insgesamt spielen bei der Vergabe von Domain-Namen kennzeichenrechtliche Aspekte praktisch keine Rolle. Eine Kollision von Domain-Namen mit Marken, geschäftlichen Bezeichnungen oder Namen ist damit vorprogrammiert. Zumindest ein an die NSI Domain Name Dispute Policy angelehntes Widerspruchsverfahren wäre wünschenswert. Ebenso könnte das Widerspruchsverfahren nach § 42 I MarkenG als Orientierungshilfe dienen. Solange ein solches Verfahren nicht existiert, muß der Kennzeicheninhaber seine Rechte gegenüber dem Inhaber eines Domain-Namens direkt vor Gericht geltend machen.

Problematisch erscheint auch die Tatsache, daß die Vergabe der wirtschaftlich äußerst wertvollen Domain-Namen allein auf privater Ebene durchgeführt wird. Woraus das InterNIC und das DENIC ihre Legitimation zur Vergabe von Domain-Namen schöpfen, bleibt völlig unklar.

---

[107] Viefhues, MMR 2000, S. 286 (287).
[108] Viefhues, MMR 2000, S. 286 (287).
[109] LG Essen, MMR 2000, S. 286 (286).

Zwar wurde das InterNIC ursprünglich vom amerikanischen Department of Defense mit der Verwaltung der Adressen beauftragt, jedoch kann dieses nicht ernsthaft als eine hinreichende Legitimierung für den deutschen Teil des Netzes angesehen werden.[110] Denkbar wäre, die Vergabe der Domain-Namen zu verstaatlichen. Ebenso wie Firmen von Handelsregistern und Marken vom Deutschen Patentamt verwaltet werden, könnte eine Art „*Domain-Namensamt*" geschaffen werden, welches dann auch die Verantwortung für die Rechtmäßigkeit der Zuweisung von Domain-Namen übernehmen müßte. Bislang wird der Staat in diesem Bereich aber ausschließlich repressiv tätig, was als Novum angesehen werden kann.[111] Auf der anderen Seite steht eine Verstaatlichung im krassen Gegensatz zum Prinzip der Selbstregulierung, welches das Internet seit den Anfängen beherrscht. Insofern wird sich ein derartiger Ansatz, insbesondere, wenn man konsequenterweise eine ähnliche Verstaatlichung auch international fordert, kaum durchsetzen lassen. Letztlich verbleibt also nur die Möglichkeit, die gegenwärtige Vergabepraxis hinzunehmen und die zukünftig sicherlich zunehmenden Streitigkeiten über Domain-Namen auf der Grundlage des geltenden Rechts zu lösen.

[110] Strömer, Online-Recht, S. 52.
[111] Hoeren, NJW 1998, S. 2849 (2859).

3. Kapitel: Schutz des Kennzeichens

A. Einführung

Die Konflikte von Domain-Namen mit Kennzeichen beruhen in erster Linie darauf, daß derselbe Domain-Name aufgrund der Struktur des **D**omain-**N**ame-**S**ystems weltweit nur ein einziges Mal vergeben werden kann. Diese Problematik ist außerhalb des Internets weitestgehend unbekannt. Insoweit ist bei der nachfolgenden Untersuchung immer zu beachten, daß wegen der Einmaligkeit eines Domain-Namens neben die klassische Irreführungsgefahr (*Identifizierung, Herkunft, Qualität*) die bisher zumindest im Markenrecht in dieser Form nicht bekannte Blockadewirkung tritt.

Außerhalb des Internets ist die Benutzung identischer Kennzeichen aufgrund geographischer Entfernung oder durch mangelnde Branchennähe oftmals ohne Konflikte möglich. Aus dem in allen Rechtsordnungen anerkannten Territorialprinzip folgt, daß z.B. eine identische Marke für identische Waren oder Dienstleistungen in verschiedenen Ländern für verschiedene Inhaber geschützt sein kann.[112] Im weltumfassenden Internet ist dieses unmöglich. Hier kommt es plötzlich zur Kollision dieser sonst oft problemlosen Koexistenzen.

Grundsätzlich überschneiden sich damit zwei unterschiedliche Systeme. Das eine System – das Domain-Name-System – wird privat verwaltet und erlaubt Registrierungen, die zu einer globalen Präsenz und Erreichbarkeit führen. Das andere System – das Kennzeichenrecht – wird staatlich verwaltet und ist territorial beschränkt. Diese Überschneidung ist aber letztlich nur Teil eines übergeordneten Phänomens: Das Internet stellt ein Medium dar, welches sich über historisch gewachsene Landesgrenzen, die auf staatlicher Souveränität beruhen, hinwegsetzt. Der Waren- und Dienstleistungsverkehr im Internet ist schrankenlos. Das Internet führt zu einer Deterritorialisierung.

---

[112] Ingerl/Rohnke, Markengesetz, Einl. Rdnr. 14.

Vor diesem Hintergrund stellt sich für den Kennzeicheninhaber die Frage, ob man sich dem derzeitigen Vergabegrundsatz „*first come, first served*“ der jeweiligen Vergabestelle beugen muß oder auf welcher rechtlichen Grundlage das knappe Gut der Domain-Namen gesichert bzw. einem Dritten die Benutzung des Domain-Namens untersagt werden kann.

B. Schutz des Kennzeichens gegen die Benutzung als Second-Level-Domain

Im Geschäftsverkehr außerhalb des Internets ist es häufig problemlos möglich, daß zwei unterschiedliche Unternehmen die gleichen Kennzeichen benutzen. Oftmals werden diese Unternehmen nicht einmal Kenntnis davon erlangen, daß ein anderes Unternehmen existiert, welches sich derselben Kennzeichen bedient. Zu einer Kollision der Kennzeichen kommt es in vielen Fällen nur dann, wenn die Unternehmen entweder derselben Branche angehören oder die gleichen Waren und/oder Dienstleistungen erbringen und darüber hinaus noch geographische Berührungspunkte haben. Im Internet ist das Konfliktpotential weitaus größer. Sobald ein Unternehmen seine Kennzeichen als Second-Level-Domain registrieren läßt, schließt es gleichzeitig alle anderen Unternehmen von einer solchen Registrierung aus. Aus der friedlichen Koexistenz entsteht plötzlich nicht nur eine Konkurrenzsituation im Wettlauf um die begehrte Second-Level-Domain, sondern sogar eine Konfliktsituation. Diese Konfliktsituation zwischen Kennzeichen und Domain-Namen entsteht also immer dann, wenn ein Unternehmen Inhaber eines Kennzeichens ist, welches von einem anderen Unternehmen als Second-Level-Domain im Internet benutzt wird.

In dieser Situation stellt sich für den Kennzeicheninhaber die Frage, ob und auf welcher rechtlichen Grundlage das eigene Kennzeichen gegen die Benutzung desselben als Second-Level-Domain durch ein anderes Unternehmen im Internet geschützt werden kann.

Der Gesetzgeber hat eine Vielzahl neuer Gesetze für den Multimediabereich erlassen (*z.B. Informations- und Kommunikationsdienstegesetz (IuKDG), Mediendienste – Staatsvertrag (MDStV) oder Telekommunikationsgesetz (TKG)*). Im Bereich des Kennzeichenrechts gibt es jedoch keine für das Internet spezifischen Regelungen. Internationales Einheitsrecht verspricht jedenfalls in absehbarer Zukunft keine Lösung, denn die zu vereinheitlichenden Materien umfassen das gesamte Zivil- und Wirtschaftsrecht.[113] Die rechtliche Bewältigung obliegt also den „*traditionellen*" Regeln.[114] Daher ist nachfolgend zu untersuchen, wie sich die Konfliktsituationen, welche sich durch die Registrierung eines Domain-Namens ergeben können, auf der Grundlage des geltenden Rechts sinnvoll lösen lassen. Zur Durchsetzung der Kennzeichenrechte gegenüber Domain-Namen haben die Gerichte bislang auf die Vorschriften der §§ 14, 15 MarkenG, § 1 UWG, §§ 12, 823 I, II, 826, 1004 BGB zurückgegriffen.

In diesem Zusammenhang ist jedoch zunächst als Vorbedingung der weiteren rechtlichen Klärung festzustellen, von welchem Unternehmensbegriff im Kennzeichenrecht auszugehen ist. Die Rechtsordnung kennt keinen einheitlichen Begriff des Unternehmens, der für alle Rechtsgebiete Geltung beansprucht.[115] Es gibt Rechtsgebiete, die zur Entwicklung eines solchen Begriffs zwingen. Das Recht der verbundenen Unternehmen („*Konzernrecht*") des AktG (*§§ 15 ff., 291 ff. AktG*) und auch das Nichtaktienkonzernrecht kommen ohne diesen Begriff nicht aus. Dasselbe gilt für das Gesetz gegen Wettbewerbsbeschränkungen („*Kartellgesetz*" - *GWB*). Schließlich knüpft auch das Mitbestimmungsgesetz an den Unternehmensbegriff an (*§ 1 MitbestG*).[116] Ganz allgemein kann man ein Unternehmen als eine auf dem Markt tätige Organisation einer Wirtschaftseinheit von personellen und sachlichen Ressourcen umschreiben.[117]

Der Unternehmensbegriff hat allerdings in jedem Gesetz eine eigenständige Bedeutung und ist für jede Vorschrift nach dem jeweiligen Normzweck auszulegen.[118]

---

[113] Eingehend hierzu: Mankowski, AfP 1999, S. 138 (141).
[114] Mankowski GRUR Int. 1999, S. 909 (909).
[115] BGHZ 31, S. 105 (109) – „Gaskühlkörper"; BGHZ 69, S. 334 (336); BGHZ 74, S. 359 (364) – „Paritätische Beteiligung"; Schmidt, Handelsrecht, S. 63.
[116] Schmidt, Handelsrecht, S. 64.
[117] Fezer, Markenrecht, § 3 Rdnr. 85.
[118] Schmidt, Handelsrecht, S. 64.

Daher kann beispielsweise im Handelsrecht ein Unternehmen als betriebsfähige Wirtschaftseinheit, die dem Unternehmer das Auftreten am Markt ermöglicht, bezeichnet werden. Dies bedeutet, daß das Unternehmen neben den zum Unternehmensvermögen gehörenden (*beweglichen und unbeweglichen*) Sachen und Rechten (*Substrat*) auch aus Immaterialgüterpositionen (*know-how, Betriebsgeheimnisse, Patente, Urheberrechte usw.*) und vor allem aus zahlreichen, rechtlich nur schwer faßbaren Beziehungen zur Außenwelt (*Kundenstamm, Lieferantenbeziehungen, Mitarbeiter, Image des Unternehmens und seiner Produkte, goodwill usw.*), besteht.[119]
Im Kennzeichenrecht ist der Begriff des Unternehmens grundsätzlich weit zu fassen. Insofern ist als Unternehmen jede wirtschaftliche Betätigung auf dem Markt zu verstehen.[120] Unternehmen sind die Rechtssubjekte des geschäftlichen Verkehrs. Dieser weite Unternehmensbegriff veranschaulicht dabei das Verständnis des Kennzeichenrechts als Teil des Wettbewerbsrechts.[121]

I. Schutz nach dem Markengesetz

Für den Kennzeicheninhaber kommt in erster Linie die Inanspruchnahme von Schutz nach dem MarkenG in Betracht.

1. Anwendungsbereich

Schutzfähige Kennzeichen sind nach § 1 Nr. 1-3 MarkenG Marken, geschäftliche Bezeichnungen oder geographische Herkunftsangaben. Kennzeichen ist demnach, wie sich schon aus der amtlichen Überschrift zu § 1 MarkenG ergibt, der im MarkenG verwendete Oberbegriff.[122]

---

[119] Mü/Ko/HGB-Lieb, Anh § 25 Rdnr. 3.
[120] Ingerl/Rohnke, Markengesetz, § 3 Rdnr. 17; Fezer, Markenrecht, § 3 Rdnr. 85.
[121] Fezer, Markenrecht, § 3 Rdnr. 85.
[122] Fezer, Markenrecht, Einl. Rdnr.16; Ingerl/Rohnke, Markengesetz, Einl. Rdnr. 7.

a) Marken

Eine Marke kennzeichnet Waren und Dienstleistungen. Ebensowenig wie das frühere Warenzeichengesetz (*WZG*) enthält das MarkenG ausdrückliche Hinweise auf die Markenfunktionen. Als Grundfunktion der Marke wird jedoch die Unterscheidungsfunktion verstanden.[123] Die Unterscheidungsfunktion bezieht sich auf Waren oder Dienstleistungen eines Unternehmens, die sie von den Waren und Dienstleistungen anderer Unternehmen unterscheidet. Die Marke steht darüber hinaus für eine Herkunftsgarantie der Waren und Dienstleistungen und ist damit zugleich ein Zeichen für gleichbleibende Güte und Qualität der Erzeugnisse (*Identifizierungsfunktion, Herkunftsfunktion und Qualitätsfunktion*).[124] Daneben sind nach neuem Markenrecht auch die ökonomischen Funktionen der Marke, insbesondere ihr Werbewert, ihr gutes Image und der im Verkehr aufgebaute „*good will*" rechtlich geschützt, so daß es eines Ausweichens auf das Wettbewerbsrecht nicht mehr in dem nach altem Recht notwendigen Umfange bedarf.[125]

Geschützt sind Marken nach Eintragung (*§ 4 Nr. 1 MarkenG*), Marken mit Verkehrsgeltung (*§ 4 Nr. 2 MarkenG*) und notorisch bekannte Marken (*§ 4 Nr. 3 MarkenG*).[126] International kann Markenschutz erreicht werden durch die Anmeldung einer Gemeinschaftsmarke der EU beim Markenamt in Alicante, durch die Ausdehnung einer national angemeldeten Marke auf weitere Staaten über das Konventionsrecht (*Madrider Markenrechtsabkommen, Protokoll zum Madrider Markenrechtsabkommen*) und aufgrund notorischer Bekanntheit einer ausländischen Marke im Inland, auch wenn die Marke hier noch nicht benutzt wird (*§ 4 Nr. 3 MarkenG*).

Als Marke können nach § 3 I MarkenG Zeichen jeder Art angemeldet werden. Für den Bereich von Domain-Namen kommen hierbei insbesondere Wörter einschließlich Personennamen (*z.B. Thyssen-Krupp, Porsche, Compaq, Infineon, Phillips, Siemens*), Buchstaben und/oder Zahlen (*z.B. 3Com, IBM, AOL, 4711, CMGI*) in Betracht.

---

[123] Fezer, Markenrecht, Einl. Rdnr. 30 – m.w.N.
[124] Fezer, Markenrecht, Einl. Rdnr. 30 ff.
[125] Fezer, Markenrecht, § 14 Rdnr. 410 ff.; Althammer/Ströbele/Klaka, Markengesetz, § 14 Rdnr. 8 und Rdnr. 19.
[126] Siehe hierzu auch Sack, GRUR 1995, S. 81 (82).

Voraussetzung für den Schutz dieser Markenformen ist, daß die Marke grundsätzlich geeignet ist, als Kennzeichen zu dienen, d.h. die Waren oder Dienstleistungen eines Unternehmens von denjenigen anderer Unternehmen zu unterscheiden (*§ 3 I MarkenG*). Dagegen werden beschreibende Angaben vom Verkehr nicht als Kennzeichen, sondern als Bestandteil der Ware oder Dienstleistung bzw. als ihre Beschreibung verstanden. So würde z.B. der Eintragung der Marke „*Buch*" für die Ware Buch gemäß § 8 II Nr. 1 MarkenG das absolute Schutzhindernis der mangelnden Unterscheidungskraft entgegenstehen. Ein weiteres absolutes Schutzhindernis liegt gemäß § 8 II Nr. 2 MarkenG vor, wenn das einzutragende Kennzeichen ausschließlich aus freihaltebedürftigen Bestandteilen besteht. Dieses sind Zeichen, die im Verkehr zur Bezeichnung der Art, der Beschaffenheit, der Menge, der Bestimmung des Wertes, der geographischen Herkunft, der Zeit der Herstellung der Waren oder der Erbringung der Dienstleistung oder zur Bezeichnung sonstiger Merkmale der Waren oder Dienstleistungen dienen können.

Im Interesse des Wirtschaftsverkehrs, insbesondere der Wettbewerber des Anmelders, sind diese Angaben freizuhalten. Der Verkehr würde behindert, wenn an produktbezogenen Angaben Ausschließlichkeitsrechte möglich wären. Diese Zielsetzung führt dazu, daß das Freihaltebedürfnis jeweils konkret für die jeweiligen Waren und Dienstleistungen zu prüfen ist.[127]

Die Gerichte gehen mit der Zubilligung oder Ablehnung der notwendigen Unterscheidungskraft und eines markenbehindernden Freihaltebedürfnisses recht unterschiedlich um.[128] So wurde beispielsweise die Bezeichnung „*Sat-Shop*" als geschäftliche Bezeichnung für einen Geschäftsbetrieb, der sich mit dem Vertrieb von Telekommunikationsanlagen beschäftigt, für nicht unterscheidungskräftig erachtet.[129] Im Gegensatz dazu wurde dem Begriff „*ComputerLand*" zur Bezeichnung eines Geschäftsbetriebs, der sich mit dem Verkauf von Computerwaren befaßt, hinreichende Kennzeichnungskraft, wenn auch auf unterster Schwelle, zugebilligt.[130]

---

[127] Ingerl/Rohnke, Markenrecht, § 8 Rdnr. 52.
[128] Kröger/Gimmy/Freitag, Handbuch zum Internetrecht, S. 338.
[129] LG München I NJW-RR 1998, S. 978 (978) – „Sat-Shop".
[130] OLG München GRUR 1990, S. 699 (699) – „ComputerLand"

Hier wurde in der Bezeichnung „*Land*“ ein für einen Geschäftsbetrieb ungewöhnlicher und daher unterscheidungskräftiger Begriff gesehen. Anders wiederum wurde dem Zeichen „*Computercolor*“ als Marke für beschichtetes, unbeschichtetes und lichtempfindliches Papier die Unterscheidungskraft aberkannt bzw. ein Freihaltebedürfnis angenommen.[131] Dem Firmenbestandteil „*NetCom*“ wurde dagegen als schlagwortartige Verkürzung und ungewöhnliche Zusammenstellung für „*Network*“ und „*Communication*“ Unterscheidungskraft zugesprochen und ein Freihaltebedürfnis im Ergebnis verneint.[132]

b) Geschäftliche Bezeichnungen

Geschäftliche Bezeichnungen im Sinne des § 5 I MarkenG sind Unternehmenskennzeichen (*Legaldefinition in § 5 II MarkenG*) und Werktitel (*Legaldefinition in § 5 III MarkenG*).

Die Norm des § 5 MarkenG regelt den Schutz der geschäftlichen Bezeichnungen als zweiter Kennzeichenkategorie nach den Marken (*§ 1 Nr. 2 MarkenG*). Dabei enthält § 5 I MarkenG nur den Grundsatz des Schutzes, § 5 II MarkenG eine Definition des Begriffes der Unternehmenskennzeichen und § 5 III MarkenG eine Definition der Werktitel.

Nach § 5 II 1 MarkenG ist der Schutz als Unternehmenskennzeichen zunächst für Name, Firma und besondere Bezeichnung von Geschäftsbetrieben oder Unternehmen eröffnet. Dabei ist der Begriff der Firma durch § 17 I HGB gesetzlich definiert. Der Begriff des Namens ist gegenüber dem der Firma umfassender und offener. Dabei wird der „*Name*“ eines Unternehmens im Fall einer Personenhandelsgesellschaft oder einer juristischen Person häufig mit der Firma identisch sein. Die „*besondere Bezeichnung*“ ist gesetzlich nicht definiert. Sie hat subsidiären Charakter und umfaßt namensmäßige Kennzeichen des Unternehmens, die nicht gleichzeitig Name oder Firma sind. Die „*Geschäftsabzeichen*“ nach § 5 II 2 MarkenG stellen alle Unterscheidungsmerkmale dar, die, ohne Namenscharakter zu haben, aufgrund von Verkehrsgeltung Hinweisfunktion gewonnen haben.

---

[131] BPatG Mitt. 1986, S. 341 (341).
[132] BGH GRUR 1997, S. 468 (469) – „NetCom“.

Gemeinsam ist den Unternehmenskennzeichen, daß sie nicht die Herkunft von Waren oder Dienstleistungen aus einem bestimmten Unternehmen kennzeichnen, sondern das Unternehmen selbst.[133]
Die Voraussetzungen des Schutzes sind in § 5 MarkenG jedoch nur teilweise geregelt. Der Schutzinhalt, also die Ansprüche des Inhabers einer geschäftlichen Bezeichnung, sind in §§ 15, 18, 19 MarkenG geregelt.[134]
Der Schutz der Unternehmenskennzeichen entsteht erst durch Benutzung des Zeichens im geschäftlichen Verkehr.[135] Die Unternehmenskennzeichen entstehen also durch tatsächliche Handlungen, nicht durch formale Akte. Sie unterscheiden sich damit insbesondere vom Registerrecht der eingetragenen Marken nach § 4 Nr. 1 MarkenG. Verwandtschaft weisen sie mit den durch Benutzung erworbenen Marken des § 4 Nr. 2 MarkenG auf. Anders als die Marken des § 4 Nr. 2 MarkenG bedarf das Unternehmenskennzeichen aber nur dann der Verkehrsgeltung, wenn es an der originären Kennzeichnungskraft fehlt, andernfalls genügt die bloße Benutzungsaufnahme.[136] Voraussetzung ist aber auch hier, daß Namensfunktion und Unterscheidungskraft vorliegen. Das Unternehmenskennzeichen muß also geeignet sein, das so bezeichnete Unternehmen von anderen Unternehmen zu unterscheiden. Werden beschreibende Angaben oder Begriffe der allgemeinen Umgangssprache als Unternehmenskennzeichen verwendet, so wird Kennzeichenschutz erst dann eintreten, wenn diese Begriffe als Kennzeichen eines bestimmten Unternehmens oder einer bestimmten Person (*evtl. örtlich beschränkte*) Verkehrsgeltung erlangt haben.[137]
Unabhängig von dem Schutz nach §§ 5, 15, MarkenG können die geschäftlichen Bezeichnungen gleichzeitig als Marken im Sinne von § 4 MarkenG geschützt sein. Das ist bei Unternehmenskennzeichen häufig, bei Werktiteln zunehmend der Fall.[138]

---

[133] Ingerl/Rohnke, Markengesetz, § 5 Rdnr. 12.
[134] Ingerl/Rohnke, Markengesetz, § 5 Rdnr. 1.
[135] BGHZ 10, 196 (204) – „DUN"; BGH WRP 1997, S. 952 (954) – „L'Orange".
[136] Ingerl/Rohnke, Markengesetz, § 5 Rdnr. 21.
[137] Kröger/Gimmy/Freitag, Handbuch zum Internetrecht, S. 341; Ingerl/Rohnke, Markengesetz, § 5 Rdnr. 21.
[138] Ingerl/Rohnke, Markengesetz, § 5 Rdnr. 6.

Das frühere WZG regelte den Schutz dieser Kennzeichen nicht. Dieser fand seine Grundlage in § 16 UWG. Diese Regelung – samt ihrer umfangreichen dazu ergangenen Rechtsprechung – sollte durch die §§ 5, 15 MarkenG in das neue MarkenG integriert werden, ohne daß eine inhaltliche Änderung eintreten sollte. Auf die Rechtsprechung zu § 16 UWG kann daher in vollem Umfang zurückgegriffen werden. Der Name sowie die Firma wurden neben § 16 UWG auch durch § 12 BGB geschützt.

Bei der Einführung des MarkenG wurde § 12 BGB nicht geändert, so daß davon auszugehen ist, daß § 12 BGB weiterhin neben §§ 5, 15 MarkenG anwendbar bleibt. Dasselbe gilt für § 37 II HGB, der den materiellen Firmenschutz registerrechtlich ergänzt.[139]

c) Schutzinhalt

Der Schutzinhalt, also die Ansprüche des Kennzeicheninhabers, ist in den §§ 14 bis 19 MarkenG geregelt.

Diese enthalten den Hauptteil der materiellrechtlichen Vorschriften des MarkenG über die zivilrechtlichen Ansprüche bei Verletzung von Marken oder geschäftlichen Bezeichnungen. § 14 MarkenG ist dabei die zentrale Bestimmung für die dem Inhaber einer Marke im Falle der Benutzung durch Dritte zustehenden Rechte. Für geschäftliche Bezeichnungen gilt § 15 MarkenG. Nach ständiger höchstrichterlicher Rechtsprechung sind auch Firmenschlagworte und entsprechende Abkürzungen vom Schutzbereich des § 15 MarkenG umfaßt.[140] Dieses ist insoweit von Bedeutung, als oftmals nicht das gesamte Kennzeichen als Second-Level-Domain verwendet wird, sondern nur eine möglichst leicht zu merkende Abkürzung. Die wichtigsten Rechte, die sich für den Kennzeicheninhaber aus den §§ 14 und 15 MarkenG ergeben können, sind zum einen der Anspruch auf Unterlassung (*§§ 14 V, 15 IV MarkenG*) und zum anderen der Anspruch auf Schadensersatz (*§§ 14 VI, 15 V MarkenG*).

---

[139] Ingerl/Rohnke, Markengesetz, § 5 Rdnr. 3; Mü/Ko/HGB – Lieb/Krebs, § 37 Rdnr. 1; Koller/Roth/Morck, Handelsgesetzbuch, § 37 Rdnr. 1.

[140] Vgl. nur BGH GRUR 1997, S. 468 (469) – „NetCom" m.w.N.

Soweit ersichtlich[141], ist der Anspruch auf Unterlassung jedoch derjenige mit der weitaus größeren Praxisrelevanz.

2. Räumlicher Schutzbereich

Die Verwendung von Domain-Namen im Internet ist nicht auf einen Staat beschränkt, sondern weist, der Globalität des Internets entsprechend, regelmäßig einen Auslandsbezug auf. Klärungsbedürftig ist insoweit, nach welchem Recht bei Konflikten zwischen Second-Level-Domains und Kennzeichenrechten zu entscheiden ist. Da das Sach- oder Kollisionsrecht regelnde Staatsverträge nicht existieren, ist insoweit auf das deutsche Internationale Privatrecht (*IPR*) zurückzugreifen.

Mit Ausnahme der Gemeinschaftsmarke sind Kennzeichenrechte in ihrem Geltungsbereich auf einen Staat beschränkt. Nach dem immaterialgüterrechtlichen Territorialitätsgrundsatz[142] entfalten Kennzeichenrechte als nationale Monopolrechte materiellrechtliche Wirkungen nur auf dem Territorium des sie gewährenden Staates.[143] Anders als z.B. Leben, Gesundheit oder Eigentum, die grundsätzlich weltweiten Schutz genießen, endet der Schutz eines „deutschen" Kennzeichenrechts in räumlicher Hinsicht an den Grenzen des jeweiligen Staatsgebiets.[144] Kennzeichenrechte sind demnach nationale Rechte.[145] Dieses hat zur Folge, daß der Kennzeicheninhaber kein einheitliches, weltumfassendes Kennzeichenrecht erwerben kann, das – einmal als „übernationales Recht" in einem Ursprungs-Staat entstanden – in den übrigen Ländern, in denen sein Inhaber Schutz begehrt, nur anerkannt zu werden bräuchte.[146]

---

[141] Vgl. LG Düsseldorf, CR 1998, S. 165 (166) – „epson.de"; LG Braunschweig, CR 1998, S. 364 (365) – „deta.com"; LG Bonn, MMR 1998, S. 110 (110) – „detag.de"; LG Frankfurt/M, MMR 1998, S. 151 (151) – „lit.de"; LG München, NJW – RR 1998, S. 973 (973) – „juris.de; LG München, NJW – RR 1998, S. 978 (978) – „Sat-Shop"; OLG München, NJW-RR 1998, S. 984 (985) – „freundin.de"; LG Mannheim, WRP 1998 S. 920 (920) – „Zwilling.de"; LG Köln, CR 1998, S. 30 (31) – „spiele.de"; LG Frankfurt/M CR 1997, S. 287 (287) – „das.de".

[142] Die Geltung des Territorialprinzips war nicht von Anfang an selbstverständlich. Für Deutschland wurde sie vom RG mit der „Hengstenberg" - Entscheidung „Springendes Pferd" (*RGZ 118, S. 76*) im Jahre 1927 unter Aufgabe der bis dahin gültigen Theorie von der universalen Geltung des deutschen Warenzeichens begründet.

[143] BGHZ 126, S. 252 (256) – „Folgerecht bei Auslandsbezug".

[144] Bettinger/Thum, GRUR Int. 1999, S. 659 (663).

[145] Von Bar, IPR Bd. II, Rdnr. 703.

[146] Mankowski, RabelsZ 1999, S. 203 (279).

Vielmehr kann ein Unternehmen immer nur für ein einzelnes, bestimmtes Staatsgebiet, das derartige Kennzeichen gesetzlich schützt, ein von den übrigen Staatsgebieten zu unterscheidendes eigenes Kennzeichenrecht erwerben, so daß es – abweichend von der kollisionsrechtlichen Konzeption des Sachenrechts – auch hier nur Inhaber eines Bündels von jeweils unterschiedlichen nationalen Zeichenrechten wird, sog. Kegel'sche Bündeltheorie[147].

Die Rechtsfolgen der Verletzung von Immaterialgüterrechten – also auch von Kennzeichenrechten – richten sich dabei nach dem Recht des Schutzlandes.[148] Demnach beantwortet sich die Frage, ob und in welchem Umfang kennzeichenrechtlicher Schutz gegen bestimmte grenzüberschreitende Nutzungshandlungen gewährt wird, nach dem Recht desjenigen Landes, für das der Kennzeichenschutz in Anspruch genommen wird, also der lex loci protectionis.[149] Dem Territorialitätsgrundsatz korrespondiert auf der Ebene des Kollisionsrechts also das Schutzlandprinzip. Da aufgrund des Territorialitätsprinzips im jeweiligen Schutzland ausschließlich inländische Kennzeichenrechte Wirkung entfalten können, beurteilt sich im Ergebnis die Frage, ob ein deutsches (*subjektives*) Kennzeichenrecht verletzt ist, ausschließlich nach deutschem (*objektiven*) Kennzeichenrecht, die Frage hingegen, ob ein ausländisches (*subjektives*) Kennzeichenrecht verletzt ist, allein nach dem jeweiligen ausländischen (*objektiven*) Kennzeichenrecht.[150] Durch im Inland begangene Handlungen können somit keine ausländischen Kennzeichenrechte verletzt werden und umgekehrt, ausländische Handlungen können lediglich im Einzelfall eine Erstbegehungsgefahr für das Inland begründen.

---

147 Soergel-Kegel, BGB, Anh. nach Art. 12, Rdnr. 22.

148 RGZ 84, S. 370 (375); RGZ 118, S. 76 (81) – „Springendes Pferd"; RGZ 129, S. 385 (388); BGHZ 18, S. 1 (13); BGHZ 22, S. 1 (14); BGHZ 39, S. 220 (228); BGHZ 41, S. 84 (87); BGHZ 49, S. 331 (334); BGHZ 60, S. 185 (191); BGHZ 80, S. 101 (104); BGHZ 118, S. 394 (394) – „ALF"; BGHZ 126, S. 252 (256) – „Folgerecht bei Auslandsbezug"; BGH MMR 1998, S. 35 (37) – „Spielbankaffaire".

149 Mü/Ko-Kreuzer, Nach Art. 38 Anh. II, Rdnr. 8; Sandrock, GRUR Int. 1985, S. 507 (516); Schack, JZ 1998, S. 753 (761).

150 BGHZ 126, S. 252 (256) – „Folgerecht bei Auslandsbezug"; Bettinger/Thum, GRUR Int. 1999, S. 659 (669); Sack, WRP 2000, S. 269 (271).

Bei der Verletzung von Kennzeichenrechten durch die Verwendung von Kennzeichen als Second-Level-Domains, kommen Ansprüche aus dem MarkenG also immer dann in Betracht, wenn eine Verletzungshandlung in der Bundesrepublik Deutschland begangen worden ist oder – im Falle des vorbeugenden Unterlassungsanspruchs – droht.[151]

Hier wird die besondere Problematik bei Konflikten zwischen Domain-Namen und Kennzeichen deutlich: Das Internet ist ein globales Netzwerk und insofern räumlich nicht einschränkbar. Es ist von seiner Konzeption her genuin international und besitzt technisch betrachtet keine nationalen Grenzen.

Betreibt ein Anbieter im Internet eine Website, ist diese unter ihrem Domain-Namen weltweit abrufbar. Es entsteht ein „*Spill-over-Effekt*".[152] Auf den Ort, an dem der Domain-Name registriert wurde, kommt es dabei grundsätzlich nicht an. Weiterhin ist es für den Anbieter der Website derzeit auch technisch kaum möglich[153], den Zugriff auf die Website und die damit einhergehende Verwendung des Domain-Namens auf bestimmte Länder zu beschränken. Die Konsequenz ist, daß jeder in einem beliebigen Staat registrierte Domain-Name von Deutschland aus abrufbar ist und im Konflikt mit deutschen Kennzeichenrechten stehen kann. Damit wäre deutsches Recht auf grundsätzlich alle weltweit registrierten Domain-Namen anwendbar. In diesem Sinne hat auch das Kammergericht Berlin[154] entschieden. Dieses hat die Abrufbarkeit des von einem US-amerikanischen Unternehmen registrierten Domain-Namens als inländische Verletzungshandlung genügen lassen und dem in Kansas City ansässigen Beklagten die Benutzung der beanstandeten Domain-Namen untersagt. Die Konsequenz, daß die Domain-Namen dann weltweit nicht mehr benutzt werden können, sei angesichts der tatsächlichen Gegebenheiten hinzunehmen.

---

[151] RG HRR 1936, Nr. 540; BGH, GRUR 1971, S. 153 (154) – „Tampax"; BGH WRP 1977, S. 487 (488) – „Profil"; Ingerl/Rohnke, Markengesetz, § 14 Rdnr. 28.
[152] Köhler/Arndt, Recht des Internet, S. 108.
[153] Graefe, MA 1996, S. 100 (102); Wegner, CR 1998, S.676 (678) – m.w.N.
[154] KG Berlin NJW 1997, S. 3321 (3321) – „concert-concept".

Überträgt man diese extensive Anwendung deutschen Rechts auf die anderen an das Internet angeschlossenen Staaten, so ergibt sich in der Konsequenz, daß ein im Internet präsenter, lediglich lokal tätiger Anbieter bei der Auswahl seiner Second-Level-Domains die Rechtsordnungen aller Staaten der Welt zu berücksichtigen hat. Eine haftungsbegründende Rechtsverletzung wäre fast unausweichlich die Folge.[155]
Eine vollkommene Gewißheit des Domain-Inhabers, durch die Verwendung seines Domain-Namens keinerlei fremde Rechte zu verletzten, ließe sich nur dann erzielen, wenn sich die Ausdehnung seiner Kennzeichenrechte mit dem Verbreitungsgrad des Internets decken würde. Dieses wird aber nur in den allerwenigsten Fällen anzunehmen sein (*z.B. Kennzeichen mit Weltruf wie z.B. „Coca-Cola"*). Letztendlich steht die Globalität des Internets in einem Spannungsfeld zu der Territorialität des MarkenG.
Die klassische Konzeption des Internationalen Privatrechts (*IPR*) ist territorial und national. Die Anknüpfungspunkte sind – abgesehen von der Staatsangehörigkeit im Familien- und Erbrecht – räumliche Merkmale: so im Vertragsrecht der Ort des gewöhnlichen Aufenthalts bzw. der Niederlassung derjenigen Partei, welche die für den Vertrag charakteristische Leistung erbringt (*Art. 28 II EGBGB*), im Deliktsrecht der Tatort (*Art. 40 I EGBGB, lex loci delicti*) und im Sachenrecht der Belegenheitsort (*Art. 43 I EGBGB, lex rei sitae*). Diese klassische Konzeption der IPR paßt schlecht zum Internet, das sich als globales Medium einer räumlichen Zuordnung und nationalstaatlichen Regelungsansprüchen gleichermaßen entzieht. Kennzeichenrechte sind real nirgendwo belegen. Diese Rechte können im Zeitalter des Internets so leicht wie niemals zuvor weltweit und gleichzeitig genutzt und verletzt werden.[156] Daraus ergibt sich, daß die Feststellung des Ortes der kennzeichenrechtlich relevanten Verletzung im Internet aufgrund der Globalität und der technischen Gegebenheiten sehr problematisch ist.

---

155 Wegner, CR 1998, S. 676 (680); Kuner, CR 1996, S. 453 (456).
156 Schack, MMR 2000, S. 59 (59).

Es gibt eine Vielzahl von Anknüpfungspunkten. In Betracht kommen z.B. das Heimatland des verletzten Kennzeicheninhabers oder des Kennzeichenverletzers, der Ort, an dem die Website in das Internet eingespeist (*upolad*) wird, der Standort des Servers, auf dem sich die Website befindet, die Orte, an denen die fraglichen Websites tatsächlich abgerufen werden oder möglicherweise alle Orte, an denen die Webseiten tatsächlich abrufbar sind, also die ganze Welt.

Insofern ist zu erwägen, die Anwendbarkeit deutschen Rechts zu begrenzen. Indes geht es bei Kennzeichenkollisionen im Internet nicht darum, entweder dem inländischen oder dem ausländischen objektiven Kennzeichenrecht mittels einer abstrakten Kollisionsregel zu seiner Durchsetzung zu verhelfen, sondern ausschließlich darum, die durch die verschiedenen nationalen Rechtsordnungen gewährten subjektiven Kennzeichenrechte angesichts der Tatsache, daß Kennzeichennutzungen im Internet in der Regel nur global oder überhaupt nicht stattfinden können, miteinander zu einem Ausgleich zu bringen.[157] Dabei muß eine Regelung gefunden werden, die einerseits einen hinreichenden Schutz gegen die mißbräuchliche Verwendung von Domain-Namen bietet und andererseits die Funktionsfähigkeit des Internets erhält.[158] Hierbei ist zu bedenken, daß die Aufrufbarkeit von Domain-Namen im Internet nicht territorial begrenzt werden kann und somit eine territoriale Aufspaltung etwaiger Unterlassungsansprüche nicht möglich ist. Insofern kann die Wirkung eines aufgrund einer Kennzeichenverletzung ausgesprochenen Verbots der Kennzeichenverwendung als Second-Level-Domain im Internet nicht auf die Bundesrepublik Deutschland beschränkt werden. Vielmehr wirkt sich ein solches Verbot zwangsläufig auch außerhalb des territorialen Geltungsbereichs des geschützten Kennzeichens aus.

[157] Bettinger/Thum, GRUR Int. 1999, S. 659 (670).
[158] Engel AfP 1996, S. 220 (224).

Das einem ausländischen Unternehmen auferlegte Verbot, ein kollidierendes Kennzeichen in der Bundesrepublik Deutschland nicht mehr über das Internet wahrnehmbar zu machen, führt also unweigerlich dazu, daß auf die Benutzung des Kennzeichens als Second-Level-Domain zukünftig insgesamt, d.h. auch in Ländern, in denen kein Kennzeichenkonflikt vorliegt, verzichtet werden muß. Wie und in welcher Weise die Anwendbarkeit deutschen Rechts interessengerecht beschränkt werden kann, soll im folgenden untersucht werden. Dabei stellt sich die zu berücksichtigende Interessenlage wie folgt dar: Auf der einen Seite steht das aus dem inländischen Kennzeichenrecht erwachsende Recht des Kennzeicheninhabers, den territorialen Schutzbereich seines Kennzeichens möglichst unversehrt zu halten und Versuche Dritter, in den legitimen Schutzbereich seines Kennzeichens einzudringen, zu verhindern.

Dieses Schutzinteresse gerät in Konflikt mit dem Interesse des ausländischen Kennzeichennutzers, daß von ihm in einem Land vorgenommene Benutzungshandlungen dann nicht kennzeichenrechtlich untersagt werden können, wenn er dort entweder selbst prioritätsälteren Kennzeichenschutz genießt oder mangels Existenz geschützter Rechte Bezeichnungsfreiheit besteht.[159]

[159] Bettinger/Thum, GRUR Int. 1999, S. 659 (672).

a) Internationales Deliktsrecht

Zur Bestimmung des Ortes, an dem eine Verletzung von Kennzeichenrechten erfolgt, kann auf die Grundsätze des allgemeinen internationalen Deliktsrechts zurückgegriffen werden.[160] Die Grundsätze des internationalen Deliktsrechts waren im EGBGB bisher nur ansatzweise und nicht mehr zeitgemäß geregelt. Am 01.06.1999 ist die EGBGB-Novelle in Kraft getreten, die in den Art. 40 bis 42 EGBGB das internationale Deliktsrecht neu regelt.[161] Die EGBGB-Novelle enthält dabei keine Sonderregelungen für die Verletzung von Immaterialgüterrechten wie Patenten, Gebrauchs- und Geschmackmustern, Marken und sonstigen Unternehmenskennzeichen sowie Urheberrechten.
Eine solche Neuregelung hielt der Gesetzeber für verzichtbar, da durch die EGBGB-Novelle nur ein Kernbestand kollisionsrechtlicher Grundsätze festgelegt werden sollte.[162] Die allgemeinen Regelungen des internationalen Deliktsrechts in den Art. 40 bis 42 EGBGB sollen auch das internationale Wettbewerbs- und Immaterialgüterrecht umfassen, jedenfalls soweit es die Verletzungstatbestände mit Auslandsbezug betrifft.[163]

---

[160] BGHZ 35, S. 329 (333) – „Kindersaugflaschen"; Ingerl/Rohnke, Markengesetz, § 14 Rdnr. 29; Sandrock, GRUR Int. 1985, S. 507 (516).
[161] Art. 40 EGBGB in der Fassung vom 01.06.1999:

[EGBGB Art. 40 Unerlaubte Handlung]
(1) Ansprüche aus unerlaubter Handlung unterliegen dem Recht des Staates, in dem der Ersatzpflichtige gehandelt hat. Der Verletzte kann verlangen, daß anstelle dieses Rechts das Recht des Staates angewandt wird, in dem der Erfolg eingetreten ist. Das Bestimmungsrecht kann nur im ersten Rechtszug bis zum Ende des frühen ersten Termins oder dem Ende des schriftlichen Vorverfahrens ausgeübt werden.

(2) Hatten der Ersatzpflichtige und der Verletzte zur Zeit des Haftungsereignisses ihren gewöhnlichen Aufenthalt in demselben Staat, so ist das Recht dieses Staates anzuwenden. Handelt es sich um Gesellschaften, Vereine oder juristische Personen, so steht dem gewöhnlichen Aufenthalt der Ort gleich, an dem die Hauptverwaltung oder, wenn eine Niederlassung beteiligt ist, an dem sich diese befindet.

(3) Ansprüche, die dem Recht eines anderen Staates unterliegen, können nicht geltend gemacht werden, soweit sie

1. wesentlich weiter gehen als zur angemessenen Entschädigung des Verletzten erforderlich,

2. offensichtlich anderen Zwecken als einer angemessenen Entschädigung des Verletzten dienen oder

3. haftungsrechtliche Regelungen eines für die Bundesrepublik Deutschland verbindlichen Übereinkommens widersprechen.

(4) Der Verletzte kann seinen Anspruch unmittelbar gegen den Versicherer des Ersatzpflichtigen geltend machen, wenn das auf die unerlaubte Handlung anzuwendende Recht oder das Recht, dem der Versicherungsvertrag unterliegt, dies vorsieht.

[162] Begründung Reg. Entwurf, BT-Drucksache 14/343, S. 10 1. Spalte.
[163] Sack, WRP 2000, S. 269 (270).

Für die Anknüpfung von Ansprüchen aus unerlaubter Handlung enthält Art. 40 I EGBGB den Grundsatz der Anwendung des Tatortrechts, während Art. 40 II EGBGB eine Sonderanknüpfung bei gewöhnlichem Aufenthalt der Beteiligten in einem Staat vorsieht. Art. 40 III EGBGB tritt an die Stelle des bisherigen Art. 38 EGBGB, Art. 40 IV EGBGB behandelt den Direktanspruch gegen den Haftpflichtversicherer. Ergänzend sind die Art. 41 [Wesentlich engere Verbindung] und 42 [Rechtswahl] EGBGB heranzuziehen. Art. 40 I EGBGB liegt das überkommene, in den Kollisionsrechten vieler Staaten, z.B. in § 48 I 1 des österreichischen und Artikel 61 des italienischen IPR-Gesetzes enthaltene Tatortprinzip – lex loci delicti – zugrunde.[164] Im Gegensatz zum Internationalen Vertragsrecht begegnen im Internationalen Deliktsrecht also tätigkeits-, nicht personenbezogene Anknüpfungspunkte.[165] Die Vorschrift des Art. 40 I EGBGB folgt damit im Ansatz der in der ständigen Praxis der deutschen Gerichte immer weiter fortentwickelten Regel, nach der für unerlaubte Handlungen alternativ das Recht des Handlungsortes oder dasjenige des Erfolgsortes maßgeblich ist.[166]
Übertragen auf Kennzeichenrechte ist der Handlungsort im Sinne des Art. 40 I 1 EGBGB der Ort, an dem die relevante Benutzungshandlung stattgefunden hat.[167]
Nicht darunter fällt der Ort bloßer Vorbereitungshandlungen[168], die noch nicht zum Verletzungstatbestand gehören und nicht der Ort des bloßen Schadenseintritts.[169] Erfolgsort im Sinne des Art. 40 I 2 EGBGB ist der Ort des Eintritts der Rechtsverletzung. Zusammenfassend wird eine Kennzeichenverletzung also grundsätzlich an allen Orten begangen, an denen ein zur tatbestandsmäßigen Handlung gehörender Teilakt vorgenommen wird (*Handlungsort*) oder an dem der Verletzungserfolg eintritt (*Erfolgsort*).[170]

---

[164] Begründung Reg. Entwurf, BT-Drucksache 14/343, S. 11 2. Spalte.
[165] Mankowski, RabelsZ 1999, S. 203 (256).
[166] BGHZ 131, S. 332 (335); BGHZ 132, S. 105 (117); Erman-Hohloch, Artikel 40 EGBGB, Rdnr. 22/23; Mü/Ko-Kreuzer, Artikel 38 EGBGB, Rdnr. 40; Soergel-Lüderitz, Artikel 38 EGBGB, Rdnr. 119.
[167] Sack, WRP 2000, S. 269 (271).
[168] BGH MDR 1957, S. 31 (33); Hoeren/Sieber/Pichler, HMR, Teil 31 Rdnr. 54.
[169] BGHZ 40, S. 391 (395) – „Stahlexport“; LG Mannheim GRUR Int. 1968, S. 236 (237) – „Tannenzeichen“; Spindler, ZUM 1996, S. 533 (556); Sack, WRP 2000, S. 269 (271).
[170] BGHZ 40, S. 391 (394) – „Stahlexport“; Ingerl/Rohnke, Markengesetz, § 14 Rdnr. 29; Sack, WRP 2000, S. 269 (271); Wegner, RabelsZ 1998, S. 244 (263).

Die Beibehaltung dieser Grundsätze in Art. 40 I EGBGB durch den Gesetzgeber hat den Vorteil der Übereinstimmung mit der internationalen Zuständigkeit nach Artikel 5 Nr. 3 des EWG-Gerichtsstands- und Vollstreckungsübereinkommens vom 27.09.1968[171] und § 32 ZPO.

Die alternative Anknüpfung an das Recht des Handlungs- oder Erfolgsortes im Interesse des Verletzten würde jedoch bei uneingeschränkter Anordnung den Richter erforderlichenfalls dazu zwingen, von Amts wegen und gegebenenfalls in mehreren Instanzen erneut zwei oder sogar mehrere Rechtsordnungen daraufhin zu prüfen, ob sie die geltend gemachten Ansprüche rechtfertigen. Dieses schien dem Gesetzgeber „*überzogen*".[172] Daher sieht Art. 40 I 1 EGBGB nunmehr die generelle Anknüpfung an den Handlungsort vor, der im Regelfall im Vergleich zum Erfolgsort – oder mehreren Erfolgsorten bei nur einer Handlung – leichter zu bestimmen und einer Rechtsordnung zuzuordnen ist. Art. 40 I 2 EGBGB gibt dem Verletzten lediglich die Möglichkeit, die Anwendung des Erfolgsortrechts zu verlangen. Die Ausübung des Wahlrechts ist aber auf den ersten Rechtszug beschränkt, um eine Beschleunigung des Verfahrens zu erreichen.

Während des Prozesses kann der Verletzte das Wahlrecht nur bis zum Ende des frühen ersten Termins *(§ 275 ZPO)* oder dem Ende des schriftlichen Vorverfahrens (*§ 276 ZPO*) ausüben. Ob ein früher erster Termin oder ein schriftliches Vorverfahren stattfindet, bestimmt gemäß § 272 II ZPO das Gericht. Der Gesetzgeber hat sich für diese Regelung aus Gründen der Prozeßökonomie und zur Wahrung des „*Grundsatzes der Waffengleichheit*" entschieden.[173] Das Wahlrecht des Verletzten ist damit an die Stelle des bisherigen Günstigkeitsprinzips getreten.[174] Danach standen Handlungs- und Erfolgsort gleichberechtigt nebeneinander. Der Geschädigte konnte, wenn er gegen den Schädiger vorgehen wollte, das ihm konkret günstigere Recht von Handlungs- und Erfolgsortrecht auswählen.[175]

---

[171] BGBl. 1972 II S. 773.
[172] Begründung Reg. Entwurf, BT-Drucksache 14/343, S. 11 2. Spalte.
[173] Begründung Reg. Entwurf, BT-Drucksache 14/343, S. 11 2. Spalte.
[174] Sack, WRP 2000, S. 269 (271); Kegel/Schurig, IPR, § 18 IV 1 a) aa) – S. 628; Huber, JA 2000, S. 67 (68).
[175] Stoll, IPRax 1989, S. 89 (89).

Unter Berücksichtigung dieser Grundsätze des internationalen Deliktsrechts ist nachfolgend der Handlungs- und Erfolgsort bei Kennzeichenverletzungen durch die Verwendung von Domain-Namen im Internet zu bestimmen.

b) Handlungsort

aa) Standort des Servers

Als Handlungsort kommt im Internet zunächst derjenige Ort in Betracht, an dem der Anbieter die unter dem Domain-Namen abrufbaren Inhalte der Website abgespeichert hat.[176] Hierzu stehen dem Anbieter mehrere Wege offen: Zunächst kann der Anbieter einen eigenen Server aufbauen und auf diesem die Inhalte seiner Website ablegen. Weiterhin kann er den erforderlichen Speicherplatz (*Web-Space*) auf einem bestehenden Server bei einem Internet-Provider oder Onlinedienst anmieten. Diesen Server teilt er dann mit anderen Kunden des Internet-Providers oder Onlinedienstes.
Die dritte Möglichkeit besteht in dem sogenannten. „*Web-Hosting*“, d.h. dem Mieten eines eigenen Servers bei einem Internet-Provider.[177]
Steht der entsprechende Server nun auf dem Gebiet der Bundesrepublik Deutschland, ist der räumliche Schutzbereich des MarkenG ohne weiteres eröffnet, da dann durch eine Handlung von der Bundesrepublik Deutschland aus der Domain-Name der Website weltweit verfügbar gemacht wird. In der Praxis kommt es jedoch häufig vor, daß die Website eines Anbieters nicht auf einem (*eigenen*) Server in der Bundesrepublik Deutschland, sondern vielmehr auf einem Server im Ausland gespeichert und verwaltet wird. Selbst wenn der Websitebetreiber einen Vertrag mit einem deutschen Internet-Provider geschlossen hat, bedeutet dieses nicht, daß die Inhalte dann auch auf einem inländischen Server abgespeichert werden.

---

[176] Hoeren/Sieber/Pichler, HMR, Teil 31 Rdnr. 124; Bachmann, IPRax 1998, S. 179 (182).
[177] Derartige Angebote bieten dem Kunden eine ganze Reihe von Vorteilen: In der Regel stehen die Computer bei dem Web-Hoster in einem klimatisierten Rechnerraum, sind geschützt vor Stromausfällen, werden täglich gesichert und bei technischen Problemen greift der Systemadministrator helfend ein. Hinzu kommt, daß die Web-Hoster in der Regel über eine sehr schnelle Anbindung an das Internet verfügen. Außerdem sichert dort eine Backup-Leitung häufig die Erreichbarkeit der Website bei technischen Pannen. Damit ist in den allermeisten Fällen ein Server bei einem Web-Hoster die beste Wahl.

Häufig treten deutsche Anbieter lediglich als Zwischenhändler für preiswert eingekauften US-amerikanischen Web-Space auf. Abrufbar ist diese durch einen Domain-Namen gekennzeichnete Website selbstverständlich weltweit.

Sowohl für den Anbieter der Website als auch für den Internetnutzer macht es indes keinen Unterschied, ob die Inhalte einer Website auf einem Server in der Bundesrepublik Deutschland gespeichert sind oder ob sie auf einem Server mehre tausend Kilometer entfernt gespeichert sind (*z.B. durch einen Web-Hoster*). Dem Internetnutzer bleibt der Standort des Servers in der Regel ohnehin unbekannt. Auch ein unter der Top-Level-Domain „*.de*" erreichbarer Webserver muß nicht zwangsläufig auf dem Gebiet der Bundesrepublik Deutschland stehen.[178]

So kommt es durchaus häufig vor, daß eine unter der Internetadresse „*www.beispielunternehmen.de*" auffindbare Website sich nicht, wie die Top-Level-Domain „*.de*" vermuten läßt, auf einem Server auf dem Staatsgebiet der Bundesrepublik Deutschland befindet, sondern auf einem Server in den USA. Dieses zeigt aber, daß es auf den Domain-Namen und insbesondere auf die Top-Level-Domain für die Feststellung des Serverstandortes und damit des Handlungsortes nicht ankommen kann. Der eigene Domain-Eintrag beinhaltet vielmehr nur den Namen, nicht den damit verbundenen Serverplatz (*Webspace*), denn der Domain-Name wird unabhängig vom Server und eventuellen DNS-Einträgen registriert. Der Server an sich ist beliebig austauschbar. Letztlich beruht dieses Phänomen auf dem **D**omain-**N**ame-**S**ystem (*DNS*).

Festzuhalten bleibt aber, daß im Internet der Handlungsort zumindest der Ort ist, an dem der Server steht, mit dem bei Eingabe des entsprechenden Domain-Namens eine Verbindung hergestellt wird. Soweit sich der Server auf dem Staatsgebiet der Bundesrepublik Deutschland befindet, ist deutsches Recht und damit das MarkenG anwendbar. Zur Standortbestimmung kann der Domain-Name und insbesondere die darin enthaltene Top-Level-Domain nicht herangezogen werden. Hierzu ist eine Abfrage der „*WhoIs*"-Datenbank erforderlich.[179]

---

[178] Hüskes/Brenken, c't 23/1998, S. 132 (136).
[179] Siehe hierzu oben 2. Kapitel C II 1.

bb) Ort des Uploading

Vereinzelt wird vertreten, der Handlungsort sei ausschließlich der Ort, von dem aus der Anbieter einer Website die für die Website benötigten Dateien auf den Webserver überträgt (*Uploading*).[180] Gegen diese Ausschließlichkeit spricht bereits, daß der Standort des Servers und der Ort, von dem aus der Websiteanbieter die nötigen Daten überträgt (*z.B. vom firmeneigenen PC oder Intranet*), streng technisch betrachtet eine Einheit bilden. In dem Moment, in dem der Websiteanbieter eine Verbindung zwischen seinem Computer und dem Webserver des Providers herstellt, von dem aus die Website abrufbar sein soll, wird der Computer des Websiteanbieters Teil des Netzwerkes bzw. des Internets. Der Websiteanbieter handelt von diesem Zeitpunkt ab in der Regel – streng technisch betrachtet – an zwei unterschiedlichen Orten „*gleichzeitig*". Jede Handlung des Websiteanbieters ist zugleich eine Handlung auf dem Computer, von dem aus die Daten übertragen werden, und dem Webserver, auf den die Daten übertragen werden. Dabei handelt der Websiteanbieter auf dem Webserver insofern, als er die Daten in ein entsprechendes Dateiverzeichnis auf dem Webserver kopieren muß und damit den Webserver über die Internetverbindung (*fern*)steuert. Für den Websiteanbieter macht es keinen Unterschied, ob er die Daten seiner Website auf seinem Computer von einem Dateiverzeichnis in ein anderes kopiert oder in ein Verzeichnis auf dem Webserver. Dieses technische Phänomen ist im Client/Server-Prinzip begründet. Eine Aufspaltung in den Ort des Webservers und in den Ort, von dem aus die Dateien übertragen werden, erscheint insofern künstlich. Gegen ein Ausschließlichkeitsverhältnis spricht zudem, daß es andernfalls denkbar wäre, daß der Server, auf dem die Website abgespeichert ist, sich auf dem Staatsgebiet der Bundesrepublik Deutschland befindet, deutsches Recht aber dennoch nicht anwendbar ist, weil die Daten mittels einer Telefonverbindung aus dem Ausland auf diesen übertragen wurden und somit der Ort des Uploading als Handlungsort im Ausland läge.

---

[180] Mankowski, RabelsZ 1999, S. 203 (257); Bachmann, IPRax 1998, S. 179 (182); Spindler, ZUM 1996, S. 533 (560).

Das weitere Bereithalten bzw. Verbreiten der unter dem Domain-Namen abrufbaren Website von dem Server in der Bundesrepublik Deutschland aus würde dann, nach Abschluß des Upload-Vorgangs, rechtlich nicht mehr einzuordnen sein. Die Verletzung eines Kennzeichens durch die Verwendung von Domain-Namen ist jedoch nicht als einmaliger Vorgang einzuordnen, welcher nach dem Upload der Daten auf den Server abgeschlossen ist. Das ständige Bereithalten bzw. Verbreiten des Domain-Namens verleiht der Verletzung von Kennzeichenrechten den Charakter eines „*Dauerdelikts*".

Von diesen rein technischen Bedenken abgesehen, ergeben sich in der Praxis aber auch erhebliche Probleme, den Ort des Uploading zu bestimmen. In vielen Fällen wird dieses nicht oder nur mit erheblich hohem Aufwand möglich sein.[181] Dieses ist darin begründet, daß der Websiteanbieter von jedem Ort der Welt aus mittels einer Telefonverbindung den Webserver anwählen kann.[182] Die Bestimmung des Ortes des Uploading erfordert i.d.R. also eine Zurückverfolgung der Telefonverbindung. Dadurch erweist sich die Bestimmung des Ortes des Uploading als noch deutlich aufwendiger als die Bestimmung des Standortes des Servers, auf dem die Website abgespeichert ist. Dieses ist nicht praktikabel.

Festzuhalten bleibt, daß auch der Ort des Uploading als Handlungsort in Betracht kommt, daß aber auf den Standort des Servers als Handlungsort nicht verzichtet werden kann.

cc) Ergebnis

Im Ergebnis ist damit sowohl der Ort des Uploading als auch der Serverstandort als Handlungsort anzusehen. Letzterer kann in der Regel unproblematisch und sicher durch eine Anfrage bei dem betreffenden Internetprovider bzw. einer Abfrage in der „*WhoIs-Datenbank*" bestimmt werden. Der Ort des Uploading steht gleichgeordnet neben dem Ort, an dem sich der Server befindet, auf dem die unter dem Domain-Namen abrufbare Website abgespeichert wird.

---

[181] So auch Mankowski, RabelsZ 1999, S. 203 (258).
[182] Spindler, ZUM 1996, S. 533 (557).

Ein Ausschließlichkeitsverhältnis zwischen beiden Handlungsorten ist nicht gegeben. Gleichwohl wird der so ermittelte Handlungsort oftmals im Ausland liegen, so daß deutsches Recht und damit das MarkenG nicht anwendbar sind. Auf den Handlungsort allein kann es also bei der Verwendung von Domain-Namen im Internet nicht ankommen.

Darüber hinaus bestünde andernfalls die Gefahr, daß der Anbieter einer Website diese Situation mißbräuchte, um durch geschickte Wahl des Handlungsortes sein Risiko, für die Verletzung fremder Kennzeichenrechte in Anspruch genommen zu werden, zu minimieren. Er müßte nur sicherstellen, daß sich der Server mit den gespeicherten Inhalten außerhalb der Bundesrepublik Deutschland befindet[183] und die Daten auch nicht vom Staatsgebiet der Bundesrepublik Deutschland aus auf den Server im Ausland übertragen. Gerade das Internet ist vom Ausgangspunkt her weltweit mobil. Der Aufwand, die Angebote über „*Oasenländer*" mit besonders günstiger Rechtslage einzuspeisen, wäre minimal.[184] Dieses würde zu untragbaren Rechtsschutzlücken führen. Dieses macht die entscheidende Bedeutung des Erfolgsortes im Internet deutlich. Denselben zu bestimmen, ist aber ungleich problematischer.

c) Erfolgsort

Grundsätzlich liegt der Erfolgsort an jedem Ort, an dem ein Internetnutzer den fremde Kennzeichen verletzenden Domain-Namen aufrufen kann.[185]

Dabei ist nicht danach zu differenzieren, ob der Internetnutzer die Website von einem zwischengeschalteten inländischen Server oder direkt an der ausländischen Quelle abruft. Der Weg, den die Informationen im Internet nehmen, bleibt dem Internetnutzer ohnehin in der Regel verborgen.

---

[183] Zu den Ländern die sich für ein solches „*Outsourcing*" anbieten: vgl. Hoeren, MMR 1998, S. 297 (297).

[184] Mankowski, RabelsZ 1999, S. 203 (271); Rüßmann, K&R 1998, S. 422 (423); Bartsch/Lutterbeck/Thum, Neues Recht für neue Medien, S. 137.

[185] KG Berlin, NJW 1997, S. 3321 (3321) – „concert-concept"; LG Düsseldorf, NJW-RR 1998, S. 979 (979) – „epson.de"; Schack, MMR 2000, S. 59 (65); Mankowski, RabelsZ 1999, S. 203 (268); Sack, WRP 2000, S. 269 (277).

Von der Konzeption des Internets her sind der Weg bzw. die Zwischenstationen, welche die Daten auf dem Weg vom Server zum Internetnutzer einlegen, für den Websiteanbieter weder vorhersehbar noch in irgendeiner Weise beeinflußbar. Daher liegt der Erfolgsort nicht an einem Einwählknoten, einem Gateway eines Online-Dienstes oder am Standort des Vermittlungsrechners.[186] Diese technischen Einrichtungen gewährleisten zwar die Abrufbarkeit und tragen damit zur letztendlichen Verletzung von Kennzeichenrechten bei, die eigentliche Verletzung tritt aber erst durch den Aufruf des Domain-Namens selbst ein.[187] Auf notwendige, allein technisch bedingte Zwischenstationen kann es insofern nicht ankommen. Der Erfolgsort liegt also beim Internetnutzer, genauer dem Standort des Computers, mittels welchem der betreffende Domain-Name aufgerufen wird. Aufrufbar ist der Domain-Name aber weltweit. Letztendlich würde damit der Verwender eines Domain-Namens dazu gezwungen, die Rechtsordnungen sämtlicher an das Internet angeschlossenen Staaten der Welt einzuhalten. Damit würde das strengstmögliche Recht zum Verhaltensmaßstab werden, an welchem sich der Anbieter orientieren müßte.[188] Indes ist zu überlegen, ob diese extensive Anknüpfung an den Erfolgsort nicht einzuschränken ist.

aa) Technische Begrenzungen

Die durch die Globalität des Internets veranlaßten Rechtsprobleme ließen sich am leichtesten lösen, wenn sich die globalen Wirkungen des Internets im Streitfall wieder auf nationalstaatliche Grenzen beschränken ließen. Dem Kennzeichenverletzter könnte im Streitfall die Pflicht auferlegt werden, seine Absatztätigkeit oder Werbung territorial aufzuspalten und insbesondere seine Website so einzurichten, daß diese von den Nutzern des Staates, in dessen Territorium die Abrufbarkeit zu einer Kennzeichenverletzung führt, nicht mehr aufgerufen werden kann.[189] Der Kennzeichenverletzer müßte in diesen Fällen also technische Vorkehrungen treffen, welche ein Abrufen der Website aus einem anderen Land verhindern bzw. erschweren.[190]

---

[186] Bachmann, IPRax 1998, S. 179 (183).
[187] Mankowski, RabelsZ 1999, S. 203 (269).
[188] Siehe hierzu oben 3. Kapitel B I 2 a).
[189] Bettinger/Thum, GRUR Int. 1999, S. 659 (660).
[190] Wegner, CR 1998, S. 676 (682); Engel, AfP 1996, S. 220 (224).

Die Auferlegung einer solchen Verpflichtung scheitert jedoch an der technischen Durchführbarkeit. Eine sichere Sperrung der Website für bestimmte Besuchergruppen ist auf der Grundlage der bestehenden Internetstruktur derzeit nicht zu erreichen.[191] Notwendige Voraussetzung dafür wäre, daß der Websitebetreiber die Besucher seiner Website sicher und vor allem schnell (*möglichst in Echtzeit*) identifizieren kann. Dieses ist nur in engen Grenzen möglich.

Grundsätzlich ist es technisch möglich, den Abruf von Websites für bestimmte Rechner im Internet zu verhindern, indem der eigene Webserver mit Sperrlisten der entsprechenden IP-Adressen versehen wird. Auf diese Weise kann der Zugang zu der Website sowohl für einzelne Rechner als auch für ganze Bereiche von IP-Adressen erfolgen. Die IP-Adresse desjenigen, der die Website besuchen will, kann von dem Websitebetreiber unproblematisch bestimmt werden. Die IP-Adresse allein sagt aber noch nichts über das Herkunftsland bzw. den Standort des Websitebesuchers aus.

Zur direkten Bestimmung des Herkunftslandes müßte der Websitebetreiber über eine Datenbank des kompletten IP-Adreßraumes im Internet verfügen, in der jeder IP-Adresse ein bestimmter Internet-Zugangsprovider bzw. der physikalischen Standort des einzelnen Rechners zugeordnet ist. Eine solche existiert nicht. Da eine solche Datenbank für die Funktionsweise des Internets nicht erforderlich ist und nur mit erheblichem finanziellen Aufwand geschaffen werden könnte, steht nicht zu erwarten, daß eine derartige Datenbank jemals geschaffen wird. Darüber hinaus könnte eine solche Datenbank angesichts ständig neuer Rechneranbindungen zwangsläufig niemals vollständig sein. Doch selbst wenn eine derartige Datenbank jemals existieren sollte, ließe sich aus ihr nicht ersehen, ob der Internetnutzer, der von einem bestimmten Rechner aus auf einen Webserver zugreift, sich tatsächlich an diesem Rechner befindet, oder ob er sich von einem anderen Ort der Welt mittels eines Terminalemulationsprotokolls (*TELNET*), welches die Anwahl und Steuerung von anderen Rechnern im Internet ermöglicht, nur auf diesen eingewählt hat.

[191] Mankowski, GRUR Int. 1999, S. 909 (916); derselbe: EWiR 1999, S. 471 (472).

Ferner gibt es große Netzwerke (*z.B.: AOL, Compuserve, T-Online*), die sich über Staatsgrenzen hinweg erstrecken und deren Rechner alle unter der gleichen IP-Adresse geführt werden. In diesem Fall scheidet die Möglichkeit, festzustellen, wo sich der auf einem Webserver zugreifende Rechner befindet, von vornherein aus. Nicht verhindert werden kann auch, daß sich Nutzer aus einem bestimmten Land die Inhalte eines Webservers mittels sogenannter Proxy-Server verschaffen, welche nicht auf der Sperrliste verzeichnet wären und durch welche die Informationen eines Webservers daher auch dann abgerufen werden können, wenn der unmittelbare Zugriff auf den Webserver für einen bestimmten Rechner gesperrt wäre.[192]

Des weiteren besteht zwar die technische Möglichkeit, von jeder einzelnen IP-Adresse auf den Domain-Namen des Internet-Zugangsproviders und damit, anhand der Top-Level-Domain, auf den Standort des Providers zu schließen, dieser Schluß ist aber nicht sehr zuverlässig. Auch einem Internet-Zugangsprovider mit Sitz im Ausland ist es ohne weiteres möglich, einen Domain-Namen unter der Top-Level-Domain „*.de*“ für Deutschland zu registrieren, so daß die Top-Level-Domain kein sicheres Kriterium zur Bestimmung des Standorts sein kann. Darüber hinaus wird derjenige, der nicht über eine permanente LAN Verbindung zum Internet verfügt, in der Regel versuchen, den nächsten Internet-Zugangspunkt über die Einwahl per Telefon zu erreichen. Dabei kann der Websitebesucher sich von jedem Ort der Welt bei einem Internetzugangsprovider mittels einer Telefonverbindung einwählen. Selbstverständlich kann eine solche Einwahl mittels Ferngespräch ins Ausland bei einem ausländischen Internet-Zugangsprovider problemlos erfolgen – angesichts der enorm fallenden Preise für solche Fernverbindungen entfällt nunmehr auch das Argument der prohibitiven Kosten.

Es gibt zahlreiche internationale Internetzugangsprovider, die auch im nationalem Umfeld weltweit gültige Accounts vergeben, was für viele reisende Geschäftsleute ein wichtiges Argument ist.[193] Insofern kann, selbst wenn der Standort des Internetzugangsproviders bestimmt werden könnte, der Standort des Websitebesuchers nicht sicher bestimmt werden.

---

[192] Bettinger/Thum, GRUR Int. 1999, S. 659 (660).
[193] Schneider, MMR 1999, S. 571 (575); Mankowski, GRUR Int. 1999, S. 909 (916).

Die Unmöglichkeit, die eigene Website für bestimmte Benutzergruppen zu sperren, liegt daher in der Struktur des Internets begründet. Bei der Entwicklung des Internet-Transport-Protokolls TCP/IP wurde Wert auf einen funktionsfähigen Transport von Daten auch unter massiven Störungen gelegt. Aufgabe des Netzes ist es, Daten zum Zielort zu transportieren, nicht jedoch eine inhaltliche Kontrolle vorzunehmen[194] oder einzelne Benutzer schnell und sicher zu identifizieren. Dieses erklärt sich daraus, daß die Belange des E-commerce bei der Entwicklung des Internets zu keinem Zeitpunkt berücksichtigt wurden; E-commerce war weder geplant noch vorhersehbar.

bb) Bestimmungsgemäße Verbreitung

Die durch den grenzüberschreitenden bzw. globalen Wirkungskreis des Internets bedingten Rechtsprobleme sind im Kern schon aus dem Bereich ausländischer Wettbewerbshandlungen bekannt. Ausländische Zeitungen und Zeitschriften[195] werden in der Bundesrepublik Deutschland verbreitet, Radio- und Fernsehausstrahlungen[196] machen schon seit jeher nicht an den Landesgrenzen halt. Eine Beachtung der Kennzeichenrechte in sämtlichen möglichen Empfangsländern ist weder den Herausgebern noch den Inserenten usw. zumutbar.[197] Bei grenzüberschreitender Werbung in ausländischen Medien – sog. Multi-state-Delikte bzw. Streudelikte[198] – stellte sich demnach schon in der Vergangenheit die Frage, welches Recht anwendbar ist und ob bei der Anwendung deutschen Rechts jeder Rechtsverstoß sanktioniert werden muß.[199]

Diesbezüglich verfolgte schon das Reichsgericht in der „*Primeros*"-Entscheidung eine strenge Linie. In dem entschiedenen Fall ging es um deutschsprachige tschechische Zeitungen, die auch nach Deutschland vertrieben wurden, in denen ein Produkt umworben wurde, welches nicht in Deutschland erhältlich war.

---

194 Siehe hierzu die detaillierten, technisch orientierten Ausführungen bei: Schneider, MMR 1999, S. 571 (576).
195 BGH GRUR 1971, S. 153 (154) – „Tampax".
196 BGH NJW 1998, S. 2531 (2532) – „Co Verlagsvereinbarung".
197 Grundlegend RGZ 118, 76 (83); BGH GRUR 1971, S. 153 (154) – „Tampax".
198 Sack, WRP 2000, S. 269 (271); Hoeren/Sieber/Pichler, HMR, Teil 31 Rdnr. 61.
199 Omsels, GRUR 1997, S. 328 (336); Bartsch/Lutterbeck,/Bornkamm Neues Recht für neue Medien, S. 110.

Das Reichsgericht hielt dennoch deutsches Recht für anwendbar und untersagte die Werbung, weil entscheidend sei, wo die Presseerzeugnisse mit der Werbung verbreitet würden. Weniger wichtig sei, daß das beworbene Produkt in Deutschland nicht erhältlich sei, da die Ware zumindest im Grenzverkehr von Deutschen im benachbarten Ausland erworben werden könne.[200] Der BGH hielt in der „*Tampax*"-Entscheidung ebenfalls deutsches Recht für anwendbar und untersagte eine Werbung für „*Tampax*", welche in einer deutschsprachigen Schweizer Zeitung erschien, die auch nach Deutschland vertrieben wurde.[201]

Offengelassen hat der BGH, wie zu entscheiden sein würde, wenn der Sachverhalt in Einzelheiten anders gelagert gewesen wäre.

Der BGH hielt bereits im Leitsatz der „*Tampax*"-Entscheidung fest, daß es um die Zulässigkeit von Werbeanzeigen in deutschsprachigen Schweizer Zeitschriften gehe, wenn diese im Wege des regelmäßigen Zeitschriftenvertriebs nach Deutschland verbracht würden. Als weitere Besonderheit kam hinzu, daß die Werbung auf ein Produkt abstellte, welches auch in Deutschland erhältlich war, wobei die Werbung im konkreten Falle auch nicht lediglich auf den Vertrieb des Produktes in der Schweiz abstellte bzw. beschränkte. Hieraus wird gefolgert, daß die Anwendung deutschen Rechts abhängig ist von der Qualität und Quantität der Werbung im ausländischen Medium in Deutschland, der Qualität und Quantität des Vertriebs des beworbenen Produkts in Deutschland sowie anderen Begleiterscheinungen der Werbung wie z.B. ihre Verständlichkeit in Deutschland, die bei einer fremdsprachigen Werbung nicht ohne weiteres unterstellt werden könne.[202] Weiterhin soll danach zu differenzieren sein, ob es sich bei der Werbung auch um ein Handeln zum Zwecke des Wettbewerbs auf dem Gebiet der Bundesrepublik Deutschland handelt.

---

[200] RG JW 1936, S. 1291 (1292) – „Primeros".
[201] BGH GRUR 1971, S. 153 (153)- „Tampax".
[202] Droste, GRUR 1971, S. 155 (156); Omsels, GRUR 1997, S. 328 (336).

Daneben sind auch die Adressaten der Werbung, die Schutzwürdigkeit der Interessen des Verletzten, die Verfügbarkeit des beworbenen Produkts für in Deutschland ansässige Personen, die Sprache der Werbung und die Vermeidbarkeit des Empfangs der Werbung im Inland zu berücksichtigen, wenn die geschäftlichen Interessen des Werbenden sich im Grunde nur auf das Ausland richten.[203] Zusammenfassend bleibt festzuhalten, daß bei Multi-state-Wettbewerbshandlungen das Marktortprinzip gilt[204], woran auch die EGBGB-Novelle nichts geändert hat.[205]

Danach ist auf Multi-state-Wettbewerbshandlungen letztlich das Recht aller Länder anwendbar, in denen sie auf die Marktgegenseite einwirken. Angesichts der fast unvorhersehbaren Anzahl möglicher Tatorte wurde jedoch eine Beschränkung auf Orte bestimmungsgemäßer[206] bzw. regelmäßiger[207] Verbreitung eingeführt. Dadurch werden zum einen solche Orte ausgeschieden, an die z.B. Exemplare einer Zeitschrift nur zufällig oder „da und dort einmal"[208] verbracht werden („*Spill-over*" bzw. „*Overspill*"). Sobald die Verbreitung an einen bestimmten Ort jedoch im regelmäßigen Geschäftsbetrieb erfolgt, sie sonstwie gewollt oder mit ihr zu rechnen ist, wird sie auch als bestimmungsgemäß angesehen.[209] Zum anderen ist deutsches Recht nur anwendbar, wenn die Veröffentlichung einen über den bloßen tatsächlichen Empfang im Inland hinausgehenden Inlandsbezug aufweist bzw. bestimmungsgemäß in der Bundesrepublik Deutschland verbreitet wird.[210]

---

[203] Hoth, GRUR Int. 1972, S. 449 (454).

[204] BGH GRUR 1971, S. 153 (154) – „Tampax"; Sack WRP 2000, S. 269 (273); Löffler, WRP 2001, S. 379 (380).

[205] Sack WRP 2000, S. 269 (273).

[206] BGH NJW 1977, S. 1590 (1590) – „Profil"; Ingerl/Rohnke, Markengesetz, § 140 Rdnr. 46; Spindler, ZUM 1996, S. 533 (557).

[207] RG JW 1936, S. 1291 (1292) – „Primeros"; BGH GRUR 1971, S. 153 (154) – „Tampax"; von Bar, IPR Bd. 2, Rdnr. 662.

[208] RG JW 1936, S. 1291 (1292) – „Primeros".

[209] BGH NJW 1977, S. 1590 (1590) – "Profil"; BGH GRUR 1971, S. 153 (154) – „Tampax"; Hoeren/Sieber/Pichler, HMR, Teil 31 Rdnr. 63; Bartsch/Lutterbeck/Bornkamm, Neues Recht für neue Medien, S. 112.

[210] BGH GRUR 1971, S. 153 (154) – Tampax"; BGH WRP 1977, S. 487 (488) – „Profil"; KG Berlin NJW 1997, S. 3321 (3321) – „concert-concept"; Ingerl/Rohnke, Markengesetz, § 14 Rdnr. 30; Ubber, WRP 1997, S. 497 (502); Kuner, CR 1996, S. 453 (455); Hoeren, WRP 1997, S. 993 (998); Hoeren/Sieber/Pichler, HMR, Teil 31 Rdnr. 137/157; Bachmann, IPRax 1998, S. 179 (185).

Problematisch ist, ob sich die im Hinblick auf ausländische Wettbewerbshandlungen gewonnenen Ergebnisse grundsätzlich auf Kennzeichenkollisionen im Internet übertragen lassen. Zunächst sind beide Bereiche auf ähnlich gelagerte Sachverhalte zurückzuführen. Im Kern geht es darum, Informationen über ein Medium an andere Orte gelangen zu lassen. Der maßgebliche Unterschied zu den bisherigen Massenkommunikationsmitteln liegt in dem erheblich höheren Verbreitungsgrad des Internets.[211]
Die globale Präsenz des Internets stellt ein Novum dar. Jeder Internetnutzer kann grundsätzlich von jedem ins Internet eingeloggten Computer auf die Inhalte des Internets zugreifen. Umgekehrt kann er mit derselben Breitenwirkung nahezu ungehindert durch Kontrollen Inhalte in das Internet stellen.
Ferner könnten bereits Zweifel daran bestehen, ob es sich bei der Datenübermittlung im Internet überhaupt um eine „Verbreitung" handelt, da an sich die Informationen auf dem Webserver des Websiteanbieters lediglich bereitgehalten und durch den Internetnutzer abgerufen werden. Der Internetnutzer lädt sich die Daten also bei Bedarf auf seinen Computer herunter, während der Websiteanbieter diese nicht aktiv *„verschickt"*.[212]
Dieses Verständnis des Verbreitungsbegriffs ist indes zu eng. Entscheidend ist, daß durch die Bereithaltung der Daten auf dem Webserver mit der Intention, Nutzerabrufe zu provozieren, ein adäquat kausaler und wesentlicher Beitrag zur Zugänglichmachung der Website an einen großen Empfängerkreis liegt. Dieses Merkmal ist für die Verbreitung typisch. Letztlich ist auch den herkömmlichen Verbreitungsformen eine Aktivität der Adressaten immanent, indem diese das Fernsehgerät anschalten oder am Kiosk ein Zeitungsexemplar erwerben müssen. Den Begriff der Verbreitung auf Abonnements zu beschränken, bei denen die Zeitungs- oder Zeitschriftenexemplare dem Leser tatsächlich zugesandt werden, wurde auch im Bereich herkömmlicher Medien nicht erwogen. Im Ergebnis ist also die dem Internet typische Informationsvermittlung eine Verbreitung durch den Websiteanbieter und den Provider.[213]

---

211 Bachmann, IPRax 1998, S. 179 (182).
212 Perritt, Law and the Information Superhighway, S. 514.
213 Hoeren/Sieber/Pichler, HMR, Teil 31 Rdnr. 126.

Im Hinblick auf die grenzüberschreitende Wirkung des Internets sind grundlegende strukturelle Unterschiede zu den herkömmlichen Massenmedien nicht vorhanden. Demnach besteht für eine differenzierte rechtliche Behandlung dieser Massenmedien kein Anlaß. Die im Hinblick auf ausländische Wettbewerbshandlungen gewonnenen Ergebnisse lassen sich also grundsätzlich auf Kennzeichenkollisionen im Internet übertragen.[214]
Die Feststellung der bestimmungsgemäßen Verbreitung erweist sich im Internet aber als sehr problematisch, wenn die Website von einem ausländischen Anbieter stammt. Der Anbieter einer Website kann, wie bereits festgestellt, den Zugriff auf dieselbe nicht steuern. Durch die unbeschränkt große Vielfalt an Websites läßt sich die Zielrichtung einer Website auch nicht schematisch feststellen. Daraus folgt, daß nachfolgend Kriterien zu entwickeln sind, mit deren Hilfe eine bestimmungsgemäße Verbreitung festgestellt werden kann.

(1) Top-Level-Domain

Zunächst könnte man die Ausrichtung der Website und damit den Inlandsbezug des Domain-Namens an der verwendeten Top-Level-Domain festmachen. Demnach wären beispielsweise Websites unter der Top-Level-Domain „*.de*" lediglich auf die Bundesrepublik ausgerichtet und Websites unter der Top-Level-Domain „*.com*" vornehmlich auf den US-amerikanischen Markt ausgerichtet.[215]
Ein solches Ausschließlichkeitsverhältnis ist jedoch weitestgehend praxisfern. Richtig ist daran nur, daß für Domain-Namen unterhalb der Top-Level-Domain „*.de*" die Bezugnahme auf den Ländercode der Bundesrepublik Deutschland derart deutlich ist, daß ein Inlandsbezug grundsätzlich zu vermuten ist. [216] Weltweit werden die Internetbenutzer unter Websites mit der Top-Level-Domain „*.de*" nichts anderes erwarten als Angebote deutscher Firmen, Institutionen oder Personen, die vornehmlich auf den deutschen Markt ausgerichtet sind.

---

[214] OLG Karlsruhe CR 1999, S. 783 (784) – „badwildbach.com".
[215] „*.com*" ist keine geographische Top-Level-Domain. Trotzdem wird diese von US-amerikanischen Anbietern anstelle der eigentlich für die USA vorgesehenen Top-Level-Domain „*.us*" nahezu ausschließlich verwendet.
[216] Ingerl/Rohnke, Markenrecht, § 14 Rdnr. 31; Wegner, CR 1998, S. 676 (681); Wilmer, CR 1997, S. 562 (563).

Gleiches gilt für häufig anzutreffenden Fälle, in denen z.B. in Werbeanzeigen nicht lediglich der Domain-Name an sich angegeben wird, sondern darüber hinaus noch ein Unterverzeichnis, welches die Ausrichtung auf den deutschen Markt beinhaltet.
So lautet beispielsweise die Internetadresse vom IBM-Deutschland „*www.ibm.com/de*" oder die des Textilfilialisten C&A „*www.c-and-a.com/de*". Hierbei handelt es sich um eine unter der Top-Level-Domain „*.com*" registrierte Domain. Der Websiteanbieter hält aber gleichwohl auf zahlreiche Länder spezifisch abgestimmte Angebote vor und macht dieses durch die Angabe des entsprechenden Unterverzeichnisses „*/de*" in der Werbung für seine Website deutlich.
Ist die Reservierung der „*Wunsch-Domain*" unter der Top-Level-Domain „*.de*" nicht mehr möglich, weil der entsprechende Domain-Name bereits vergeben ist, bleibt dem Interessenten die Möglichkeit, seine „Wunsch-Domain" unter einer anderen Top-Level-Domain zu registrieren, unbenommen. Daß sich mit der anderen Top-Level-Domain gleichsam die Ausrichtung der Website ändert, kann nicht angenommen werden. Daraus folgt, daß ein Domain-Name unter einer anderen Top-Level-Domain als „*.de*" nicht automatisch gegen einen Inlandsbezug spricht. Im Ergebnis eignet sich die Top-Level-Domain als Abgrenzungskriterium nur eingeschränkt.

(2) Sprache

Die Sprachversion einer Website eignet sich ebenfalls nur bedingt als Kriterium. Ist die unter dem Domain-Namen aufrufbare Website in deutscher Sprache abgefaßt, ist dieses selbstverständlich ein deutlicher Hinweis darauf, daß das Angebot zumindest auch auf den deutschen Markt ausgerichtet ist. Allerdings ist auch eine ausschließliche Ausrichtung auf andere deutschsprachige Länder denkbar. Andererseits kann aufgrund der Globalität des Internets keinesfalls davon ausgegangen werden, daß eine in englischer Sprache abgefaßte Website ausschließlich für den englischsprachigen Raum bestimmt ist. Vielmehr entwickelt sich die englische Sprache immer mehr zur universellen Sprache des Internets.[217]

---

[217] Mankowski, EWiR 1999, S. 471 (471); Rüßmann, K&R 1998, S. 422 (424); Althammer/Ströbele/Klaka, Markengesetz, § 15 Rdnr. 44.

Insbesondere die Sprache vieler Suchmaschinen oder Portalsites ist Englisch. Viele Websites, die eindeutig von deutschen Anbietern betrieben werden, sind trotzdem in englischer Sprache abgefaßt. Insofern ist die Sprache als ausgrenzendes Kriterium unbrauchbar, wenn die Website in einer Weltsprache abgefaßt ist. Allerdings ist die Verwendung einer in Deutschland nur wenigen Einwohnern verständlichen Sprache (*z.B. die zahlreichen Websites in japanischer Sprache*) ein starkes Indiz gegen eine Bestimmung für den deutschen Markt.[218]

Auf der anderen Seite läßt sich eine tatsächliche Vermutung aufstellen, daß jede weiter verbreitete Sprache zwar ein lokales Kerngebiet hat, aber Mitglieder aus diesem Sprachraum auch in anderen Ländern ansässig sein werden (*z.B. Gemeinschaften Deutschstämmiger in den USA, japanische communities in Deutschland oder der hohe Anteil türkischer oder italienischer Wohnbevölkerung in Deutschland*). Die Verwendung einer bestimmten, nur in der Hauptsache regional konzentrierten Sprache kann nur in begrenztem Umfang als Kriterium herangezogen werden.[219]

(3) Inhalt

Neben der sprachlichen Ausrichtung der Website kann auch der Inhalt als Abgrenzungskriterium herangezogen werden.

(a) Charakter der beworbenen Leistung

Ein Inlandsbezug läßt sich auch dann feststellen, wenn die unter dem Domain-Namen aufrufbare Website gerade inländischen Internetnutzern nahegebracht wird. Dieses kann vor allem durch Hinweise in inländischer Werbung geschehen. Auf der anderen Seite spricht gegen einen Inlandsbezug das Anbieten von Waren/Dienstleistungen von ausschließlich regionalem Interesse. Alle Websites können weltweit abgerufen werden, obwohl zahlreiche nur an ein regional begrenztes Publikum gerichtet sind.

---

[218] Ubber, WRP 1997, S. 497 (503).
[219] Mankowski, GRUR Int. 1999, S. 909 (918).

So sind z.B. Websites, welche Tickets für Greyhound-Busse innerhalb der USA anbieten, in der Regel nur für den amerikanischen Inlandsmarkt von Bedeutung. Gleiches gilt für die Website eines Taxi-Unternehmens in New York oder einer Tankstelle in Los Angeles. Auch die Website eines Restaurants wird in der Regel nur die lokale Gemeinschaft, nicht aber die cyber-community insgesamt interessieren.[220] Entsprechendes gilt für das regionale Kinoprogramm oder Regionalzeitungen. Prohibitiv hohe Transportkosten für einen internationalen Transport sprechen ebenfalls gegen einen Inlandsbezug. Läßt sich der Leistungsgegenstand dagegen online, sprich in digitaler Form, übermitteln, wie z.B. Software, Videos, Musik, Literatur usw., gehen die „Transportkosten" gegen Null und bilden somit kein eingrenzendes Kriterium.
Sollte ausnahmsweise ein „*qualifizierter*" Empfänger z.B. im Rahmen einer Urlaubsreise, die Informationen von dem ansonsten ausscheidenden Empfangsland aus abrufen, bleibt dies ebenso unbeachtlich wie bei den bisherigen Pressedelikten die Orte unbeachtlich sind, an die Zeitschriftenexemplare nur zufällig oder „*da und dort einmal*"[221] gelangen.[222]

(b) Zahlungsmodalitäten

Auch die vom Websitebetreiber akzeptierten Zahlungsmittel können einen Hinweis auf die Bestimmung der Website liefern. Werden z.B. nur Zahlungen in DM oder über Konten deutscher Kreditinstitute zugelassen, kann durchaus auf eine Beschränkung für den deutschen Markt geschlossen werden. Durch die Einführung des EURO wird dieses Kriterium jedoch zukünftig stark an Bedeutung verlieren. Der EURO als Zahlungswährung läßt allenfalls darauf schließen, daß vorrangig Märkte in europäischen Staaten angesprochen werden.

---

[220] Mankowski, GRUR Int. 1999, S. 909 (918).
[221] RG JW 1936, S. 1291 (1292) – „Primeros".
[222] Hoeren/Sieber/Pichler, HMR, Teil 31 Rdnr. 134.

Problematisch ist darüber hinaus, daß im Internet Zahlungen meist über Kreditkarten, Kartengeld (*z.B. Mondex*), Netzgeld (*z.B. Digicash*) oder elektronischen Geldbörsen (*eCash*[223]) erfolgen. Alle drei Zahlungsmodalitäten sind international verbreitet und lassen damit keine Rückschlüsse auf eine Bestimmung für einen einzelnen Markt zu.[224]

(c) Disclaimer

Bedeutsam sind auch ernsthafte und unmißverständliche Hinweise auf der Website, daß das Angebot nicht für die Bundesrepublik Deutschland bestimmt ist, sogenannte Disclaimer [225]

Der Hinweis, daß nur bestimmte Staaten angesprochen sein sollen, oder umgekehrt der Hinweis, daß eine bestimmte Website bestimmte Staaten nicht ansprechen soll, begründet jedoch keine Rechtswahl. Im Kennzeichenrecht gibt es keine Rechtswahlfreiheit und erst recht keine einseitig ausübbare.[226] Daran hat auch die EGBGB-Novelle vom 01.06.1999 nichts geändert. Die in Art. 42 EGBGB aufgeführte Rechtswahl betrifft grundsätzlich nur die nachträgliche Rechtswahl.

Solche Disclaimer bilden jedoch Indizien für die Ausrichtung der Website.[227] Einen Hinweis auf die Bestimmung der Website für einen spezifischen Markt bieten oft die Lieferbedingungen bei „E-commerce“ Anbietern. Wird dem Internetnutzer die Lieferung ins Inland angeboten, kann von einer Bestimmung des Angebotes für den deutschen Markt problemlos ausgegangen werden. Umgekehrt spricht die fehlende Liefermöglichkeit ins Inland gegen eine solche Bestimmung. Selbst große Onlinewarenhäuser, die ihre Produkte über das Internet anbieten, liefern die über das Internet bestellte Ware nur in einem regional abgegrenzten Bereich und nicht international unbegrenzt.

---

[223] Das eCash-System wurde als Zahlungsmittel speziell für Online-Geschäfte vom niederländischen Unternehmen Digicash entwickelt und von der Firma eCash Technologies weitergeführt. Es besteht im wesentlichen aus einer virtuellen Bank, die für die Echtheit der elektronischen Münzen garantiert und aus „elektronischen Geldbörsen“ für Händler und Kunden. Die Geldbörse oder die sogenannte „Wallet“ ist eine Software, die sich Händler und Kunden auf dem eigenen Rechner installieren.

[224] Hoeren, WRP 1997, S. 992 (998); Wegner, CR 1998, S.676 (681).

[225] Renck, NJW 1999, S. 3587 (3592); Kur, WRP 2000, S. 935 (938).

[226] Hoeren/Sieber/Pichler, HMR, Teil 31, Rdnr. 132; Mankowski, RabelsZ 1999, S. 203 (272); Spindler, ZUM 1996, S 533 (563).

[227] Mankowski, EWiR 1999, S. 471 (472).

So findet sich auf vielen Websites (*z.B. www.drugstore.com; www.starbucks.com; www.vitaminworld.com*) der Hinweis, daß die Bearbeitung der Bestellung die Angabe einer US-amerikanischen Postadresse erfordert. Häufig findet sich folgender Hinweis:

"At this time, we can ship to street addresses (all shipping methods), P.O. boxes within the 50 United States (standard shipping only), and to APO/FPO U.S. Military addresses (standard shipping only; note: military mail handling may cause delays). We do not ship internationally or to the U.S. territories."

Entscheidend kann hierbei aber nicht die subjektiv-finale Sichtweise des Websitebetreibers sein, denn sonst könnte dieser durch jeglichen Warnhinweis auf seiner Webseite die Anwendung deutschen Rechts ausschließen, bzw. sich mit der Behauptung zur Wehr setzten, auf den fraglichen Staat habe sein Angebot nicht gezielt.[228] Vielmehr erfordern solche Hinweise ein hohes Maß an Ernsthaftigkeit und Glaubwürdigkeit. Sind diese Voraussetzungen erfüllt, beruht die Abrufbarkeit der Website von der Bundesrepublik Deutschland aus allein auf technischen Gegebenheiten. Letztlich muß ein ernsthafter und in der Praxis auch eingehaltener Hinweis auf eine Ausrichtung der Website nur auf einen bestimmten Markt als völlig ausreichend erachtet werden. Ist der Websiteanbieter jedoch nicht so konsequent, alle erkannten und erkennbaren Overspill-Anträge abzulehnen, kann ihn sein Disclaimer jedenfalls nicht schützen. Der Websiteanbieter verhält sich inkonsistent, wenn er zwar verbal eine geographische Beschränkung vornimmt, diese aber beim konkreten Vertragsschluß wieder außer acht läßt. Sich auf den Disclaimer zu berufen, hat der Websiteanbieter dann durch ein venire contra factum proprium verwirkt.
An dieser bewußten Entscheidung muß sich der Websiteanbieter festhalten lassen. Das Berufen auf den Disclaimer wird zur unbeachtlichen protestatio facto contraria.[229]

---

[228] Bezogen auf das Deliktsrecht so auch: Mankowski, RabelsZ 1999, S. 203 (272); Hoeren/Sieber/Pichler, HMR, Teil 31 Rdnr. 132; bezogen auf das Wettbewerbsrecht auch schon BGH GRUR 1971, S. 153 (154) – „Tampax"; Rüßmann, K&R 1998, S. 422 (424).
[229] Hoeren, WRP 1997, S. 992 (998); Köhler/Arndt, Recht des Internet, S. 108; Mankowski, GRUR Int. 1999, S. 909 (920); derselbe: EWiR 1999, S. 471 (472); Bartsch/Lutterbeck/Bornkamm, Neues Recht für neue Medien, S. 116.

(4) Ergebnis

Die Einschränkung für Kennzeichenverletzungen durch Domain-Namen durch das Merkmal der bestimmungsgemäßen Verbreitung schafft einen sinnvollen Ausgleich zwischen den Interessen des Verletzten und des Täters. Eine bestimmungsgemäße Verbreitung kann anhand der hier gewonnenen Kriterien jedoch nicht für alle Websites sicher bejaht bzw. ausgeschlossen werden. Dem stehen die unbegrenzten Gestaltungsmöglichkeiten bei der Erstellung und Präsentation von Websites entgegen. Dementsprechend könnte der hier vorgeschlagenen Lösung, mittels objektiver Kriterien die Zielrichtung einer Website zu bestimmen, entgegenstehen, daß die erforderliche Rechtssicherheit nicht gänzlich gewährleistet werden kann.[230] Dieser Einwand ginge jedoch fehl, denn es handelt sich auch hier um ein aus der Rechtsgeschäftslehre bekanntes Standardproblem, anhand objektiver Kriterien vom Empfängerhorizont aus zu bestimmen, was der Anbieter gewollt haben dürfte. Dafür haben sich hinreichend praktikable Mechanismen herausgebildet, auf die auch in diesem Zusammenhang zurückgegriffen werden kann.[231]

Insgesamt ist grundsätzlich eine Einzelbetrachtung der unter dem Domain-Namen aufrufbaren Websites erforderlich, um eine bestimmungsgemäße Verbreitung im Sinne des MarkenG festzustellen. Dabei läßt sich eine eindeutig bestimmungsgemäße Verbreitung nur bei der Verwendung der Top-Level-Domain „*.de*" feststellen. Ansonsten lassen sich zweifelsfreie Kriterien, welche eine schematische Einordnung der verschiedenen Websites ermöglichen, nicht aufstellen.

Es gibt zahlreiche Websites, deren Ausrichtung nicht eindeutig feststellbar ist. Dieses sind vor allem Websites, mittels derer Waren und Dienstleistungen angeboten werden, die zum grenzüberschreitenden Vertrieb objektiv geeignet sind. Besonders problematisch erweisen sich Websites, die digitalisierte Produkte anbieten, die auf der Website angebotenen Waren und Dienstleistungen also unmittelbar über das Internet transferiert bzw. vertrieben werden können.

---

[230] Bettinger/Thum, GRUR Int. 1999, S. 659 (667).
[231] Ähnlich: Rüßmann, K&R 1998, S. 422 (425).

Da der potentielle Absatzmarkt hier mit geringstem finanziellen und logistischen Aufwand praktisch auf alle Staaten der Welt ausgedehnt werden kann, wäre ein kennzeichenrechtlicher Unterlassungsanspruch auf der Grundlage einer bestimmungsgemäßen Verbreitung regelmäßig zu bejahen. Es fragt sich daher, wie die verbleibenden Zweifelsfälle rechtlich zu handhaben sind.

cc) Abwägungsvorbehalt

Im Schrifttum findet sich vereinzelt die Forderung, den kennzeichenrechtlichen Untersagungsanspruch zusätzlich zu den gesetzlichen Tatbestandsvoraussetzungen von einer umfassenden Abwägung der widerstreitenden Interessen abhängig zu machen.[232] Eine Untersagung der Kennzeichenbenutzung als Second-Level-Domain im Internet wäre dann trotz Verwirklichung des kennzeichenrechtlichen Verletzungstatbestandes nur gerechtfertigt, wenn die Untersagung dem ausländischen Kennzeichennutzer mit Rücksicht auf die im Ausland bestehenden prioritätsälteren Rechte bzw. eine gegebenenfalls bestehende Bezeichnungsfreiheit nach Abwägung aller sich gegenüberstehender Interessen zumutbar ist. Hierzu wird angeführt, daß ohne einen gesonderten Abwägungsvorbehalt wesentliche Wertungsgesichtpunkte unberücksichtigt blieben.
Ein nur um das Tatbestandsmerkmal der bestimmungsgemäßen Verbreitung ergänzter Verletzungstatbestand hätte zur Folge, daß es dem ausländischen Kennzeichennutzer in allen Fällen, in denen für die Website anhand objektiver Kriterien eine bestimmungsgemäße Verbreitung in die Bundesrepublik Deutschland nicht ausgeschlossen werden kann, untersagt wäre, seine Kennzeichen als Second-Level-Domain zu verwenden, ohne daß dabei die aufgezeigte besondere Interessenlage in die Kollisionsprüfung Eingang fände.[233] Ein solcher Abwägungsvorbehalt ist dem Kennzeichenrecht grundsätzlich nicht fremd. Bei gesondert gelagerten kennzeichenrechtlichen Konflikttatbeständen hat die Rechtsprechung schon bisher durch eine Interessenabwägung auftretende Konflikte aufzulösen versucht.

---

[232] Bettinger/Thum, GRUR Int. 1999, S. 659 (660).
[233] Bettinger/Thum, GRUR Int. 1999, S. 659 (673).

So wurden Ausnahmen vom Ausschließlichkeitsanspruch des Kennzeicheninhabers von der Rechtssprechung insbesondere in Fällen der Gleichnamigkeit zugelassen, wo der lautere Gebrauch des eigenen Namens im geschäftlichen Verkehr, selbst wenn sich dieser Gebrauch innerhalb des Schutzbereichs eines älteren Kennzeichenrechts bewegt, dem Namensträger nicht schlechthin untersagt werden kann, sondern im Anschluß an eine Abwägung der gegenseitigen Interessen lediglich die Führung von Unterscheidungszusätzen angeordnet wird.[234] Auch im Konflikt zwischen einem älteren Recht mit räumlich begrenztem Schutz und einem überregional oder bundesweit benutzten jüngeren Kennzeichenrecht hat die Rechtssprechung die allgemeine Ausschlußwirkung des kraft Benutzung geschützten Kennzeichenrechts eingeschränkt und den Abwehranspruch aus dem regional oder örtlich beschränkten Kennzeichenrecht davon abhängig gemacht, daß diese aufgrund einer Interessenabwägung gerechtfertigt ist.[235]

Nach dem BGH seien in Fällen dieser Art die Individualinteressen der Parteien abzuwägen und insbesondere danach zu fragen, inwieweit sich deren Tätigkeitsbereiche überschneiden, wieweit dadurch die Gefahr von Verwechslungen hervorgerufen wird und welche wirtschaftlichen Auswirkungen ein räumlich beschränktes Verbot für das überregional tätige Unternehmen hätte.[236] Unter Berufung auf die „*Rialto*"-Entscheidung des BGH wurden Ausnahmen vom Ausschließlichkeitsrecht nach Abwägung gegenseitiger Parteiinteressen, insbesondere im Hinblick auf Zeichenbenutzung in überregionaler Funk-, Fernseh- und Zeitschriftenwerbung, zugelassen, da diese nur mit unverhältnismäßigem organisatorischen Aufwand regional zu begrenzen sei.[237]

Eine Einschränkung der kennzeichenrechtlichen Ausschließlichkeitslösung durch Abwägung der widerstreitenden Interessen liegt schließlich auch der „*Tannenzeichen*"-Entscheidung des LG Mannheim im Hinblick auf Kennzeichenbenutzungen in internationalen Zeitschriften zugrunde.[238]

---

[234] BGH WRP 1997, S. 751 (755) – "B.Z./Berliner Zeitung".
[235] BGH GRUR 1991, S. 155 (156) – „Rialto"; LG Kiel AfP 1994, S. 330 (331) – „Tango"; OLG München WRP 1994, S. 326 (330) – „Biermarke".
[236] BGH GRUR 1991, S. 144 (156) – „Rialto".
[237] OLG München WRP 1994, S. 326 (330) – „Biermarke"; OLG München MDR 1994, S. 363 (363) – „Rialto II"; LG Kiel AfP 1994, S. 330 (331) – „Tango".
[238] LG Mannheim GRUR Int. 1968, S. 236 (237) – „Tannenzeichen".

In dem der Entscheidung zugrundeliegenden Sachverhalt hatte eine nordamerikanische Firma in weltweit verbreiteten amerikanischen Zeitschriften für ihre ausschließlich in den USA vertriebenen Produkte geworben, wobei ein geringer Teil der Gesamtauflage auch an Abonnenten in die Bundesrepublik Deutschland geliefert wurde. Ein deutsches Unternehmen, welches das gleiche Kennzeichen in der Bundesrepublik Deutschland für identische Waren als Marke registriert hatte, sah in der Verwendung des „Tannenzeichens“ in den Werbeanzeigen des amerikanischen Unternehmens eine Verletzung seines deutschen Kennzeichenrechts und klagte auf Unterlassung der Verbreitung der Anzeigen in der Bundesrepublik Deutschland. Das LG Mannheim wies die Klage ab. Da nur ein geringer Teil der Gesamtauflage der Zeitschriften im Inland verbreitet wurde, sei die Zeichenbenutzung im Inland lediglich ein *„Abfallprodukt“* bzw. ein *„Überschwappen“* der überwiegenden und zulässigen Auslandsbenutzung.

Der in einem solchen Fall bestehende Konflikt zwischen dem territorial begrenzte Kennzeichenschutz und der daraus folgenden Bezeichnungsfreiheit im Ausland könne nur durch eine die konkrete Interessenlage berücksichtigende, wertende Entscheidung gelöst werden.[239] Da beide international verbreiteten Zeitschriften keine regional differenzierten Ausgaben hätten und der Beklagten daher nur die Wahl bliebe, durch diese Zeitschriften im Ausland und Inland oder überhaupt nicht zu werben, ergäbe die Interessenabwägung ein eindeutiges Übergewicht zugunsten der ausländischen Kennzeichnungsfreiheit.[240]

Das Prinzip der Interessenabwägung scheint auf den ersten Blick auch bei Kennzeichenkonflikten im Internet ein gangbarer Weg zu sein. Wie im Falle der Zeichenbenutzung in international verbreiteten Zeitschriften wären Gerichte mit der Methode der Interessenabwägung durchaus in der Lage, den Konflikttatbestand zu analysieren und einen Ausgleich der widerstreitenden Interessen herbeizuführen.[241]

Es stellt sich jedoch die Frage, ob die Erweiterung der Verletzungstatbestände des MarkenG um einen ungeschriebenen Abwägungsvorbehalt zum einen erforderlich ist und sich zum anderen in die Systematik des MarkenG einfügen läßt.

---

239 Unter Hinweis auf BGH GRUR 1964, S. 372 (374) – „Maja“.
240 LG Mannheim GRUR Int. 1968, S. 236 (237) – „Tannenzeichen“.
241 Bettinger/Thum, GRUR Int. 1999, S. 659 (675).

Bedenken gegen die Heranziehung der vom Schrifttum angeführten Rechtsprechung bestehen schon insoweit, als in den Entscheidungsgründen zwar eine umfassende Interessenabwägung gefordert wird, letztlich aber doch auf die herkömmlichen Abgrenzungsinstrumente zurückgegriffen wird. Insbesondere in der „*Rialto*"-Entscheidung stellt der BGH darauf ab, inwieweit sich die Tätigkeitsbereiche der betreffenden Unternehmen überschneiden, wieweit dadurch die Gefahr von Verwechslungen hervorgerufen wird und welche Auswirkungen ein räumlich beschränktes Verbot für das überregional tätige Unternehmen hätte.[242] Diese Kriterien sind aber bereits in den Verletzungstatbeständen der §§ 14, 15 MarkenG normiert. Diese Vorschriften setzten grundsätzlich das Vorliegen einer Verwechslungsgefahr voraus. Liegt diese vor, geht das Gesetz von negativen Auswirkungen auf das betreffende Unternehmen aus und berechtigt den Verletzten dazu, die Unterlassung der weiteren Kennzeichenbenutzung zu beanspruchen. Im Ergebnis ist damit die gebotene Interessenabwägung bereits in den Verletzungstatbeständen vorgenommen.[243]

Darüber hinaus ist zu beachten, daß in der „*Rialto*"-Entscheidung dem überregional tätigen Unternehmen die überregionale Werbung für dessen Produkte nur unter der Bedingung gestattet wurde, daß die Produkte nicht in dem räumlichen Schutzbereich des nur regional bekannten Unternehmens vertrieben werden. Ein vergleichbarer Sachverhalt liegt auch der „*Biermarken*"-Entscheidung[244] des OLG München, der „*Tango*"-Entscheidung des LG Kiel[245] und der „*Rialto II*"-Entscheidung des OLG München[246] zugrunde. Auch in diesen Entscheidungen wurde überregionale Werbung nur gestattet, weil das überregional tätige Unternehmen sich verpflichtete, im räumlich begrenzten Schutzbereich des regionalen Anbieters nicht tätig zu werden. Damit stehen sämtliche zu dieser Problematik, soweit ersichtlich, ergangenen Entscheidungen unter der Prämisse, daß ein Vertrieb in dem räumlichen Schutzbereich des regionalen Anbieters nicht erfolgt.

---

242 BGH GRUR 1991, S. 144 (156) – „Rialto".
243 Ingerl/Rohnke, Markengesetz, § 15 Rdnr. 20.
244 OLG München WRP 1994, S. 326 (330). „Biermarke".
245 LG Kiel AfP 1994, S. 330 (331) – „Tango".
246 OLG München MDR 1994, S. 363 (363) –„Rialto II".

Von dieser Prämisse ist also auch die daran anknüpfende Abwägung der Interessen abhängig. In der Sache ist den Entscheidungen zu folgen: Sobald ein Vertrieb in den räumlichen Schutzbereich des regionalen Anbieters nicht erfolgt, ist es interessengerecht, dem überregionalen Anbieter überregionale Werbung zu gestatten. Der überregionale Anbieter hat seinerseits ein schutzwürdiges Interesse, außerhalb des räumlichen Schutzbereichs des regionalen Anbieters tätig zu werden. Die Ausklammerung einzelner Regionen aus überregionaler Werbung (*z.B. Fernsehen oder überregionale Tageszeitungen*) ist faktisch kaum durchführbar. Die schutzwürdigen Interessen des nur regional tätigen Anbieters werden, solange ein Vertrieb des überregionalen Anbieters in diesen Schutzbereich nicht erfolgt, nicht unverhältnismäßig beeinträchtigt. Überträgt man den Kern dieser Entscheidungsgründe auf Konflikte zwischen Kennzeichen und Domain-Namen im Internet, so findet die Verpflichtung des überregionalen Anbieters, den Vertrieb nicht auf den räumlichen Schutzbereich des regionalen Anbieters auszudehnen, ihre Parallele in dem oben entwickelten Kriterium des Disclaimers.[247]

Verpflichtet sich der Anbieter der unter dem Domain-Namen aufrufbaren Website dazu, nicht in die Bundesrepublik Deutschland zu liefern und hält dieser die Verpflichtung auch tatsächlich ein, so fehlt es, nach der hier vertretenen Lösung, aber bereits an einer bestimmungsgemäßen Verbreitung. Demzufolge ist in dieser Konstellation deutsches Recht schon aus diesem Grund nicht anwendbar. Eine darüber hinausgehende Abwägung der widerstreitenden Interessen ist nicht mehr erforderlich.

Abweichendes ist auch der zitierten „*Tannenzeichen*“-Entscheidung des LG Mannheim nicht zu entnehmen. Auch hier werden der Entscheidung letztlich keine neuen Kriterien zugrunde gelegt.

Die Entscheidung wird darauf gestützt, daß nur ein geringer Teil der Gesamtauflage der Zeitschriften im Inland verbreitet wurde, insoweit sei die Zeichenbenutzung im Inland lediglich ein „*Abfallprodukt*“ bzw. ein „*Überschwappen*“ der überwiegenden und zulässigen Auslandsbenutzung.[248]

---

[247] Siehe hierzu: 3. Kapitel B. I. 2. c) (3) (c).

[248] LG Mannheim GRUR Int. 1968, S. 236 (237) – „Tannenzeichen“.

Überträgt man die Ausführungen auf Kennzeichenkonflikte im Internet, stellt das LG Mannheim anhand objektiver Kriterien lediglich einen unbeachtlichen *„Overspill“*[249] fest. Eine darüber hinausgehende Abwägung des LG Mannheim ist den Entscheidungsgründen nicht zu entnehmen. Eine Abwägung, die über die Anwendung der oben dargestellten Kriterien und die gesetzlichen Wertungen des MarkenG hinausgeht, ist nur schwer vorstellbar. Dieses zeigen die zitierten Entscheidungen sehr deutlich. Die widerstreitenden Interessen können anhand der hier dargelegten Kriterien, die letztlich selbst das Ergebnis einer Abwägung zwischen den Interessen des Verwenders eines Domain-Namens und dem Kennzeicheninhaber sind, sinnvoll in Einklang gebracht werden. Gesichtspunkte, die darüber hinaus für die Abwägung von Bedeutung sein können, sind nicht ersichtlich. Damit ist ein zusätzliches ungeschriebenes Tatbestandsmerkmal in Form eines Abwägungsvorbehaltes nicht erforderlich und würde auch der Systematik des MarkenG entgegenstehen. Vielmehr schlägt bei den verbleibenden Zweifelsfällen, bei denen die bestimmungsgemäße Verbreitung der unter dem Domain-Namen aufrufbaren Website in die Bundesrepublik Deutschland nicht sicher ausgeschlossen werden kann, der Gedanke der richtigen Risikozuweisung durch. [250] Hierbei ist zunächst zu bedenken, daß die im Internet abrufbaren Websites in objektivtechnischer Hinsicht keineswegs zufällig, sondern durchaus bestimmungsgemäß zu allen an das Internet angeschlossenen Rechnern gelangen. Jeder, der im Internet aktiv ist, weiß um die technisch mögliche weltweite Abrufbarkeit seiner Website. Gerade die globale Präsentation der unter dem Domain-Namen aufrufbaren Website macht für den Anbieter einen Großteil des Interesses am Internet aus.

Wer ein offenes Medium der Massenkommunikation wie das Internet benutzt, riskiert bewußt *„Overspill-Effekte“*. Wer sie vermeiden will, muß ein anderes Kommunikationsmedium wählen.

---

[249] Siehe hierzu 3. Kapitel B. I 2 c) bb) (3) (a).

[250] Mankowski, RabelsZ 1999, S. 203 (272); Kröger/Gimmy/Freitag, Handbuch zum Internetrecht, S. 368.

Insofern ist es interessengerecht, daß derjenige, der seine Aktivität ausweitet, auch die damit einhergehenden Risiken trägt. Letztlich wird somit der Vermeidungsaufwand der richtigen Partei zugewiesen und schafft Anreize, die eingespeisten Inhalte genau zu formulieren und kontrollieren.[251] Der Websiteanbieter hält es selbst in der Hand, seine Website eindeutig auszurichten. Ihm wird damit die Möglichkeit eröffnet, durch geschickte und bewußte Gestaltung seiner Website die durch die Globalität des Internets bedingten rechtlichen Risiken zu minimieren. Betreibt ein Anbieter beispielsweise eine Website in Italien und will sein Angebot nicht global, sondern lediglich lokal auf Italien ausrichten, so muß er dies bei der Gestaltung und Präsentation seiner Website berücksichtigen. Wählt der Anbieter die englische Sprache als Sprachversion seiner Website, muß er sich bewußt sein, daß damit die globale Ausrichtung seiner Website zumindest indiziert wird. Insofern ist es interessengerecht, den auf Italien fixierten Anbieter auf eine italienische Sprachversion seiner Website und die Top-Level-Domain „*.it*" für Italien zu verweisen, um Konflikten mit Kennzeichenrechten außerhalb Italiens wirksam zu entgehen.

Der Gedanke der richtigen Risikozuweisung liegt bereits den zum Wettbewerbsrecht ergangenen Entscheidungen des RG („*Primeros*"-*Entscheidung*[252]) und des BGH („*Tampax*"-*Entscheidung*[253]) zugrunde. Auch in diesen Fällen wurde ausgesprochen, daß die grenzüberschreitende Wirkung einer Werbung für den Bereich des deutschen Sprachgebiets voraussehbar und daher bei der Gestaltung der Werbung zu berücksichtigen sei. Eine abweichende Behandlung des Mediums Internet im Hinblick auf die Anwendbarkeit deutschen Rechts ist im Vergleich zu anderen Massenkommunikationsmedien nicht gerechtfertigt.[254]

---

251 Mankowski, RabelsZ 1999, S. 203 (271).
252 RG JW 1936, S. 1291 (1292) – „Primeros".
253 BGH GRUR 1951, S. 153 (154) – „Tampax".
254 LG Düsseldorf NJW-RR 1998, S. 979 (980) – „epson.de".

d) Zusammenfassung

Unter Zugrundelegung der hier vertretenen Lösung ist für die Feststellung, ob deutsches Recht bei Konflikten im Internet zwischen Domain-Namen und Kennzeichen anwendbar ist, eine gestufte Prüfung vorzunehmen. Zunächst ist danach zu fragen, ob sich der Server, auf dem die unter dem Domain-Namen aufrufbare Website gespeichert ist, auf dem Gebiet der Bundesrepublik Deutschland befindet. Ist das der Fall, liegt zumindest der kennzeichenrechtlich relevante Handlungsort in der Bundesrepublik Deutschland, womit deutsches Recht anwendbar ist. Ist das nicht der Fall, ist danach zu fragen, ob die unter dem Domain-Namen aufrufbare Website, welche sich auf einem ausländischen Server befindet, von dem Gebiet der Bundesrepublik Deutschland aus auf diesen Server übertragen wurden (*upload*). Soweit eine solche Feststellung möglich sein sollte, liegt der kennzeichenrechtlich relevante Handlungsort ebenfalls in der Bundesrepublik Deutschland. Deutsches Recht ist dann anwendbar.

Liegt der Handlungsort danach nicht in der Bundesrepublik Deutschland, ist weiter zu fragen, ob der Erfolgsort in der Bundesrepublik Deutschland liegt. Das ist immer dann der Fall, wenn die unter dem Domain-Namen aufrufbare Website bestimmungsgemäß in die Bundesrepublik Deutschland verbreitet wird. Von einer bestimmungsgemäßen Verbreitung der Website ist grundsätzlich auszugehen. Etwas anderes gilt jedoch, wenn anhand der oben entwickelten objektiven Kriterien eine bestimmungsgemäße Verbreitung der unter dem Domain-Namen aufrufbaren Website in die Bundesrepublik Deutschland ausgeschlossen werden kann. Ist das der Fall, so liegt weder der Handlungsort noch der Erfolgsort in der Bundesrepublik Deutschland. Damit ist deutsches Recht nicht anwendbar. Kann die bestimmungsgemäße Verbreitung nicht ausgeschlossen werden, liegt der Erfolgsort in der Bundesrepublik Deutschland, und deutsches Recht ist anwendbar.

Durch die hier vertretene Lösung werden die widerstreitenden Interessen des Kennzeicheninhabers und des Verwenders eines Domain-Namens sinnvoll in Einklang gebracht und das in Zweifelsfällen verbleibende Rechtsanwendungsrisiko dem Verwender des Domain-Namens und damit der richtigen Partei zugewiesen. Für Ansprüche aus Verletzung des Namensrechts,
unlauterem Wettbewerb und unerlaubter Handlung gilt nichts anderes. Diesbezüglich sind die Voraussetzungen identisch.[255]

3. Benutzung im geschäftlichen Verkehr

Die Kollisionstatbestände des MarkenG knüpfen die Unterlassungs- und Schadensersatzansprüche jeweils an die unberechtigte Benutzung eines Kennzeichens.

a) geschäftlicher Verkehr

Kennzeichenschutz nach dem MarkenG besteht grundsätzlich nur gegenüber *„im geschäftlichen Verkehr“* vorgenommenen Handlungen *(§§ 14 II und IV; 15 II und III MarkenG)*.[256]
Die Handlung muß einem beliebigen eigenen oder fremden Geschäftszweck dienen, wobei Gewinnabsicht, Entgeltlichkeit oder das vom BGH im Rahmen des § 1 UWG für erforderlich gehaltene (*konkrete*) Wettbewerbsverhältnis nicht begriffsnotwendig sind.[257] Erfaßt wird also die geschäftliche Tätigkeit im weitesten Sinn und damit jede wirtschaftliche Zwecke verfolgende Tätigkeit, in der eine Teilnahme am Erwerbsleben zum Ausdruck kommt.[258] Hierunter fallen auch anwaltliche, ärztliche, künstlerische und wissenschaftliche Tätigkeiten, wenn diese geschäftsmäßig ausgeübt werden.[259] Insgesamt stimmt damit dieser Begriff mit dem *„geschäftlichen Verkehr“* im Sinne des UWG im wesentlichen überein.

---

[255] BGH, GRUR, 1971, S. 153, (154).
[256] Einzige Ausnahme ist der nicht auf den geschäftlichen Verkehr abstellende § 16 MarkenG zur Markennennung in Nachschlagewerken.
[257] LG Mannheim, WRP 1998, S. 920 (921) – „zwilling.de“; Ingerl/Rohnke, Markengesetz, § 14 Rdnr. 35.
[258] Baumbach/Hefermehl, Wettbewerbsrecht, Einl. UWG Rdnr. 208; Völker/Weidert, WRP 1997, S. 652 (658).
[259] Althammer/Ströbele/Klaka, Markengesetz, § 15 Rdnr. 3.

Dabei kann bei Gewerbetreibenden, wie im Wettbewerbsrecht, so auch im MarkenG, von einer tatsächlichen Vermutung des Handelns im geschäftlichen Verkehr ausgegangen werden.[260] Der Gewerbetreibende wird die Registrierung eines Domain-Namens schon wegen der damit verbundenen Kosten nur dann vornehmen, wenn er diese insoweit auch steuerlich geltend machen kann.[261] Außerhalb des geschäftlichen Verkehrs kommen Schutzansprüche damit nur nach Maßgabe der §§ 12, 823 I und 826 BGB in Betracht.

b) Benutzen durch Reservierung eines Domain-Namens

Bis Februar 1997 war es noch möglich, Domain-Namen bei DENIC vorsorglich zu reservieren. Ob auch in der bloßen Reservierung ein Benutzen im Sinne des MarkenG gesehen werden konnte, war heftig umstritten.[262] Nachdem es diese Reservierungsmöglichkeit nunmehr nicht mehr gibt[263] und alle vorher vorgenommenen Reservierungen mittlerweile erloschen sind, ist dieses Problem nicht mehr existent. Aufgrund der äußerst negativen Erfahrungen mit einer solchen Reservierungsmöglichkeit ist auch zukünftig nicht damit zu rechnen, daß diese wieder – durch eventuell neu geschaffene Registraturen (*z.B. AlterNIC*) – eingeführt wird.[264]

c) Benutzen durch Delegierung eines Domain-Namens

Das Problem hat sich nunmehr auf die seit Februar 1997 erforderliche Delegierung des Domain-Namens verlagert. Wie bereits dargelegt[265], werden an die Verwendung des delegierten Domain-Namens keine hohen Anforderungen gestellt. Auf einen abrufbaren Inhalt kommt es nicht an. Dementsprechend kann es zumindest zu einer faktischen Reservierung bzw. Sperrung des Domain-Namens kommen. Hieraus ergibt sich aber die Frage, ob in der Delegierung eines Domain-Namens auch eine Benutzung im Sinne des MarkenG zu sehen ist.

---

[260] Köhler/Piper, UWG, Einf. UWG Rdnr. 162; Ingerl/Rohnke, Markengesetz, § 14 Rdnr. 35; Kur, CR 1996, 590 (591).
[261] Nordemann, NJW 1997, S. 1891 (1893).
[262] Siehe hierzu statt aller: Strömer, Online-Recht 2. Auflage, S. 78 ff m.w.N.
[263] Die maximale Reservierungsfrist betrug 1 Jahr. Demnach kann es seit dem 01. Februar 1998 keine reservierten Domain-Namen mehr geben.
[264] Anderer Ansicht wohl nur Bücking, Namens- und Kennzeichenrecht, S. 64 Rdnr. 107.
[265] Siehe hierzu 2. Kapitel C II 1.

Dem MarkenG liegt im Rahmen der Untersagungstatbestände der §§ 14 II, 15 II MarkenG ein einheitlicher Benutzungsbegriff zugrunde.[266] Außerhalb dieser Normen verwendet das MarkenG den Begriff der Benutzung eines Kennzeichens dagegen uneinheitlich und in unterschiedlichen Regelungszusammenhängen. Auch ist die Kennzeichenbenutzung im Sinne des §§ 14 II und 15 II MarkenG begrifflich nicht vollständig identisch mit der rechtserhaltenden Benutzung eingetragener Marken im Sinne der Vorschriften über den Benutzungszwang (*§ 26 MarkenG*).[267]

Der Begriff der Benutzung bezeichnet die Verletzungshandlung der Handlungsform nach. Das MarkenG enthält keine Definition dieses Begriffes. Er wird jedoch durch die Auflistung verletzungstypischer Handlungsformen in § 14 III MarkenG exemplarische konkretisiert und in § 14 IV MarkenG auf vorbereitende Handlungen erstreckt.[268]

Ein ordnungsgemäß delegierter Domain-Name ist weltweit aufrufbar. Häufig wird mit einem neu delegierten Domain-Namen in Printmedien, im Fernsehen und im Rundfunk geworben und damit eine breite Öffentlichkeit von der Existenz des Domain-Namens in Kenntnis gesetzt.

Aber selbst wenn die Delegierung niemandem ausdrücklich bekanntgegeben wird, so wird der Domain-Name vom Zeitpunkt der Delegierung an auch ohne Zutun des Domain-Inhabers automatisch in die Suchmaschinen des Internets aufgenommen.[269] Insofern kann dieser Domain-Name zumindest zufällig von anderen Internetnutzern gefunden werden. Soweit durch einen solchen Domain-Namen eine Website adressiert wird, auf der auch ein tatsächliches Angebot zu finden ist, kann zwanglos von einer Benutzung ausgegangen werden.[270]

Problematisch ist der Fall, daß der Domain-Name lediglich eine „*leere*“ bzw. inhaltslose Webseite adressiert. Aber selbst in diesem Fall erscheint der Domain-Name zumindest im URL-Eingabefeld oder in der Titelzeile des Internetbrowsers. Insofern ist auch in diesem Fall von einer Benutzung im Sinne des MarkenG auszugehen.

---

[266] Ingerl/Rohnke, Markengesetz, § 14 Rdnr. 46 und § 15 Rdnr. 25.
[267] Ingerl/Rohnke, Markengesetz, § 14 Rdnr. 47 und § 26 Rdnr. 19.
[268] Ingerl/Rohnke, Markengesetz, § 14 Rdnr. 45; Fezer, Markenrecht, § 26 Rdnr. 7.
[269] Z.B. www.yahoo.de; www.altavista.com; www.excite.com; www.lycos.com; www.hotbot.com.
[270] So schon ohne Begründung: LG Mannheim CR 1996, S. 353 (354).

Ob diese Benutzung auch kennzeichenmäßig erfolgt und ob eine solche überhaupt erforderlich ist, ist nunmehr vertieft zu erörtern.

4. Kennzeichenmäßige Benutzung

Der Schutz eines Kennzeichens war nach dem früheren Warenzeichengesetz (*WZG*) und der Vorschrift des § 16 UWG auf einen Schutz gegen eine kennzeichenmäßige Verwendung beschränkt.[271] Die Rechtsprechung[272] und überwiegende Meinung in der Literatur[273] zum WZG hat nur den sogenannten zeichenmäßigen bzw. markenmäßigen Gebrauch eines Zeichens als Verletzungshandlung angesehen.

Eine Marken- oder Ausstattungsverletzung nach §§ 24, 25 WZG kam nur bei einer Verwendung im geschäftlichen Verkehr in Betracht, bei der zumindest ein nicht ganz unerheblicher Teil der angesprochenen Verkehrskreise annehmen konnte, das Zeichen diene als Hinweis auf die betriebliche Herkunft des gekennzeichneten Produkts.[274] Ausreichend war aber auch, daß sich die Zeichenverwendung einem nicht unerheblichen Teil des Verkehrs als Werbemaßnahme des Kennzeicheninhabers darstellen konnte.[275]

Begründet wurde das Erfordernis des zeichenmäßigen Gebrauchs im wesentlichen mit der Beschränkung des rechtlichen Schutzes der Marke auf ihre Herkunftsfunktion, mit der als abschließend verstandenen Aufzählung möglicher Verletzungshandlungen in §§ 15, 24, 25 WZG und mit der ausdrücklichen Bezugnahme auf den warenzeichenmäßigen Gebrauch in § 16 WZG.[276]

---

[271] Die Vorschrift des § 16 WZG lautete: „Durch die Eintragung eines Warenzeichens wird niemand gehindert, seinen Namen, seine Firma, seine Wohnung, sowie Angaben über Art, Zeit und Ort der Herstellung ... im Geschäftsverkehr zu gebrauchen, sofern der Gebrauch nicht warenzeichenmäßig erfolgt“. Das gesamte WZG ist mit Inkrafttreten des MarkenG am 01. Januar 1995 aufgehoben worden.

[272] RGZ 117, S. 408 (410) – „Lysol“; BGH GRUR 1957, S. 433 (434) – „Hubertus“; BGH GRUR 1975, S. 257 (257) – „Budelei“; BGH GRUR 1977, S. 789 (790) – „Tina Spezialversand I“.

[273] Baumbach/Hefermehl, WZG, § 15 WZG Rdnr. 22; Althammer, WZG, § 16 WZG Rdnr. 7; Wilde GRUR 1968, S. 477 (483); v. Gamm, GRUR 1974, S. 539 (541).

[274] BGH GRUR 1995, S. 57 (60) – „NIVEA“; BGH GRUR 1994, S. 808 (812) – „MARS“; BGH GRUR 1991, S. 609 (610) – „SL“; BGH GRUR 1991, S. 138 (139) – „Flacon“; BGH GRUR 1990, S. 274 (275) – „ Klettverschluß“; BGH GRUR 1989, S. 508 (508) – „Campione del Mondo“; BGH GRUR 1989, S. 510 (513) – „Teekanne II“; BGH GRUR 1984, S. 354 (357) – „Tina Spezialversand II“; BGH GRUR 1984, S. 352 (354) – „Ceramix“.

[275] BGH GRUR 1995, S. 57 (60) – „MARS“; BGH GRUR 1994, S. 808 (812) – „NIVEA“.

[276] Ingerl/Rohnke, Markengesetz, § 14 Rdnr. 49; Fezer, Markenrecht, § 14 Rdnr. 22; Starck, GRUR 1996, S. 688 (689).

Dabei bestand Einigkeit darüber, daß die Schutzschranke des § 16 WZG einen allgemeinen Rechtsgrundsatz aufstellte, der gegenüber sämtlichen Kennzeichenrechten durchgriff.[277]

Diese Regelungen sind durch das am 01. Januar 1995 inkraftgetretene MarkenG[278] grundlegend reformiert worden. Durch das MarkenG wurden insbesondere die Reichweite und die Grenzen der zeichenrechtlichen Abwehrbefugnis in den §§ 14 ff. und §§ 20 ff. MarkenG neu geregelt. MarkenG und Markenrechtsrichtlinie[279] geben keinen ausdrücklichen Hinweis darauf, ob der markenrechtliche Schutz allein gegen kennzeichenmäßige und nicht auch gegen nicht kennzeichenmäßige Benutzungshandlungen gewährt wird. Insoweit ist nunmehr heftig umstritten, ob die §§ 14, 15 MarkenG auch Ansprüche gegen nicht kennzeichenmäßige Benutzungshandlungen gewähren.[280]

a) Meinungsstand

Die bislang überwiegende Rechtsprechung[281] und Literatur[282] will den Markenschutz weiterhin auf Handlungen beschränken, welche im Sinne der herkömmlichen Rechtsprechung zum WZG als kennzeichenmäßig anzusehen sind. Der BGH hat jedoch diese Streitfrage zuletzt in „*Les Paul-Gitarren*" ausdrücklich offengelassen.[283]

Für das Erfordernis eines kennzeichenmäßigen Gebrauchs wird dabei unter anderem auf die Präambel und Art. 5 V der Markenrechtsrichtlinie verwiesen.[284]

---

[277] Keller, GRUR 1996, S. 607 (607); a.A. wohl nur Heydt, GRUR 1971, S. 253

[278] Gesetz zur Reform des Markenrechts und zur Umsetzung der Ersten Richtlinie 89/104 EWG des Rates vom 21.12.1988 zur Angleichung der Rechtsvorschriften der Mitgliedstaaten über die Marken – Markenrechtsreformgesetz – vom 25.10.1994. BGBl. I. 3082.

[279] Richtlinie 89/104 EWG.

[280] Keller, GRUR 1996, S. 607 (607); Starck, GRUR 1996, S. 688 (689); Kilian, DZWir 1997, S. 381 (387); Kröger/Gimmy/Freitag, Handbuch zum Internetrecht, S. 346.

[281] BGH GRUR 1996, S. 68 (79) – „COTTON LINE"; BGH GRUR 1995, S. 354 (358) – „Rügenwalder Teewurst II"; OLG Hamburg WRP 1997, S. 106 (108) – „Gucci"; KG WRP 1997 S. 85 (85) – „Alles wird Teurer"; OLG Hamburg MD 1996, S. 544 (544) – „Les Paul Gitarren".

[282] Piper GRUR 1996, S. 429 (434); Keller GRUR 1996, S. 607 (608); Rößler GRUR 1994, S. 559 (567); Sack GRUR 1995, S. 81 (93); Kunz – Hallstein GRUR Int. 1990, S. 747 (757); Ernst-Moll GRUR 1993, S. 9 (17); Deutsch, GRUR 1995, S. 319 (321); Völker/Weidert, WRP 1997, S. 652 (658); Dreiss/Klaka, Das neue Markengesetz, S. 82; Ubber, WRP 1997, S. 497 (504); Graefe, MA 1996, S. 100 (102); Wagner, ZHR 1998, S. 701 (707).

[283] BGH GRUR 1998, S. 830 (835) – „Les Paul-Gitarren".

[284] Dreiss/Klaka, Das neue Markengesetz, S. 80.

Nach Art 5 V der Markenrechtsrichtlinie berühren „die Absätze 1- 4 nicht (...), die in einem Mitgliedstaat geltenden Bestimmungen über den Schutz gegenüber der Verwendung eines Zeichens zu anderen Zwecken als der Unterscheidung von Waren und Dienstleistungen, wenn die Benutzung dieses Zeichens die Unterscheidungskraft oder die Wertschätzung der Marke in anderer Weise ausnutzt oder beeinträchtigt". Hingewiesen wird weiterhin auf Art. 5 I und II der Markenrechtsrichtlinie wie auch auf Art. 9 I GemeinschaftsmarkenVO, welche die *„Benutzung eines Zeichens"* untersagen.
Im Gegensatz dazu wird schon in der amtlichen Begründung zum MarkenG[285] eine Beschränkung auf eine kennzeichenmäßige Benutzung ausdrücklich abgelehnt.
Der amtlichen Begründung hat sich ein beachtlicher Teil der Literatur[286] angeschlossen und befürwortet einen von den Beschränkungen des WZG losgelösten, weiteren Benutzungsbegriff. Verwiesen wird insbesondere auf das Ergebnis einer systematischen, historischen und teleologischen Auslegung der §§ 14, 15 MarkenG[287], den geänderten Normzweck des Markenschutzes im MarkenG und eine richtlinienkonforme Auslegung der Vorschriften.
Die Regelung des Art. 5 I lit. a, b der Markenrechtsrichtlinie und der Wortlaut des MarkenG ließen darauf schließen, daß auf das Erfordernis einer kennzeichenmäßigen Benutzung bewußt verzichtet wurde. Ansonsten hätte eine entsprechende Regelung aufgenommen werden müssen, um die seit langem bekannte und äußerst umstrittene Problematik aufzulösen. Weiterhin sei zu berücksichtigen, daß § 14 MarkenG gegenüber den Regelungen des WZG den Kreis der möglichen Verletzungshandlungen erheblich erweitert habe.[288]

b) Relevanz der Streitfrage für Second-Level-Domains

Der Begriff der rechtsverletzenden Zeichenbenutzung ist von grundlegender Bedeutung für die Reichweite des Markenschutzes.

---

[285] BT-Drucks. 12/6581, S. 53 ff.
[286] Stark, GRUR 1996, S. 688 (690); Fezer, GRUR 1996, S. 566 (568); Fezer, Markenrecht, § 14 Rdnr. 31; Meister, WRP 1995, S. 366 (369); Krüger GRUR 1995, S.527 (529); Eichmann, FS Krieger GRUR 1998, S. 201 (203); Ingerl/Rohnke NJW 1994, S. 1247 (1251); Ingerl/Rohnke, Markengesetz, § 14 Rdnr. 56; Stratmann, BB 1997, S. 689 (691); Kilian, DZWir, 1997, S. 381 (387).
[287] Siehe hierzu statt aller: Starck, GRUR 1996, S. 688 (691).
[288] Kilian, DZWir 1997, S. 381 (387) m.w.N.

Es besteht jedoch weitestgehend Einigkeit darüber, daß der Begriff der rechtsverletzenden Benutzung im Sinne des MarkenG jedenfalls nicht enger, sondern allenfalls weiter als die kennzeichenmäßige Verwendung im herkömmlichen Sinne zu verstehen ist. Damit kann die Streitfrage dahingestellt bleiben, soweit die streitgegenständliche Zeichenverwendung als kennzeichenmäßig im herkömmlichen Sinne der Rechtsprechung zu verstehen ist.

Weiterhin ist die Besonderheit zu beachten, welche das Erfordernis der richtlinienkonformen Auslegung[289] des MarkenG mit sich bringt: Die Auslegung von Richtlinien obliegt in letzter Instanz dem EuGH. Also entscheidet dieser mittelbar auch über die richtlinienkonforme Auslegung nationalen Rechts.[290] Eine letztverbindliche Klärung dieses Problems kann also nur durch eine Entscheidung des EuGH erfolgen. Eine solche ist noch nicht ersichtlich. Die Praxis muß aber bereits heute die Fälle der Verwendung fremder Kennzeichen als Second-Level-Domains lösen. Für diese Fälle kann die „*richtige*" Deutung des Benutzungsbegriffes im Sinne des § 14 MarkenG jedoch dahinstehen, da , wie im nachfolgenden aufgezeigt wird, die Verwendung von Kennzeichen als Second-Level-Domain kennzeichenmäßig erfolgt.

aa) Begriff der kennzeichenmäßigen Benutzung

Der Begriff der kennzeichenmäßigen Benutzung ist von der Rechtsprechung dahin definiert worden, daß es sich um eine im geschäftlichen Verkehr erfolgende wörtliche oder bildliche Bezeichnung zur Kennzeichnung einer oder in Beziehung auf eine Ware oder Dienstleistung handelt, von welcher der Durchschnittsbetrachter im Einzelfall annimmt, sie diene zur Unterscheidung der so gekennzeichneten Ware oder Dienstleistung von gleichen oder gleichartigen Waren anderer Herkunft, weise also auf den Ursprung der Ware aus einem anderen Geschäftsbetrieb hin.

Entscheidend ist also die sogenannte Herkunftsfunktion.[291] Der Begriff der kennzeichenmäßigen Benutzung wird von der Rechtsprechung als im Interesse eines umfassenden Kennzeichenschutzes grundsätzlich weit zu fassen bezeichnet.[292]

Es genügt die objektive, nicht völlig fernliegende Möglichkeit, daß der Verkehr einen Herkunftshinweis annimmt.[293]

Ob der Verwender auch subjektiv die betriebliche Herkunft kennzeichnen wollte oder mit einem solchen Verständnis rechnete, ist dagegen ohne Bedeutung.[294]

Im Hinblick auf Domain-Namen stellt sich die Frage, ob diese lediglich auf eine Adreßfunktion beschränkt sind und damit eine kennzeichenmäßige Benutzung ausscheidet, oder ob der Verkehr in den Domain-Namen einen Herkunftshinweis sieht und somit eine kennzeichenmäßige Benutzung vorliegt.

bb) Ursprüngliche Funktion

Domain-Namen dienen im Internet in erster Linie dazu, die gewünschte Website zu erreichen, ohne dafür die unzweckmäßige IP-Adresse eingeben zu müssen.[295] Ursprünglich wurden die Domain-Namen also lediglich dazu geschaffen, eine benutzerfreundlichere Adressierungsmethode zur Verfügung zu stellen. Damit kommt dem Domain-Namen also sehr wohl eine Adreßfunktion zu. Grundsätzlich muß eine Adresse aber nicht zugleich für den Adressaten kennzeichnend sein, mag sie auch nur einmal an einen bestimmten Adressaten vergeben sein. Die Adresse kann als bloßer Zugangscode verstanden werden, wie z.B. eine Telefon-, Postfach-, oder Hausnummer. Domain-Namen aus sinnentleerten Zahlen-, Buchstaben-, oder Zeichenkombinationen können durchaus nur auf diese Adreßfunktion beschränkt sein[296], so daß unter diesem Aspekt auch ein kennzeichenmäßiger Gebrauch unproblematisch ausscheidet.

Es fragt sich jedoch, ob der Domain-Name auf diese technische Komponente grundsätzlich beschränkt ist oder ob diesem darüber hinaus auch eine rechtserhebliche kennzeichnende Wirkung zukommt..

---

[289] Zum Erfordernis der richtlinienkonformen Auslegung: EuGH NJW 1994, S. 2374 ff.; BT-Drucks. 12/6581, S. 58.

[290] Sack, GRUR 1995, S. 81 (81); Piper, GRUR 1996, S. 429 (430).

[291] EuGH NJW 1999, S. 933 (934) – „Canon Kabushiki Kaisha/Metro-Goldwyn-Mayer Inc.".

[292] Ingerl/Rohnke, Markengesetz, § 14 Rdnr. 61; Starck, GRUR 1996, S. 688 (689); Ubber, WRP 1997, S. 497 (504).

[293] BGH GRUR 1995, S. 57 (60) – „NIVEA"; Ingerl/Rohnke, Markengesetz, § 14 Rdnr. 61; Starck, GRUR 1996, S. 688 (689).

[294] BGH GRUR 1974, S. 80 (86) – „Trumpf".

[295] Siehe hierzu oben 1. Kapitel B II.

[296] Ingerl/Rohnke, Markengesetz, § 14 Rdnr. 65.

(1) Vergleichbarkeit mit einer Telefonnummer, Postleitzahl und Bankleitzahl

Teilweise wird vertreten, daß ein Domain-Name ausschließlich einen bestimmten Computer im Internet bezeichnet und nicht auch die Person bzw. das Unternehmen, welches den Computer bzw. die Website betreibt. Insofern seien Domain-Namen grundsätzlich nicht zu den Kennzeichen im rechtlichen Sinne zu zählen.[297]

Streng technisch betrachtet[298] ist diese Ansicht sicherlich richtig. Der Domain-Name wird nach Eingabe in das URL-Eingabefeld des Internetbrowsers in eine IP-Adresse umgewandelt. Diese IP-Adresse bezeichnet dann einen bestimmten Computer im Internet und nicht etwa den Websitebetreiber.[299] Insofern drängt sich auf den ersten Blick ein Vergleich des Domain-Namen mit einer Telefonnummer[300], Postleitzahl oder Bankleitzahl oder Hausadresse[301] nahezu auf. Begründet wird diese Sichtweise damit, daß die Zahlen und Buchstabenkombination der Second-Level-Domain relativ frei wählbar ist.[302] Dementsprechend sei ein Zusammenhang des Domain-Namens mit dem Websiteanbieter weder zwingend noch gesetzlich gefordert. Soweit der Domain-Name einen Rückschluß auf den Websitebetreiber oder das beworbene Produkt zuläßt, soll es sich lediglich um eine Orientierungshilfe handeln.[303]

Diese Ansicht kann nicht überzeugen. Selbstverständlich ist die Second-Level-Domain in engen Grenzen frei wählbar und dem Websitebetreiber bleibt es freigestellt, ob er einen Domain-Namen wählt, welcher sich aus seinen Kennzeichen ableitet oder nicht.

---

[297] Kur, CR 1996, S. 325 (327); Stratmann, BB 1997, S. 689 (692).

[298] Siehe hierzu oben 1. Kapitel B II

[299] Gabel, NJW-CoR 1996, S.322 (324); Kur, CR 1996, S. 325 (327); Bücking, NJW 1997, S. 1886 (1887); Stratmann, BB 1997, S. 689 (690); Völker/Weidert, WRP 1997, S. 652 (656).

[300] LG Köln, GRUR 1997, S. 377 (377) – „hürth.de"; gleichlautend LG Köln, NJW – RR 1998, S. 976 (976) – „pulheim.de"; gleichlautend LG Köln NJW – CoR 1997, S. 304 (304); Wilmer, CR 1997, S. 562 (564).

[301] Völker/Weidert, WRP 1997, S. 652 (656).

[302] Siehe hierzu 1. Kapitel B III 2.

[303] LG Köln, GRUR 1997, S. 377 (377) – „hürth.de"; gleichlautend LG Köln, NJW – RR 1998, S. 976 (976) – „pulheim.de"; gleichlautend LG Köln NJW – CoR 1997, S. 304 (304).

Es gibt durchaus Websitebetreiber im Internet, die für ihre Website aus unterschiedlichen Gründen nicht ihren Namen in der Domain-Adresse verwenden, sondern ein Pseudonym oder eine Phantasiebezeichnung.[304] Dieses spricht aber nicht dagegen, daß einem Domain-Namen auch eine Herkunftsfunktion zukommen kann.
Im Gegenteil ist es für Domain-Namen geradezu typisch[305], daß es sich nicht um mehr oder weniger zufällige Zeichenkombinationen handelt, sondern um gezielt ausgewählte Bezeichnungen, welche in der Regel aus den Unternehmenskennzeichen abgeleitet sind. Domain-Namen kommt ein viel größeres Identifizierungspotential zu als z.B. einer Telefonnummer, und sie werden dementsprechend bewußt zur Identifizierung des Websiteanbieters verwendet.[306] Von einer bloß zufälligen Orientierungshilfe kann also keine Rede sein, soweit ein Domain-Name erkennbar aus Namen, Firmenbezeichnungen, Markenwörtern oder entsprechenden Abkürzungen besteht. Es ist gerade die inhaltliche Aussagekraft eines prägnanten Domain-Namens, der einen entscheidenden und identifizierenden Vorteil gegenüber weniger kennzeichnenden Domain-Namen mit sich bringt.[307]
Eine Vergleichbarkeit mit einer Telefonnummer, Postleitzahl oder Bankleitzahl wäre im Hinblick auf die (*numerische*) IP-Adresse durchaus zu bejahen. Letztere dient genau wie eine Telefonnummer[308] nicht der namensmäßigen Bezeichnung eines Unternehmens, sie individualisiert nicht, sondern gibt nur die Möglichkeit, eine Verbindung zwischen zwei Computern herzustellen. Für Domain-Namen ist ein solcher Vergleich jedoch abzulehnen.

(2) Verkehrsanschauung

Bei einer rein technischen Betrachtung der Domain-Namen kann es nicht bleiben. Vielmehr ist darauf abzustellen, wie die beteiligten Verkehrskreise (*die Internetnutzer*) Domain-Namen wahrnehmen.[309]

---

[304] LG Frankfurt/M CR 1997, S. 287 (287) – „das.de"; LG Frankfurt/M MMR 1998, S. 151 (152) – „lit.de".
[305] LG Ansbach NJW 1997, S. 2688 (2688) – „ansbach.de".
[306] Burk, Trademarks Along the Infobahn, art.1 para. 30.
[307] Fezer, Markenrecht, § 3 Rdnr. 304.
[308] Soergel-Heinrich, § 12 Rdnr. 160.
[309] LG Braunschweig CR 1998, S. 364 (365) – „deta.com"; Bücking, NJW 1997, S. 1886 (1887); Nordemann, NJW 1997, S. 1891 (1892); Graefe, MA 1996, S. 100 (102).

Der durchschnittliche Internetnutzer wird den Domain-Namen regelmäßig als Hinweis auf den Websitebetreiber ansehen.[310] Dieses zeigt sich schon an dem typischen Verhalten eines Internetnutzers, der sich auf die Suche nach einem bestimmten Anbieter macht, ohne die genaue Internetadresse zu kennen. Dieser wird üblicherweise eine solche Suche damit beginnen, daß die Kennzeichen oder Firmenschlagworte um eine der beiden gängigsten Top-Level-Domains (*„.de" und „.com"*) und das Kürzel *„www."* ergänzt werden, um so den Domain-Namen des Anbieters zu erraten.[311] Sucht ein Internetnutzer z.B. die Website der Siemens AG liegt es nahe, zunächst zu versuchen diese unter der Domain *„www.siemens.de"* zu finden. Mit dieser Methode ist der Internetnutzer in der Regel auch am besten beraten.[312]

Der durchschnittliche Internetnutzer ist sich bewußt, daß für die Second-Level-Domain Begriffe gewählt werden, die naheliegen und auf den Betreiber hinweisen. Die Werbe- und Kommunikationsfunktion einer Internetadresse hängt entscheidend von der Einfachheit und Logik dieser Namensgebung ab.[313] Der richtige Domain-Name ist für den Erfolg eines Unternehmens im Internet entscheidend. Mit dieser Vorgehensweise wird der Internetnutzer auch täglich konfrontiert. Insofern hat sich hieran der Verkehr mittlerweile gewöhnt.[314]

Es sind kaum noch Werbeanzeigen, Fernsehspots oder ähnliches auszumachen, die nicht auch auf eine Internetadresse aufmerksam machen. In den meisten Fällen stimmt diese mit den Kennzeichen des traditionellen Geschäftsverkehrs weitestgehend überein.

---

[310] OLG Dresden CR 1999, S. 589 (590) – „cyberspace.de"

[311] OLG München ZIP 1999, S. 895 (896) – „shell.de"; OLG Dresden CR 1999, S. 589 (590) – „cyberspace.de"; OLG Köln, CR 1999, S. 385 (385) – „herzogenrath.de"; OLG Hamburg CR 1999, S. 779 (781) – „mitwohnzentrale.de"; LG Braunschweig CR 1998, S. 364 (365) – „deta.com"; LG Bonn MMR 1998, S.110 (111) – „detag.de"; LG München I NJW – RR 1998, S. 973 (974) – „juris.de"; LG Düsseldorf NJW-RR 1999, S. 841 (841) – „alltours.de"; Bücking, NJW 1997, S. 1886 (1887); Bettinger, GRUR Int. 1997, S. 402 (404); Nordemann, NJW 1997, S. 1891 (1892); Kilian, DZWir 1997, S. 381 (382); Völker/Weidert, WRP 1997, S. 652 (657); a.A. Wilmer, CR 1997, S. 562 (564); LG München I, MMR 2001, S. 179 (179) – „rechtsanwaelte.de"; OLG Hamburg MMR 2000, S. 40 (40) – „mitwohnzentrale.de".

[312] Vgl. die Ausführungen in der Einführung zu dieser Arbeit.

[313] LG Braunschweig CR 1998, S. 364 (365) – „deta.com"; Renck, NJW 1999, S. 3587 (3588).

[314] OLG Hamburg, CR 1999, S. 779 (781) – „mitwohnzentrale.de".

Insofern hat der durchschnittliche Internetnutzer eine berechtigte Erwartungshaltung in Bezug auf naheliegende Domain-Namen. In diesem Zusammenhang bietet es sich durchaus an, dem Rechtsgedanken der §§ 133, 157 BGB entsprechend von einem objektiven Empfängerhorizont auszugehen. Die Domain-Namen ähneln in ihrer überwältigenden Mehrzahl einer an die Allgemeinheit der Internetnutzer gerichteten Erklärung, man werde dort kommerzielle, mit dem Domain-Namen in Zusammenhang stehende Angebote abrufen können.[315]

Erst wenn diese Vorgehensweise wider Erwarten nicht zum Erfolg führt, muß der Internetnutzer auf die zahlreichen Suchmaschinen zurückgreifen. Dabei sind das Angebot und die unterschiedliche Funktionsweise von Suchmaschinen kaum noch überschaubar. Im Internet sind zwischenzeitlich ca. 1.000 verschiedene Suchmaschinen verfügbar, die sich in Leistungsangebot und Handhabung zum Teil nicht unerheblich unterscheiden.

Zudem führt das Suchergebnis mittels Suchmaschinen bei der Eingabe eines gängigen Begriffes in der Regel zu einem unstrukturierten, eher unübersichtlichen und häufig unbefriedigenden Ergebnisbild, da alle *„Treffer“* zu dem Suchbegriff aufgelistet werden, die mit diesem wie auch immer geartet im Zusammenhang stehen. Dieser Umstand veranlaßt den durchschnittlichen Internetnutzer zu einer deutlichen Zurückhaltung bei der Verwendung von Suchmaschinen.

Insofern stellt der Weg der direkten Eingabe des Domain-Namens den meist einfacheren und daher bevorzugten Weg dar.[316] Aber auch der erfahrene Anwender wird sich weder über die sich hinter dem – in Buchstabenkombinationen übersetzten – Domain-Namen verbergende IP-Nummer Vorstellungen machen noch über den Umstand,

daß er eigentlich mit einem externen Computer und nicht etwa mit einer Kommunikationseinrichtung des Anbieters in Kontakt tritt. Das alleinige und gängige Assoziationsmerkmal bleibt der Domain-Name.[317]

---

[315] Palandt-Heinrichs, § 133 Rdnr. 12; Bücking, Namens- und Kennzeichenrecht, S. 47 Rdnr. 80.
[316] OLG Hamburg CR 1999, S. 779 (780).
[317] OLG Köln, AZ 13 W 48/98 – „herzogenrath.de“.

(3) Fernschreibkennung

Weiterhin drängt sich hier der Vergleich mit der in der Rechtsprechung[318] und Literatur[319] ausführlich behandelten Fernschreibkennung auf. Eine Fernschreibkennung besteht aus einer kurzen Buchstabengruppe, die der Fernschreibnummer als zusätzliches Kennungsmittel hinzugefügt wird.

Dabei wählen die Fernschreibteilnehmer ihre Fernschreibkennung selbst aus, so daß eine zur Kennzeichnung geeignete, auf sie hinweisende Buchstabenkombination möglich ist. Von dieser Möglichkeit wird weitgehend Gebrauch gemacht. Die Fernschreibteilnehmer haben ein Interesse daran, als Fernschreibkennung eine Ableitung ihrer Firma zu wählen, insofern ist im Regelfall die Fernschreibkennung an die Unternehmensbezeichnung angelehnt oder auf diese zurückführbar.[320]

Derartige Fernschreibkennungen werden weitgehend wie eine Kurzbezeichnung des Unternehmens verwendet und vom Verkehr auch so aufgefaßt. Fernschreibkennungen treten zum einen innerhalb des Fernschreibverkehrs in Erscheinung, nämlich jeweils am Anfang und Ende eines an diesen Teilnehmer gerichteten Fernschreibens, zum anderen sind sie in den amtlichen Fernschreibverzeichnissen aufgeführt. Des weiteren werden sie aber auch im Briefkopf von Geschäftspapieren zusammen mit der Telexnummer aufgeführt.

Aufgrund dieser Verwendungsarten ist nach der Rechtsprechung davon auszugehen, daß eine Fernschreibkennung, die das einprägsame Firmenschlagwort verwendet, auch als kennzeichenmäßiger Hinweis auf das Unternehmen verstanden wird.

---

[318] BGH GRUR 1986, S. 475 (476) = WRP 1986, S. 267 (268); OLG Hamburg GRUR 1983, S. 191 (191).

[319] Mü/Ko-Schwerdtner, § 12 Rdnr. 54; Palandt-Heinrichs, § 12 Rdnr. 10; Staudinger-Weick/Habermann, § 12 Rdnr. 215; Soergel-Heinrich, § 12 Rdnr. 152.

[320] BGH GRUR 1986, S. 475 (476).

Demnach liegt in der Verwendung einer Fernschreibkennung eine kennzeichenmäßige Benutzung im Sinne des MarkenG vor.[321] Für Domain-Namen im Internet kann nichts anderes gelten. Der Domain-Name besteht ebenfalls aus einer frei wählbaren Zahlen- bzw. Buchstabengruppe, welcher oft an bestehende Kennzeichen angelehnt ist. Auch die Verwendungsarten des Domain-Namens sind mit der Fernschreibkennung vergleichbar.[322]

Vereinzelt wird die Vergleichbarkeit damit verneint, daß Domain-Namen nicht in einem amtlichen Verzeichnis aufgeführt sind und sie bei der Datenübertragung nicht notwendigerweise zur Kenntnis der Nutzer gelangen.[323] Dieser Einwand ist jedoch nicht aufrechtzuerhalten.

Zum einen sind die Domain-Namen sehr wohl in den verschiedensten Verzeichnissen aufgeführt[324], zum anderen nimmt der Internetnutzer auch bei der Datenübertragung zwangsläufig Kenntnis von dem Domain-Namen. Ruft der Internetnutzer eine bestimmte Website auf, erscheint automatisch der Domain-Name der Website im URL-Eingabefeld des Internetbrowsers.

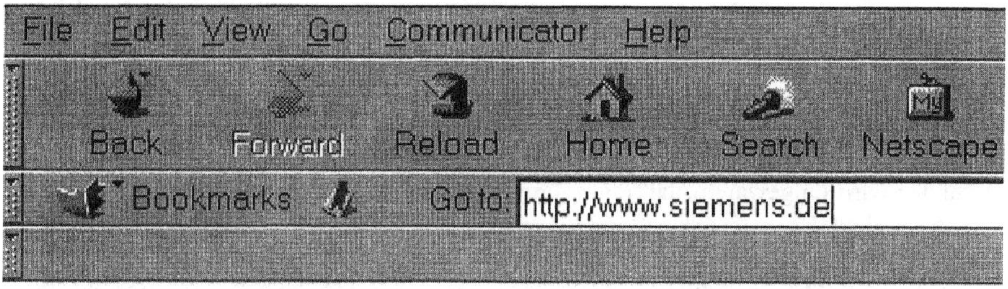

Abbildung 6: Domain-Name im URL-Eingabefeld des Netscape Communicators 4.6

[321] BGH GRUR 1986, S. 475 (476); Ingerl/Rohnke, Markengesetz, § 14 Rdnr.65.
[322] LG Braunschweig CR 1998, S. 364 (365) – „deta.com"; OLG Karlsruhe CR 1999, S. 783 (784) – „badwildbach.com"; Bettinger, GRUR Int. 1997, S. 402 (409); Stratmann, BB 1997, S. 689 (692); Ubber, WRP 1997, S. 497 (505); Wiebe, CR 1998, S. 157 (159); Freitag, MA 1996, S. 495 (496); Völker/Weidert, WRP 1997, S. 652 (656).
[323] Wilmer, CR 1997, S. 562 (565).
[324] Neben den Einträgen in den zahllosen Suchmaschinen sind z.B. alle Domain-Namen unter der Top-Level-Domain „*.de*" in der RIPE Datenbank eingetragen (*http://www.ripe.net*).

Wird der Inhalt einer angewählten Website ausgedruckt, wird der Domain-Name automatisch als Kopfzeile mit ausgedruckt. Des weiteren ist es üblich, daß ein Unternehmen auf seine Website in seinen Geschäftspapieren mittels Angabe des genauen Domain-Namens hinweist.

In der Praxis wird besonders deutlich, daß Domain-Namen in weitaus stärkerem Maße als Fernschreibkennungen bewußt in Kennzeichen- bzw. Marketingstrategien von Unternehmen eingebunden werden. Zur Demonstration der Fortschrittlichkeit des Unternehmens wird der Domain-Name oftmals sogar sehr viel deutlicher in den Blickfang des Betrachters gerückt als dies erforderlich wäre und bei Fernschreibkennungen üblich war. Mittlerweile sind kaum noch Unternehmen auszumachen, die in der Fernseh- und Hörfunk-Werbung oder in Werbeanzeigen in den Printmedien nicht auch ihre Domain-Namen einbeziehen.

Die Domain-Namen gehören mittlerweile selbstverständlich zum alltäglichen Kommunikationsapparat zahlreicher Unternehmen. Domain-Namen haben insbesondere dann eine unverzichtbare Bedeutung für Unternehmen, wenn diese über das Internet neue Vertriebswege erschließen wollen, denn wer von den Konsumenten gar nicht erst gefunden wird, dem hilft selbst eine ansprechend gestaltete Website nicht. Insofern wird von den Unternehmen verstärkt darauf geachtet, daß neu einzuführende Kennzeichen auch internetfähig sind.

Mitunter wird eingewandt, daß eine Fernschreibkennung schon deshalb nicht mit einem Domain-Namen vergleichbar ist, weil letzterer im Gegenteil zur Fernschreibkennung in der Regel mit den Kürzeln „*www.*“ und „*.de*“ versehen ist.[325] Diese Kürzel sind aber rein technisch bedingt. Diese technischen Gegebenheiten sind dem Internetnutzer jedoch in der Regel bekannt, so daß diesen keine eigenständige Bedeutung zukommt. Entscheidend ist lediglich die frei wählbare Second-Level-Domain.[326]

Insoweit kann der Einwand nicht überzeugen. Damit lassen sich Unterschiede zur Fernschreibkennung nicht ausmachen. Also kann für die Behandlung der Domain-Namen nicht anderes gelten als für die Fernschreibkennung.

(4) Einfluß neuer Navigationstechnologien

Neue technische Entwicklungen könnten zu einer abweichenden Beurteilung der Kennzeichnungskraft von Domain-Namen führen.

(a) Suchmaschinen – „*Intelligent Robots*"

Dieses wird insbesondere im Hinblick auf die technologische Weiterentwicklung der Suchmaschinen vereinzelt vertreten[327]. Begründet wird dies damit, daß eine effiziente Informationsbeschaffung nur durch Suchmaschinen gewährleistet werden könne. Künftig sollen sogenannte „*Intelligent Robots*" dem Internetnutzer jedwede Mühe bei der Suche im Internet nehmen. Der Internetnutzer soll nur noch allgemein angeben, zu welchen Themenbereichen er Informationen haben will und bekommt diese periodisch mundgerecht vom „*www-Roboter*" serviert. Daraus wird der Schluß gezogen, daß der Internetnutzer sich zukünftig kaum noch der Domain-Namen bedienen wird, um einen Provider zu finden. Vielmehr soll die Suche bzw. Navigation im Internet primär über Suchmaschinen stattfinden, ohne daß dabei der Domain-Name noch eine Bedeutung hat.[328] Diese Ansicht kann aus mehreren Gründen nicht überzeugen.

Zunächst wird die Bedeutung bzw. Leistungsfähigkeit der sogenannten „*Intelligent Robots*" überschätzt. Selbstverständlich wird die Qualität der Suchmaschinen zusehends besser. Sicherlich ist auch damit zu rechnen, daß bei Eingabe eines Suchbegriffes dem Internetnutzer nicht mehr mehrere tausend Suchergebnisse präsentiert werden, von denen mehr als 90% unbrauchbar sind.[329]

---

[325] Omsels, GRUR 1997, S. 328 (331).

[326] Die Frage nach der Bedeutung der Kürzel „*www.*" und „*.de*" bzw. „*.com*" stellt sich vordringlich bei der Frage der Zeichenidentität im Sinne des § 14 II Nr.1 MarkenG. Insofern wird die Problematik erst später umfassend betrachtet (*siehe hierzu 3. Kapitel B I 5 a)*).

[327] Hoeren, NJW 1998, S. 2849 (2850); ähnlich schon Wilmer, CR 1997, S. 562 (564) und Freitag, MA 1996, S. 495 (499); unter Bezugnahme auf Wilmer auch: Bücking, Namens- und Kennzeichenrecht, S. 36 Rdnr. 63.

[328] Hoeren, NJW 1998, S. 2849 (2850).

[329] Die Suche unter dem Stichwort „*Baby*" generiert 4,5 Millionen Suchergebnisse. Diese gewaltige Flut an Informationen wird bezeichnender Weise „*Infosmog*" genannt. Insofern geht der Trend von allgemeinen Suchmaschinen über zu kleineren Verzeichnissen zu Spezialthemen, um wenigstens ansatzweise eine Begrenzung der Datenflut zu erreichen.

Trotzdem wird es kaum möglich sein, allein durch Eingabe eines einzelnen Stichwortes von der Suchmaschine genau auf die gewünschte Website geführt zu werden.[330] Sucht der Internetnutzer z.B. nach Informationen über Autos der Marke „*Porsche*", wird wohl auch zukünftig die Eingabe des Wortes „*Porsche*" in die Suchmaske einer Suchmaschine nicht automatisch auf die Website der Porsche AG führen. Suchmaschinen, die nicht nur sämtliche Websites, die irgendwie mit dem Suchbegriff übereinstimmen, auflisten, sondern bereits heute versuchen, die wohl am ehesten gesuchte Website zu präsentieren, scheitern an dieser Aufgabe regelmäßig. Gibt der Internetnutzer z.B. in die Suchmaschine „*www.lycos.de*" den Begriff „*Porsche*" ein, bekommt er alle möglichen Websites präsentiert. Die Website der Porsche AG ist jedoch nicht darunter. Im oberen Bereich der Seite mit den Suchergebnissen wird vielmehr ein Werbebanner für das Konkurrenzprodukt „*Audi TT*" geschaltet.

[330] Dieses muß schon daran scheitern, daß von den derzeit 320 Millionen Seiten im Internet nur etwa ein Drittel in den Suchmaschinen aufgeführt werden. Die Suchmaschinen stehen dem Wachstum des Internets hilflos gegenüber. Die Firma Altavista beispielsweise, eine der ersten und beliebtesten Suchmaschinen im Internet, hat nur 125 Millionen Internetseiten überhaupt indexiert, bei „*www.hotbot.com*" findet man 110 Millionen Seiten.

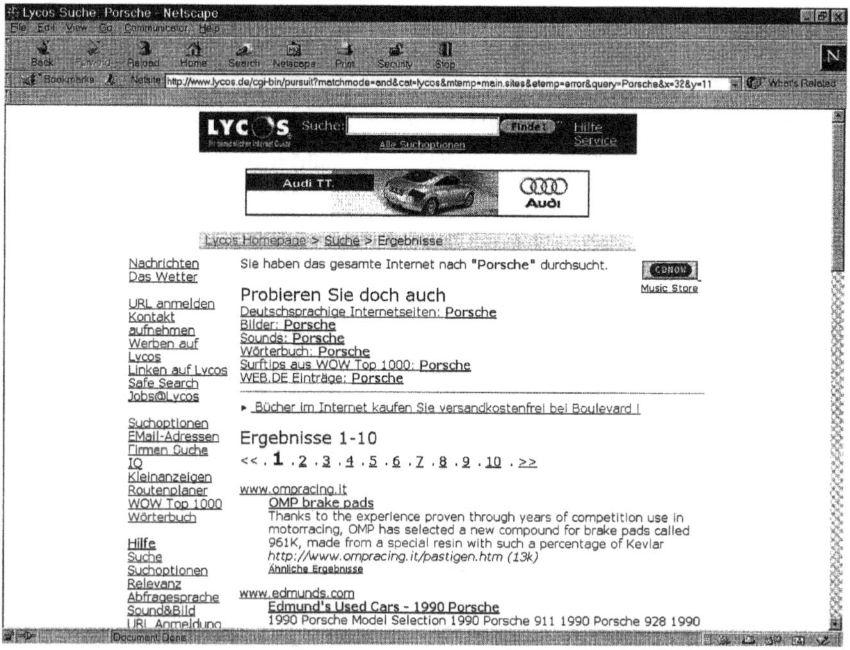

Abbildung 8: Suchergebnis der Suchmaschine „www.lycos.de" nach Eingabe des Suchbegriffes „Porsche".

Insofern wird sich auch zukünftig kein Unternehmen darauf verlassen können, daß die eigene Website zuverlässig mittels Suchmaschinen aufgespürt wird. Schon um den in Abbildung 8 illustrierten Fall, daß der Internetnutzer bei der Suche über das Konkurrenzprodukt stolpert, zu vermeiden, ist es unverzichtbar, in den Werbemedien weiterhin auf die eigene Domain (*z.B. www.porsche.de*) hinzuweisen, damit die gewünschte Website auch direkt angewählt werden kann.[331] Entsprechend gering ist damit die Akzeptanz dieser Vorgehensweise bei den meisten Unternehmen.[332]

---

[331] Dieses ist vergleichbar damit, daß Unternehmen ihre Telefonservicenummer ebenfalls in Werbeanzeigen angeben, und sich nicht etwa darauf verlassen, daß der Kunde bei Bedarf die Telefonauskunft anruft.

[332] WIPO, Final Report, S. 36.

Eine Garantie dafür, die gewünschte Internetseite direkt über eine Suchmaschine zu finden, kann es also nicht geben. Zwar wird die Trefferquote mit dem Bekanntheitsgrad des gesuchten Unternehmens steigen, um aber zufriedenstellende Suchergebnisse auch für *„kleine“* Unternehmen zu gewährleisten, müßten die „Intelligent Robots“ nicht nur über *„künstliche Intelligenz“*, sondern beinahe schon über *„hellseherische“* Fähigkeiten verfügen. Dieses kann nicht ernsthaft erwartet werden.

(b) Keywordsysteme

Mit der Problematik der Suchmaschinen hängt eng eine weitere technische Neuerung zusammen, welche ebenfalls Einfluß auf die zukünftige Kennzeichnungskraft von Domain-Namen haben könnte. Seit neuestem sind sogenannte *„Keywordsysteme“* verfügbar.[333] Diese Systeme haben eines gemeinsam: Um eine Website anzuwählen, muß der Internetnutzer nicht mehr den Domain-Namen in das URL-Eingabefeld des Internetbrowsers eingeben. Vielmehr soll es genügen, ein *„Keyword“* einzugeben.[334] Keywordsysteme werten das eingegebene Wort oder den eingegebenen Satzteil aus, indem sie diese mit mehreren verschiedenen Datenbanken abgleichen[335].
Anschließend liefern diese Keywordsysteme einen sogenannten *„educated guess“*[336], der im Idealfall den Internetnutzer auf die gesuchte Website führt. Diese Methode begegnet jedoch ernsthaften Bedenken, welche sich in folgendem Beispiel zeigen:

---

[333] WIPO, RFC-3-Interim Report, S. 88; WIPO, Final Report, S. 107; Oakes, The Next Name Battle; Venditto, Netscape's Quiet Power Grab.

[334] In dem weit verbreiteten Internetbrowser der Netscape Communications Corporation ist ein solches Keywordsystem unter dem Namen *„Smart Browsing“* ab der Version 4.5 bereits integriert.

[335] Nach den Angaben der Netscape Communications Corporation werden die Keywords von mehr als zehn Datenbanken ausgewertet. Dabei soll festgestellt werden, ob es sich bei dem eingegebenen Keyword um ein Warenzeichen oder einen Domain-Namen handelt. Weiterhin wird nach einem entsprechenden Eintrag in Suchmaschinen bzw. Portalsites gesucht. (*siehe hierzu: Oakes, The Next Name Battle*).

[336] Oakes, The Next Name Battle.

Viele Unternehmen aus den unterschiedlichsten Teilen der Welt haben sich Domain-Namen registrieren lassen, die alle die Second-Level-Domain „*telecom*“ enthalten. Die Liste der Unternehmen enthält zum Beispiel SymmetricCom, Inc. (*www.telecom.com*), Telecom UK Ltd. (*www.telecom.co.uk*), TWX Telecommunications GmbH (*www.telecom.de*), Telecom s.r.l. (*www.telecom.it*), Telestra Corporation Ltd. (*www.telecom.com.au*) und Swisscom (*www.telecom.ch*).[337]

Gibt der Internetnutzer einfach das Keyword „telecom“ ein, leiten ihn viele Keywordsysteme ausschließlich auf die Website von SymmetricCom, Inc, ohne auf die Existenz der anderen Websites hinzuweisen.[338] Das Problem der Keywordsysteme ist also identisch mit dem Problem der verbesserten Suchmaschinen bzw. „*Intelligent Robots*“. Eine hundertprozentige Treffsicherheit wird nicht zu erreichen sein, weil ein Computer nicht unterscheiden kann, ob die von ihm vorgeschlagene Website für den Internetnutzer die gesuchte ist oder nicht. Ein Keyword sicher mit einer bestimmten Internetadresse zu verbinden ist, zumindest aus heutiger Sicht, unmöglich. Insofern spricht kaum etwas dafür, daß sich Keywordsysteme etablieren werden.

Im Grunde begeben sich die Anbieter von Keywordsystemen lediglich in ein Konkurrenzverhältnis zu den bestehenden Registrierungsstellen für Domain-Namen (*Denic, InterNIC....*), ohne eine zuverlässigere Lösungsmöglichkeit zu bieten. Sollten sie sich aber wider Erwarten doch durchsetzen, werden die Argumente und Standpunkte der Domain-Namen Diskussion erneut aufflammen.[339]

---

[337] WIPO, RFC-3-Interim Report, S. 89.

[338] Die Beispiele lassen sich beliebig erweitern. Zum Beispiel leitet die Eingabe des Keywords „*golf*“ den Internetnutzer auf die Website einer in den USA ansässigen Firma (*www.golf.com*). Das Keywordsystem unterschlägt einfach die Existenz der anderen Websites(*www.golf.co.uk; www.golf.de; www.golf.nl*).

[339] In den USA ist es im Januar 1999 bereits zu einer ersten Klage bzgl. der Keywordsysteme gekommen. Die Kosmetikfirma „*Estee Lauder*“ verklagt den Suchmaschinenanbieter „*Excite, Inc*“. „*Excite*“ hat die Rechte des Keywords „*Estee Lauder*“ an einen Konkurrenten verkauft. Dadurch wird bei Eingabe des Keywords „*Estee Lauder*“ ein Werbebanner des Konkurrenten angezeigt (*www.internetnews.com/IAR/1999/01/2001-lawsuit.html*).

Daß ein Internetnutzer auf die gewünschte Website eines Unternehmens gelangt, würde sich letztlich danach richten, ob für das jeweilige Unternehmen ein geeignetes Keyword bei dem Anbieter der Keywordsysteme eingetragen ist. Die kennzeichenrechtlichen Fragestellungen würden sich also erneut ergeben, allerdings in verschärfter Form. Bei dem Domain-Name-System ist im äußersten Notfall in der Regel ein Ausweichen auf eine andere Top-Level-Domain möglich. Bei Keywordsystemen sind diese der Vereinfachung zum Opfer gefallen.

(c) Neue Top-Level-Domains

Sehr vereinzelt wird vertreten, daß mit der Einführung einer Vielzahl neuer Top-Level-Domains (*z.B. „.shop", „.firm", „.store"*)[340] die Kennzeichnungsfunktion der Domain-Namen ebenfalls abnehmen wird und sinnvolle Suchergebnisse mittelfristig nur noch über Suchmaschinen erlangt werden können.[341] Begründet wird dieses damit, daß der Internetnutzer bedingt durch eine Vielzahl neuer Top-Level-Domains zunehmend Schwierigkeiten haben wird, die *„richtige"* Website ausfindig zu machen. So soll es für den Internetnutzer problematisch sein, festzustellen, unter welcher Top-Level-Domain sich der gesuchte Anbieter mit seiner Website befindet.

Diese Bedenken wären durchaus angebracht, wenn es tatsächlich eine strikte Trennung der einzelnen Top-Level-Domains gäbe. Dieses ist aber nicht zu erwarten. So ist es bereits heute für viele – insbesondere weltweit tätige – Unternehmen sinnvoll, ihr Kennzeichen nicht nur unter einer Top-Level-Domain als Second-Level-Domain zu registrieren. Beispielsweise ist es für die Daimler-Chrysler AG schon heute nicht tragbar, lediglich unter der Top-Level-Domain „*.de*" oder „.com" registriert zu sein.

---

[340] Vgl. hierzu auch die Ausführungen zu der Einführung der neuen gTLDs (*siehe hieru 1. Kapitel B III 1 d)*).

[341] Hahn/Wilmer, NJW-CoR 1997, S. 485 (486); unter Bezugnahme auf Hahn/Wilmer auch: Bücking, Namens- und Kennzeichenrecht, S. 36 Rdnr. 63.

Sobald neue Top-Level-Domains verfügbar sind, werden sich deshalb viele Unternehmen darum bemühen, unter allen Top-Level-Domains registriert zu sein, die auch nur im entferntesten mit der Unternehmenstätigkeit in Verbindung gebracht werden können. Insofern ist folgendes von den Vertretern der Gegenmeinung angeführte Beispiel nicht überzeugend: Es wird angeführt, daß es dem Internetnutzer nicht möglich sein wird, die Website von „*Disney*" ausfindig zu machen, wenn es viele neue Top-Level-Domains im Format „*.kids*", „*.games*" oder „*.film*" usw. gibt. Zum Auffinden der gewünschten Website soll der Internetnutzer also von der Benutzung einer Suchmaschine abhängig sein.[342]
Diese Betrachtung ist indes lebensfremd. Der Disney-Konzern wird selbstverständlich unter allen genannten Top-Level-Domains aufzufinden sein. Für den Disney-Konzern ist die Benutzung des Domain-Namens „*www.disney.kids*" oder „*www.disney.film*" genauso wertvoll wie die jetzige Benutzung des Domain-Namens „*www.disney.com*". Es ist wohl kaum anzunehmen, daß der Disney-Konzern einem anderen Unternehmen die Benutzung seines Kennzeichens unter einer anderen Top-Level-Domain gestattet. Noch deutlicher wird dies, wenn es zu der geplanten Top-Level-Domain „*.eu*" für Mitgliedsstaaten der EU kommen sollte.
Für jedes international tätige Unternehmen mit Sitz in der Bundesrepublik Deutschland, welches eine Internetpräsenz unter der Top-Level-Domain „*.de*" betreibt, ist es äußerst reizvoll – wenn nicht gar unverzichtbar –, auch unter der Top-Level-Domain „*.eu*" erreichbar zu sein. Mit Doppelregistrierungen ist daher schon jetzt mit an Sicherheit grenzender Wahrscheinlichkeit auszugehen.Durch die Einführung neuer Top-Level-Domains ist also nicht damit zu rechnen, daß die Kennzeichnungsfunktion der Domain-Namen abnehmen wird. Womit allerdings ganz sicher gerechnet werden muß, ist der proportionale Anstieg der Domainstreitigkeiten mit jeder neuen Einführung einer Top-Level-Domain.

---

[342] Hahn/Wilmer, NJW-CoR 1997, S. 485 (486); unter Bezugnahme auf Hahn/Wilmer auch: Bücking, Namens- und Kennzeichenrecht, S. 36 Rdnr. 63.

(d) Zwischenergebnis

Insgesamt stellt damit der Weg über die Suchmaschinen oder Keywordsysteme grundsätzlich einen zeit- und geldraubenden Umweg dar, der noch nicht einmal immer zum gewünschten Ergebnis führt. Dementsprechend wird auch zukünftig die direkte Eingabe des Domain-Namens in das URL-Eingabefeld des Browsers die primäre Navigationsmethode im Internet bleiben. Daran wird auch die Einführung weiterer Top-Level-Domains nichts ändern. Im Ergebnis ist also davon auszugehen, daß die Kennzeichnungskraft der Domain-Namen zukünftig nicht reduziert wird.

cc) Ergebnis

Insgesamt ist der Domain-Name nicht auf eine Adreßfunktion beschränkt. Vielmehr besitzt der Domain-Name eine Zusatzfunktion. Mit der starken Verbreitung des Internets sind die Domain-Namen ein Teil des Kommunikationsapparates geworden, der intensiv von Unternehmen dazu genutzt wird, um sich selbst, ihre Produkte oder ihre Aktivitäten zu kennzeichnen.

Dementsprechend kann der Domain-Name durchaus eine Herkunftsfunktion im herkömmlichen Sinne haben. Letztere ist immer dann anzunehmen, wenn der Domain-Name erkennbar aus Namen, Firmenbezeichnungen, Markenwörtern oder entsprechenden Abkürzungen besteht.[343] In diesem Fall stellt die Wiedergabe des Domain-Namens auf dem Bildschirm oder in schriftlicher Form einen kennzeichenmäßigen Gebrauch im herkömmlichen Sinne dar. Die Internetnutzer als maßgeblicher Verkehrskreis verstehen dieses ohne weiteres als Bezeichnung des über den Domain-Namen erreichbaren Unternehmens.

Eine Beschränkung des Domain-Namens auf seine Adreßfunktion kommt nur dann in Betracht, soweit dieser nur aus zufälligen, sinnentleerten Zahlen- und Buchstabenkombinationen besteht, dieses ist aber eine seltene Ausnahme. Insgesamt liegt damit in der Verwendung eines Domain-Namen im Internet regelmäßig eine kennzeichenmäßige Benutzung im Sinne des MarkenG vor.

5. Marken (*§ 14 II MarkenG*)

Die Vorschrift des § 14 II Nr. 1 bis 3 MarkenG normiert drei Kollisionstatbestände einer Markenverletzung. Es werden die Voraussetzungen umschrieben, bei deren Vorliegen die Benutzung eines Zeichens als Marke durch einen Dritten die Verletzung eines bestehenden Markenrechts darstellt. Die Vorschrift gewährt dem Markeninhaber Identitätsschutz *(§ 14 II Nr. 1 MarkenG)*, Verwechslungsschutz *(§ 14 II Nr. 2 MarkenG)* und Bekanntheitsschutz *(§ 14 II Nr. 3 MarkenG)* seiner Marke.
Im nachfolgenden wird zunächst der Identitätsschutz und sodann der Verwechslungsschutz erörtert. Der Bekanntheitsschutz wird weiter unten gesondert behandelt.

a) Zeichenidentität (*§ 14 II Nr. 1 MarkenG*)

Nach § 14 II Nr. 1 MarkenG kann die Benutzung eines mit einer Marke identischen Kennzeichens untersagt werden, wenn unter diesem Waren und Dienstleitungen angeboten werden, die mit denjenigen identisch sind, für welche die Marke Schutz genießt. Die Regelung des § 14 II Nr. 1 MarkenG setzt damit eine Identität in zweifacher Hinsicht voraus: Zeichenidentität und Waren/Dienstleistungsidentität.[344] Der Kollisionstatbestand des § 14 II Nr. 1 MarkenG entspricht damit materiellrechtlich dem relativen Schutzhindernis des § 9 I Nr. 1 MarkenG.[345]
Die Vorschrift des § 14 II Nr. 1 MarkenG normiert einen Identitätsschutz der Marke als absoluten Markenschutz. Dieser absolute Markenschutz setzt anders als der Kollisionstatbestand des § 14 II Nr. 2 nicht das Vorliegen von Verwechslungsgefahr voraus. Eine Markenkollision im Identitätsbereich von Marke und Ware/Dienstleistung stellt aus der Sicht des Verbrauchers gleichsam den Prototyp einer Verwechslung der markierten Ware/Dienstleistung dar, denn es verwechselt, wer das eine für das andere hält.[346]

---

[343] Fezer, WRP 2000, S. 669 (670).
[344] Ingerl/Rohnke, Markengesetz, § 14 Rdnr. 137.
[345] Fezer, Markenrecht, § 14 Rdnr. 71; Althammer/Ströbele/Klaka, Markengesetz, § 14 Rdnr. 3.
[346] Fezer, Markenrecht, § 14 Rdnr. 74.

Ein Identitätsirrtum des Verbrauchers ist aber nicht rechtliche Voraussetzung einer Markenkollision nach § 14 I Nr. 1 MarkenG. Der Identitätsschutz der Marke besteht als absoluter Markenschutz auch dann, wenn im Verkehr die unbefugte Benutzung einer identischen Marke für identische Produkte dem Verbraucher bekannt ist.[347]

Problematisch ist, wann in der hier zu behandelnden Konstellation, in der es um den Schutz des Kennzeichens gegen die Benutzung als identische Second-Level-Domain durch ein anderes Unternehmen geht, von einer Zeichenidentität im Sinne des § 14 II Nr. 1 MarkenG ausgegangen werden kann. Dabei ist zu beachten, daß der Identitätsbegriff grundsätzlich eng auszulegen ist. Bestehen auch nur geringfügige Unterschiede, ist die Anwendung des Verwechslungstatbestandes des § 14 II Nr. 2 MarkenG vorzuziehen, der seinem Wortlaut nach ohnehin auch den Identitätsfall erfaßt.[348] Grundsätzlich setzt die Identität des von dem Dritten benutzten Zeichens mit der geschützten Marke vollständige Übereinstimmung in (*schrift-*) bildlicher, figürlicher und farblicher Hinsicht voraus. Die nur phonetische Übereinstimmung genügt bei unterschiedlicher Schreibweise oder Abweichung in Bildelementen nicht. Bei aus Buchstaben, Worten und/oder Zahlen bestehenden Kennzeichen ist Übereinstimmung in allen Buchstaben/Zahlen erforderlich.[349] Kollidiert ein Domain-Name mit einer Marke, kann es lediglich auf die Übereinstimmung der Buchstaben ankommen. Andere Gestaltungsmöglichkeiten sind technisch bedingt nicht vorhanden.

Insoweit ist bereits zweifelhaft, ob die in jedem Domain-Namen enthaltene Top-Level-Domain (*z.B. „.de" oder „.com"*) und das in der Regel vorhandene Kürzel „www." Auswirkungen auf die erforderliche Zeichenidentität gemäß § 14 II Nr. 1 MarkenG haben. Mit Rücksicht auf die gebotene enge Auslegung des Identitätsbegriffes könnte Zeichenidentität zwischen der geschützten Marke „*Epson*" und dem Domain-Namen „*www.epson.de*" zu verneinen sein.

[347] Fezer, Markenrecht, § 14 Rdnr. 75.
[348] Ingerl/Rohnke, Markengesetz, § 14 Rdnr. 137.
[349] Ingerl/Rohnke, Markengesetz, § 14 Rdnr. 141; Fezer, Markenrecht, § 14 Rdnr. 76.

Anders wäre jedoch zu entscheiden, wenn es bei dem Vergleich zwischen Marke und Domain-Name lediglich auf die Identität zwischen der Marke und der Second-Level-Domain ankäme und nicht auf die Identität der Marke mit dem gesamten Domain-Namen. Dann wäre auch bei der engen Auslegung des Identitätsbegriffes zwischen der Marke „*Epson*" und der Second-Level-Domain „*epson*" eine Identität im Sinne des § 14 II Nr. 1 MarkenG unproblematisch anzunehmen. Der gesamte Domain-Name und das Kennzeichen werden nur in seltenen Fällen identisch sein. Vorwiegend wird es sich hierbei um die sogenannten „*Dot-com-Unternehmen*" wie z.B. „*Barnesand-Noble.com*", „*Priceline.com*", „*Garden.com*", „*China.com*", und „*About.com*" oder aus der Bundesrepublik Deutschland „*buch.de*", „*web.de*" und „*Internetmediahouse.com*" usw. handeln. Im Regelfall enthält das als Second-Level-Domain verwendete Kennzeichen – wie in dem gebildeten „*Epson*" Beispiel – jedoch keine internetspezifischen Merkmale. In der Rechtsprechung wird, trotz der auf den ersten Blick auffälligen Unterschiede von Kennzeichen und Domain-Namen, die Möglichkeit einer Identität zu Recht bejaht.[350] Der Top-Level-Domain (*„.de", „.com" usw.*) und dem Kürzel „*.www*" kommen innerhalb des Domain-Namens keine eigenständigen unterscheidbaren Bedeutungen zu. In den Verkehrskreisen (*also bei den Internetnutzern*), in denen die Verwendung von Domain-Namen erfolgt, ist die Bedeutung der Top-Level-Domain als bloßes regionales Zuordnungskriterium bekannt.

Gleiches gilt für das Kürzel „*.www*", dessen rein technische Funktion ebenfalls bekannt ist. Dieses wird schon dadurch deutlich, daß viele Internetnutzer auf der Suche nach der gewünschten Website einfach ein Kennzeichen, begleitet von den verschiedenen Kürzeln (*z.B. „www.", ".de", ".com", ".net", ".org", ".edu" usw.*), in das URL-Eingabefeld ihres Internetbrowsers eingeben, in der Hoffnung, so an das gewünschte Ziel zu gelangen.[351]

---

[350] LG Düsseldorf NJW-RR 1998, S. 979 (981) – „epson.de"; LG Braunschweig, CR 1998, S. 364 (366) – „deta.com"; OLG Dresden CR 1999, S. 589 (591) – „cyberspace.de"; OLG Karlsruhe WRP 1998, S. 900 (901) – „zwilling.de"; OLG Karlsruhe CR 1999, S.783 (784) – „badwildbach.com".
[351] LG Braunschweig, CR 1998, S. 364 (366) – „deta.com".

Kennzeichenrechtliche Relevanz kommt allein der frei wählbaren Second-Level-Domain zu. Damit kommt es für die Beurteilung der Identität im Sinne des § 14 II Nr. 1 MarkenG ausschließlich darauf an, ob eine Identität zwischen Kennzeichen und Second-Level-Domain vorliegt. Die Frage nach der Identität des Kennzeichens mit dem gesamten Domain-Namen stellt sich damit erst gar nicht. Dementsprechend ist zwischen der Marke „*Epson*" und dem Domain-Namen „*www.epson.de*" eine Identität nach § 14 II Nr. 1 MarkenG und nicht etwa bloß eine Ähnlichkeit nach § 14 II Nr. 2 MarkenG gegeben

b) Verwechslungsgefahr im Sinne des § 14 II Nr. 2 MarkenG

Die Regelung des § 14 II Nr. 2 MarkenG setzt zur Begründung von Unterlassungs- und Schadensersatzansprüchen das Vorliegen einer Verwechslungsgefahr voraus. Der Begriff der Verwechslungsgefahr bestimmt als der zentrale Rechtsbegriff[352] des gesamten Kennzeichenrechts den Kernbereich des Schutzumfangs der Kennzeichen.[353] Nach dem alten Warenzeichenrecht wurde zur Feststellung der Verwechslungsgefahr darauf abgestellt, ob ein nicht unerheblicher Teil der beteiligten Verkehrskreise der Gefahr einer Irreführung unterliegt.[354] Nach der Rechtsansicht des EuGH kommt es für die umfassende Beurteilung der Verwechslungsgefahr entscheidend darauf an, wie das Kennzeichen auf den Durchschnittsverbraucher wirkt.[355] Dabei ist das Vorliegen einer Verwechslungsgefahr unter der Berücksichtigung aller Umstände des Einzelfalls umfassend zu beurteilen.[356]

Nach den herkömmlichen Rechtssätzen des Markenrechts ist zwischen unmittelbarer und mittelbarer Verwechslungsgefahr einerseits und der Verwechslungsgefahr im weiteren Sinne andererseits zu unterscheiden.[357]

---

352 In der frühen Rechtsprechung des RG wurde noch davon ausgegangen, es handelt sich bei der Verwechslungsgefahr um eine Tatfrage (RG MuW 1912, S. 194).
353 Fezer, NJW 1998, S. 713 (714).
354 BGH NJW 1992, S. 659 (659) – „dipa/dip".
355 EuGH NJW 1998, S. 741 (742) – „Springende Raubkatze".
356 EuGH NJW 1998, S. 741 (742) – „Springende Raubkatze"; EuGH NJW 1999, S. 933 (934) – „Canon Kabushiki Kaisha/Metro-Goldwyn-Mayer Inc."; BGH NJW 1999, S. 360 (361) – „Lions".
357 Fezer, NJW 1998, S. 713 (715).

Unmittelbare Verwechslungsgefahr liegt vor, wenn die Kollisionsmarken trotz der Zeichenunterschiede im Verkehr den Eindruck erwecken, es handele sich um ein und dasselbe Zeichen und damit eine reine Zeichenverwechslung besteht. Mittelbare Verwechslungsgefahr liegt vor, wenn der Verkehr zwar nicht die Kollisionsmarken als solche verwechselt, aber aufgrund der Ähnlichkeit der Zeichen das Zeichen des Dritten als eine Abwandlung des Zeichens des Markeninhabers betrachtet. Beide Fallgruppe zusammen werden unter dem Begriff der Verwechslungsgefahr „im engeren Sinne" zusammengefaßt.[358]

Demgegenüber handelt es sich bei der sogenannten Verwechslungsgefahr „im weiteren Sinne" um eine Irreführung über das Bestehen von Unternehmensverbindungen zwischen den an der Markenkollision beteiligten Unternehmen (*z.B. (lizenz-) vertraglich, (konzern-) organisatorisch oder in sonstiger wirtschaftlicher Weise*).[359]

aa) Gedankliche Verbindung

Ein neues Element des Begriffs der Verwechslungsgefahr ist aus deutscher Sicht die ausdrückliche Einbeziehung der „Gefahr, daß das Zeichen mit der Marke gedanklich in Verbindung gebracht wird".[360] Der EuGH hat jedoch klargestellt, daß die rein assoziative gedankliche Verbindung, die der Verkehr über die Übereinstimmung des Sinngehalts zweier Marken zwischen diesen herstellen könnte, nicht als Verwechslungsgefahr im markenrechtlichen Sinne anzusehen ist. Der Begriff der gedanklichen Verbindung ist keine Alternative zum Begriff der Verwechslungsgefahr, sondern soll deren Umfang näher bestimmen.

Insofern sei es nicht ausreichend, wenn der Verkehr einen Zusammenhang zwischen den Zeichen nur deshalb sehe, weil das Zeichen die Erinnerung an das andere wecke, ohne zu Verwechslungen zu führen.[361]

---

[358] Ingerl/Rohnke, Markengesetz, § 14 Rdnr. 150.

[359] Fezer, NJW 1998, S. 713 (715); Ingerl/Rohnke, Markengesetz, § 14 Rdnr. 150.

[360] Die Einfügung erfolgte auf besonderen Wunsch der Benelux-Staaten vor dem Hintergrund einer dort besonders extensiven Rechtsprechung zum Markenschutz bei bloßer Assoziationsgefahr (*näher hierzu: Ingerl/Rohnke, Markengesetz, § 14 Rdnr. 425 m.w.N.*).

[361] EuGH NJW 1998, S. 741 (742) – „Springende Raubkatze"; Berlit, NJW 1999, S. 701 (702).

bb) Kennzeichnungskraft

Die Verwechslungsgefahr hängt weiterhin maßgeblich von einem weiteren ungeschriebenen Merkmal ab, der Kennzeichnungskraft der Marke.[362] Kennzeichnungskraft bedeutet die Eignung eines Zeichens, sich aufgrund seiner Eigenart und ggf. seines durch Benutzung erlangten Bekanntheitsgrades dem Publikum als Marke einzuprägen.[363]

Die umfassende Beurteilung der Verwechslungsgefahr impliziert eine Wechselwirkung zwischen den in Betracht kommenden Merkmalen, insbesondere der Ähnlichkeit bzw. Identität der Marken und der Ähnlichkeit bzw. Identität der damit gekennzeichneten Waren oder Dienstleistungen. So kann ein geringer Grad der Ähnlichkeit der gekennzeichneten Waren oder Dienstleistungen durch einen höheren Grad der Ähnlichkeit der Marken ausgeglichen werden und umgekehrt.

Grundsätzlich ist dabei die Verwechslungsgefahr um so größer, je größer sich die Kennzeichnungskraft der Marke darstellt.[364] Dieses ergibt sich aus der normativen Bewertung, daß ein kennzeichnungskräftiges, intensiv benutztes Zeichen stärkeren rechtlichen Schutz verdient als ein Zeichen geringerer Originalität und Benutzung.[365]

c) Maßgebliche Ware/Dienstleistung

Neben der Zeichenidentität ist gemäß § 14 II Nr. 1 MarkenG eine Identität der Ware oder Dienstleistung erforderlich. Auch die markenrechtliche Verwechslungsgefahr nach § 14 II Nr. 2 MarkenG setzt eine Identität oder Ähnlichkeit der durch das Kennzeichen erfaßten Waren oder Dienstleistungen voraus. Die Identität bzw. die Ähnlichkeit muß nach § 14 II Nr. 1 und Nr. 2 MarkenG zwischen den von beiderseitigen Marken bzw. Zeichen erfaßten Waren oder Dienstleistungen bestehen. Grundsätzlich unterscheidet das MarkenG nicht zwischen Warenzeichen und Dienstleistungskennzeichen. Die Formulierung des MarkenG ist so zu verstehen, daß für jede wirtschaftliche Tätigkeit Marken angemeldet werden können.

---

[362] EuGH NJW 1999, S. 933 (934) – „Canon Kabushiki Kaisha/Metro-Goldwyn-Mayer Inc." m.w.N.
[363] Ingerl/Rohnke, Markengesetz, § 14 Rdnr. 181.
[364] EuGH NJW 1999, S. 933 (934) – „Canon Kabushiki Kaisha/Metro-Goldwyn-Mayer Inc."; BGH NJW 1999, S. 360 (361) – „Lions".
[365] Ingerl/Rohnke, Markengesetz, § 14 Rdnr. 182.

Der Sammelbegriff „*Waren oder Dienstleistungen*“ umfaßt also das gesamte Angebotsspektrum sämtlicher denkbarer Leistungen.[366] Bei eingetragenen bzw. angemeldeten Marken (*§ 4 Nr. 1 MarkenG*) ist das Verzeichnis der Waren/Dienstleistungen (*§ 32 II Nr. 3 MarkenG, § 14 MarkenV*) maßgeblich.

Bei nicht eingetragenen Marken (*§ 4 Nr. 2 und Nr. 3 MarkenG*) sind diejenigen Waren/Dienstleistungen dem Vergleich zugrundezulegen, hinsichtlich derer die Verkehrsgeltung (*§ 4 Nr. 2 MarkenG*) oder Notorietät (*§ 4 Nr. 3 MarkenG*) besteht. Auf der Seite des Dritten kommt es im Falle des § 14 MarkenG auf diejenigen Waren/Dienstleistungen an, für welche das beanstandete Kennzeichen im geschäftlichen Verkehr benutzt wird bzw. im Falle der Erstbegehungsgefahr eine Benutzung droht.[367]

Problematisch und umstritten ist die Frage, was im Internet als maßgebliche Ware bzw. Dienstleistung anzusehen ist bzw. welche Leistung durch den Domain-Namen von anderen Leistungen zu unterscheiden und der Herkunft nach gekennzeichnet ist. Hierzu ist in der Rechtsprechung und Literatur noch keine gefestigte Meinung festzustellen.

Für die Feststellung der Identität bzw. Ähnlichkeit der Waren oder Dienstleistungen könnte man zunächst auf diejenigen Waren bzw. Dienstleistungen abstellen, die auf der unter dem Domain-Namen aufrufbaren Website angeboten werden.[368] Diese müßten dann mit den durch den Markenschutz erfaßten Waren oder Dienstleistungen identisch sein.

Diesem Ansatz liegt der Gedanke zugrunde, daß der Anbieter der unter dem Domain-Namen aufrufbaren Website aus der Sicht der beteiligten Verkehrskreise (*also der Internetnutzer*) auf der Website lediglich seine Waren und/oder Dienstleistungen präsentieren will, die er ansonsten auch außerhalb des Internets anbietet oder anbieten könnte. Das Internet ist dann nur ein Massenkommunikationsmedium neben anderen (*z.B. Fernsehen, Rundfunk oder Zeitungen*) zur Präsentation von „*nicht-virtuellen*“ Waren und Dienstleistungen, also ein Werbemedium.

---

[366] Ingerl/Rohnke, Markengesetz, § 3 Rdnr. 17.
[367] Ingerl/Rohnke, Markengesetz, § 14 Rdnr. 242.
[368] LG Braunschweig CR 1998, S. 364 (366) – „deta.com“; LG München I CR 1998, S. 540 (541) – „freundin.de“; OLG München NJW-RR, S. 984 (986) – „freundin.de“; Völker/Weidert, WRP 1997, S. 652 (658); Hoeren/Sieber/Viefhues, Teil 6 Rdnr. 99; Bottenschein, MMR 2001, S. 286 (289); Apel/Große-Ruse, WRP 2000, S. 816 (818); Bücking, MMR 2000, S. 656 (659).

Für diese Sichtweise spricht die stark zunehmende Verbreitung von Hinweisen auf Domain-Namen außerhalb des Internets, insbesondere in der Produktwerbung.[369] Es werden kaum noch Waren oder Dienstleistungen beworben, ohne gleichzeitig auf ein weiterführendes Informationsangebot auf einer unter dem angegebenen Domain-Namen aufrufbaren Website hinzuweisen. Die Website wird damit zum „*virtuellen Schaufenster*" oder interaktiven Produktkatalog.

Legt man die Auffassung, daß es sich beim Internet nur um ein Werbemedium handelt, zugrunde, werden oftmals, trotz Identität bzw. Ähnlichkeit zwischen Marke und Second-Level-Domain, die Voraussetzungen des § 14 II Nr. 1 bzw. Nr. 2 MarkenG nicht erfüllt sein. Das ist dann der Fall, wenn zwar Marke und Second-Level-Domain identisch bzw. ähnlich sind, die dadurch gekennzeichneten Waren oder Dienstleistungen jedoch nicht.

Wer also unter einem mit einer älteren Marke identischen oder ähnlichen Domain-Namen Waren oder Dienstleistungen anbietet, die mit denen, für welche die ältere Marke eingetragen ist, nicht identisch oder ähnlich sind, verletzt unter Anwendung der herkömmlichen Beurteilungsgrundsätze der Identität bzw. Verwechslungsgefahr nicht die Rechte an der älteren Marke. Nach § 14 II Nr. 1 und Nr. 2 MarkenG ist davon auszugehen, daß bei zwar identischen bzw. ähnlichen Marken, aber nicht mehr identischen bzw. ähnlichen Waren oder Dienstleistungen auch keine Verwechslungsgefahr vorliegt, also die beiderseitigen Marken sich im Markt auch nicht stören.[370]

Im Internet gilt es allerdings, eine Besonderheit zu beachten. Unterhalb einer Top-Level-Domain kann eine bestimmte Second-Level-Domain weltweit nur ein einziges Mal existieren. Diese nimmt also eine Monopolstellung ein. Dadurch kann der Domain-Name mit der älteren Marke in Konflikt geraten, obwohl die Waren oder Dienstleistungen grundverschieden sind.

---

[369] Wiebe, CR 1998, S. 157 (162).
[370] Nordemann, NJW 1997, S. 1891 (1893); Kur CR 1996, S.590 (593).

Dem Inhaber letzterer ist es in dieser Konstellation nicht mehr möglich, seine Marke als Second-Level-Domain im Internet zu verwenden, ohne auf eine andere Top-Level-Domain auszuweichen oder um weitere Zusätze zu ergänzen. Der Rechtsgedanke des § 14 II Nr. 1 und Nr. 2 MarkenG, wonach Kennzeichen nur im Fall der Identität bzw. Ähnlichkeit der Waren oder Dienstleistungen kollidieren, paßt auf diesen Konflikt nicht. Durch die Monopolstellung, die ein Domain-Name einnimmt, ergeben sich also neue Konfliktmöglichkeiten. Deshalb ist danach zu fragen, wie dieser Konfliktsituation zu begegnen ist.

Zur Auflösung dieses Konfliktes wird vertreten, daß im Internet nicht auf die Waren oder Dienstleistungen abgestellt werden dürfe, die auf der unter dem Domain-Namen aufrufbaren Website beworben oder angeboten werden. Vielmehr soll im Internet die maßgebliche Ware oder Dienstleistung im Sinne des MarkenG die Website selbst sein.[371] Insbesondere nach Ansicht des LG Düsseldorf komme es nicht darauf an, welche Waren oder Dienstleistungen auf einer Website angeboten werden. Die maßgebliche Ware bzw. Dienstleistung sei bereits die unter dem Domain-Namen aufzurufende Website als solche. Die Sachlage gestalte sich nicht anders als bei zwei unter identischem Titel angebotenen Zeitschriften, für die es ebenfalls entbehrlich sei, eine Ähnlichkeit anhand des Inhalts der Zeitschriften zu konstatieren. Nicht der Inhalt, sondern das Produkt als solches sei die Ware oder Dienstleistung im Sinne des MarkenG.[372]

Nach der Auffassung des LG Düsseldorf ist jeder im Internet auftretende Anbieter als Content-Provider zu behandeln und damit als Anbieter redaktioneller Inhalte anzusehen. Die Verwechslungsgefahr beruht demnach ausschließlich auf dem Umstand, daß die Kontrahenten jeweils eine Website anbieten wollen und allein deshalb schon eine Waren- bzw. Dienstleistungsidentität vorliegt.[373]

---

[371] LG Düsseldorf NJW 1998, S. 979 (982) – „epson.de"; Kilian, DZWir 1997, S. 381 (388); Ernst, NJW-CoR 1998, S. 177 (177); Nordemann, NJW 1997, S. 1891 (1893); Omsels, GRUR 1997, S. 328 (329); Kur, CR 1996, S. 590 (592).

[372] LG Düsseldorf NJW-RR 1998, S. 979 (982) – „epson.de".

[373] Kröger/Gimmy/Freitag, Handbuch zum Internetrecht, S. 349.

Durch den Domain-Namen soll also nur die Website an sich und nicht die dahinter stehenden Waren oder Dienstleistungen bezeichnet werden.[374] Die Funktion des Domain-Namen beschränkt sich somit auf die Bezeichnung der Herkunft eines Informationsangebots aus einem bestimmten Unternehmen und der Unterscheidung des Angebots von anderen. Bei strikter Anwendung dieser Ansicht bedarf es der Prüfung der Identität bzw. Verwechslungsgefahr im Grunde nicht mehr, denn diese wäre zwischen zwei Websites immer gegeben („*Website gleich Website*"). Damit würde im Internet die maßgebliche Ware oder Dienstleistung für alle Marken gleich sein.

Die Konsequenz hieraus wäre, daß im Internet nur die nach § 6 I MarkenG prioritätsälteste Marke als Second-Level-Domain verwendet werden könnte. Alle identischen bzw. ähnlichen prioritätsjüngeren Kennzeichen würden mit der prioritätsältesten Marke im Konflikt stehen, weil das Korrektiv der Identität bzw. Ähnlichkeit der Waren oder Dienstleistungen wegfiele. Die Verwendung einer prioritätsjüngeren Marke als Second-Level-Domain wäre ausgeschlossen, da in dieser Konstellation die prioritätsälteste Marke gemäß § 6 I MarkenG Vorrang hat.

Abgesehen von diesem fragwürdigen Ergebnis, erscheint schon der vom LG Düsseldorf herangezogene Vergleich einer Website mit einer Zeitschrift zweifelhaft. Bei genauerer Betrachtung läßt sich dieser nicht aufrechterhalten. Bei Zeitschriften, die sich an das allgemeine Publikum richten, ist die Verwendung eines identischen Werktitels in der Tat ohne Rücksicht auf den jeweiligen Inhalt unzulässig.[375] Die einzelne Website ist allerdings weniger mit einer Zeitschrift als mit einer Werbeanzeige in einer Zeitschrift vergleichbar.[376] Die Errichtung einer Website ist nur die Nutzung eines neuen Massenmediums als Kommunikationsmittel, nicht aber der Betrieb desselben. Ebenso wird derjenige, der in einer Zeitschrift eine Werbeanzeige schaltet, dadurch auch nicht gleich zum Verleger.[377]

---

[374] Ernst, NJW-CoR 1998, S. 177 (177).
[375] BGH GRUR 1959, S. 182 (184) – „Quick"; Fezer, Markenrecht, § 15 Rdnr. 171; Wagner, ZHR 1998, S. 701 (713).
[376] Wagner, ZHR 1998, S. 701 (713).
[377] Viefhues, MMR 1999, S. 123 (123).

Vergleichbar sind auch die Fälle der Markenrechtsverletzungen in Unternehmensbroschüren, in denen auch nicht auf die Vergleichbarkeit der Branchen (*Herstellen und Verbreiten von Druckwerken*), sondern auf die tatsächlich angebotenen Waren und Dienstleistungen abgestellt wird.[378] Insoweit liegt es auf der Hand, daß die Nutzung eines geschützten Kennzeichens nur dann von seinem Inhaber untersagt werden kann, wenn die beworbenen Waren und Dienstleistungen mit denjenigen des Kennzeicheninhabers identisch oder diesen ähnlich sind.[379]

Gegen die Entscheidung des LG Düsseldorf spricht zudem, daß sich die einzelnen Websites durchaus in unterschiedliche Kategorien einordnen lassen. Beispielsweise bestehen zwischen einer Website, auf der ein „*Web-Portal*" betrieben wird, und einem Finanzdienstleistungsservice beachtliche Unterschiede. Ebenso läßt sich die Website des Nachrichtenmagazins „*Der Spiegel*"[380] nicht ohne weiteres mit der Website einer juristischen Onlinedatenbank[381] vergleichen. Diese Unterschiede dürfen nicht durch einen pauschalen Vergleich übergangen werden. Andernfalls hätte dies zur Folge, daß der prioritätsälteste Kennzeicheninhaber die aus seinen Kennzeichen bildbaren Second-Level-Domains für alle denkbaren Waren und Dienstleistungen blockieren könnte. Dieses würde zu einer beachtlichen Ausweitung des sachlichen Schutzbereiches des Kennzeichens führen. Der Schutzbereich einer Marke wird aber wesentlich dadurch bestimmt, für welche Waren und/oder Dienstleistungen diese beim DPA eingetragen ist (*vgl. §§ 4 Nr. 1, 32 II Nr. 3 MarkenG*). Der sachliche Schutzbereich einer Marke würde durch ein alleiniges Abstellen auf die Website an sich völlig konturlos. Eine solche Vorgehensweise ist mit den Grundsätzen des MarkenG nicht vereinbar und deshalb strikt abzulehnen. Der Auffassung des LG Düsseldorf kann daher nicht gefolgt werden.

---

[378] Kröger/Gimmy/Freitag, Handbuch zum Internetrecht, S. 350.
[379] Wagner, ZHR 1998, S. 701 (713).
[380] http://www.spiegel.de
[381] Z.B. http://www.legalis.de

Gleichwohl gibt die Entscheidung Anlaß zu bedenken, daß das Internet nicht (*mehr*) als reines Werbemedium eingestuft werden kann. Zwar beschränkt sich ein großer Teil der Websites darauf, lediglich für Waren und Dienstleistungen außerhalb des Internets zu werben, die selbständigen, internetspezifischen Dienstleistungen nehmen jedoch stark zu. Darunter fallen insbesondere allgemeine Informationsangebote, Datenbanken, Finanzdienstleistungen, Serviceleistungen, Suchmaschinen oder Portalsites und vieles weitere mehr, die sich die Vorteile des Internets zunutze machen. Teilweise werden Waren oder Dienstleistungen aber auch auf das Internet übertragen. Beispielsweise erscheinen unter „*www.spiegel.de*" oder „*www. focus.de*" die Onlineversionen der gleichnamigen Printausgaben. Daß es sich dabei lediglich um Werbung für die Printausgabe handelt, ist nicht (*mehr*) anzunehmen. Die Onlineversionen der Printmedien haben sich zu einem eigenständigen Produkt entwickelt, welches sich hervorragend durch Werbebanner anderer Unternehmen auf der Website vermarkten läßt. Teilweise sind Onlineversionen von Printausgaben bereits kostenpflichtig, so z.B. die Onlineversion des Wall Street Journals (*www.wsj.com*) oder das Handelsblatt (*www.handelsblatt.de*).

Noch deutlicher wird die Dienstleistungseigenschaft bei Suchmaschinen bzw. Portalsites. Eine der ersten Suchmaschinen – „*yahoo.com*" – ist in 15 internationalen Märkten mit einem Komplettangebot vertreten, vom Nachrichten- und Wetterdienst über Finanzinformationen und Reisetips bis zur kostenlosen Emailadresse. Illustrativ gestaltete Internetseiten dienen den Internetnutzern als Startseite für virtuelle Erkundungen. Geld verdient Yahoo fast ausschließlich dadurch, daß viele Unternehmen Werbebanner auf den Internetseiten von Yahoo präsentieren. Dadurch, daß täglich mehrere Millionen Internetnutzer die Dienstleistungen von Yahoo in Anspruch nehmen, lassen sich die Werbeflächen auf den Internetseiten von Yahoo hervorragend vermarkten. Je mehr Internetnutzer durch Shopping und Unterhaltungsmöglichkeiten, Informationsangebote und Suchdienste angelockt werden, desto attraktiver wird selbstverständlich das „*Web-Portal*" für Werbetreibende.

Diese Beispiele lassen sich beliebig fortführen. Deutlich wird dabei, daß eine Einordnung des Internets als reines Werbemedium in dem Sinne, daß ausschließlich für Waren oder Dienstleistungen außerhalb des Internets geworben wird, verfehlt ist. Die Anzahl der internetspezifischen Dienstleistungen, welche von Dienstleistungen außerhalb des Internets unabhängig sind, steigt steil an. In der Praxis ist es daher oftmals nicht möglich, auf Dienstleistungen außerhalb des Internets abzustellen, weil diese schlicht nicht existieren. Dementsprechend wird die Dienstleistung oftmals in der Website selbst zu sehen sein. Dies wird jedoch nur dann der Fall sein, wenn die Website nicht nur Produkt- und Unternehmensinformationen des Websiteanbieters enthält, sondern den Abruf eigenständiger Unterhaltungs-, Recherche- oder Kommunikationsvermittlungsleistungen ermöglicht.[382]

Zusammenfassend ist daher zwischen drei verschiedenen Arten von Websites zu differenzieren: Zum einen gibt es Websites, die vornehmlich Werbecharakter haben, also das Internet lediglich als Plattform nutzen, um Waren oder Dienstleistungen außerhalb des Internets zu präsentieren und zu vertreiben, zum anderen gibt es aber auch Websites, welche die Dienstleistung selbst darstellen. Außerhalb des Internets treten die Anbieter dieser Websites mit ihrem Angebot (*außer durch Werbung für dasselbe*) nicht in Erscheinung. Das Angebot ist in diesen Fällen also internetspezifisch. Schließlich ist auch eine Kombination aus beiden Arten möglich. Für die erforderliche Abgrenzung der verschiedenen Websites ist zunächst danach zu fragen, ob eine Ware oder eine Dienstleistung angeboten wird. Werden Waren angeboten, ist immer auf die konkret beworbene oder angebotene Ware abzustellen, da grundsätzlich davon auszugehen ist, daß die Website in diesem Fall dazu dient, die Ware zu bewerben. Dabei kommt es nicht darauf an, ob die Ware direkt, in digitaler Form, über das Internet übermittelt werden kann (*z.B. Software, Musikstücke im MP3 Format oder eBooks*), oder ob die Ware „*verkörpert*" gesondert geliefert werden muß (*z.B. Bücher, CDs, Lebensmittel usw.*).

---

[382] Ingerl/Rohnke, Markengesetz, § 14 Rdnr. 242; Kröger/Gimmy/Freitag, Handbuch zum Internetrecht, S. 350.

Auch bei der „*digitalen Lieferung*" über das Internet muß letztlich das Produkt an sich entscheidend sein. Auf den Lieferweg oder das Medium, auf dem die Ware geliefert wird, kann es nicht ankommen.

Zu bedenken ist hierbei aber, daß bei dem Vergleich der Waren eine Einbeziehung sämtlicher Waren oder Dienstleistungen, für welche die Marke geschützt ist, ausscheidet. Andernfalls würde dadurch zum einen der Schutzbereich des Domain-Namens ungerechtfertigt weit ausgedehnt werden, zum anderen wäre damit der Domain-Name der Marke rechtlich vollkommen gleichgestellt, obwohl er lediglich aus der Marke abgeleitet ist. Die sich in dem Domain-Namen manifestierte Ableitung aus der Marke kann daher nur dort in Rechte anderer Unternehmen eingreifen, wo sie tatsächlich erfolgt, d.h. in dem Zusammenhang, in dem der Domain-Name auch tatsächlich benutzt wird.[383]

Werden Dienstleistungen angeboten, ist danach zu differenzieren, ob die Dienstleistung ausschließlich durch das Internet erbracht wird oder ob das Internet lediglich dazu dient, eine Dienstleistung, die auch außerhalb des Internets in gleicher Form verfügbar ist, anzupreisen. Bei den oben erwähnten Suchmaschinen bzw. Portal-Sites ist in der Regel davon auszugehen, daß die Dienstleistung, d.h. in diesem Fall das Auffinden von anderen Websites, direkt über das Internet erbracht wird. Eine darüber hinausgehende, das Internet nicht nutzende Dienstleistung wird nicht erbracht. Infolgedessen ist in diesem Fall auf die Website als maßgebliche Dienstleistung im Sinne des MarkenG abzustellen.

In diesem Fall ist jedoch eine pauschale Bejahung einer Identität oder Verwechslungsgefahr mit dem Hinweis „*Website ist gleich Website*" verfehlt. Vielmehr sind in einem zweiten Schritt die einzelnen Websites miteinander, unter Zugrundelegung der herkömmlichen Maßstäbe des MarkenG, zu vergleichen. Erst dadurch kann das Vorliegen einer Waren- und/oder Dienstleistungsidentität bzw. Verwechslungsgefahr sinnvoll festgestellt werden. Wird die Dienstleistung außerhalb des Internets erbracht, beispielsweise eine Rechtsberatung, so ist auf diese Dienstleistung abzustellen.

---

[383] Hoeren/Sieber/Viefhues, Teil 6 Rdnr. 100.

Handelt es sich um eine Website, die sowohl Werbung für Waren und/oder Dienstleistungen außerhalb des Internets enthält, als auch selbst eine eigenständige Dienstleistung darstellt, sind die oben aufgeführten Grundsätze zu kombinieren. Maßgebliche Ware oder Dienstleistung sind dann die auf der Website beworbenen Waren und/oder Dienstleistungen außerhalb des Internets sowie die Website in ihrer konkreten Verwendungsform selbst.

Damit steht es grundsätzlich jedermann offen, einen Domain-Namen zu registrieren, dessen Second-Level-Domain identisch oder ähnlich mit einer eingetragenen Marke ist, solange auf der unter diesem Domain-Namen aufrufbaren Website andere Waren oder Dienstleistungen angeboten oder beworben werden als diejenige, für welche die Marke Schutz genießt. Die oben angeführte Besonderheit, daß unterhalb einer Top-Level-Domain eine bestimmte Second-Level-Domain weltweit nur ein einziges Mal existiert und diese insofern eine Monopolstellung einnimmt, rechtfertigt keine abweichende Betrachtung. Der Domain-Name kann mit der älteren Marke, obwohl die Waren oder Dienstleistungen grundverschieden sind, in Konflikt geraten. Dem Kennzeicheninhaber ist es in dieser Konstellation dann nicht mehr möglich, seine Marke als Second-Level-Domain im Internet zu verwenden, ohne auf eine andere Top-Level-Domain auszuweichen oder um weitere Zusätze zu ergänzen.

Dieser Konflikt wird sich mit kennzeichenrechtlichen Mitteln nicht lösen lassen.[384] Dieses bedeutet für den Kennzeicheninhaber aber keine ungerechtfertigte Benachteiligung. Letztlich ist diese Situation nur die Konsequenz daraus, daß der Kennzeicheninhaber es versäumt hat, sich seinerseits zuerst um die Registrierung seines Kennzeichens als Domain-Name zu bemühen. Dementsprechend verbleibt es bei dem im Internet schon häufiger bemühten Grundsatz „*first come, first served*".[385]

Eine andere Betrachtung ist jedoch dann erforderlich, wenn es sich bei dem Kennzeichen, mit dem der Domain-Name in Konflikt steht, um ein berühmtes bzw. bekanntes Kennzeichen handelt. Hierauf ist noch gesondert einzugehen.

---

[384] Nordemann, NJW 1997, S. 1891 (1894).

[385] Nordemann, NJW 1997, S. 1891 (1894); Schwarz/Poeck, Recht im Internet, 4-2.2, S.17.

6. Geschäftliche Bezeichnungen (*§ 15 II MarkenG*)

§ 15 MarkenG ist die zentrale Norm des Kennzeichenrechts der geschäftlichen Bezeichnungen im MarkenG und regelt die Arten der Rechtsverletzungen einer geschäftlichen Bezeichnung für alle geschäftlichen Bezeichnungen nach § 5 MarkenG. Die Vorschrift normiert das Kennzeichenrecht an einer geschäftlichen Bezeichnung als ein subjektives Ausschließlichkeitsrecht (*§ 15 I MarkenG*). Kollisionstatbestände sind der Identitätsschutz und der Verwechslungsschutz der Geschäftlichen Bezeichnung (*§ 15 II MarkenG*) sowie der Bekanntheitsschutz der geschäftlichen Bezeichnung (*§ 15 III MarkenG*). Der Kennzeichenschutz der geschäftlichen Bezeichnung nach § 15 MarkenG steht nach § 2 MarkenG in Anspruchskonkurrenz zum Namensschutz nach § 12 BGB und zum handelsrechtlichen Firmenschutz nach § 37 HGB.[386] Die identische Verletzung eines Unternehmenskennzeichens ist in § 15 MarkenG nicht in einem eigenen Tatbestand wie in § 14 II Nr. 1 MarkenG geregelt, sondern wird von dem Verwechslungstatbestand des § 15 II MarkenG, welcher den Fall der Zeichenidentität ausdrücklich anspricht (*„... die geschäftliche Bezeichnung oder ...“*), mitumfaßt. Die von § 14 II MarkenG abweichende Struktur erklärt sich aus der Orientierung an der Regelung des § 16 I UWG a.F.[387]

a) Verwechslungsgefahr (*§ 15 II MarkenG*)

§ 15 II MarkenG gewährt Unternehmenskennzeichen Schutz gegen Verwechslungsgefahr und entspricht damit seiner systematischen Stellung nach dem Verletzungstatbestand des § 14 II Nr. 2 MarkenG. Dabei ist zu beachten, daß ein einheitlicher Begriff der Verwechslungsgefahr im Sinne der §§ 14 II und 15 II MarkenG nicht besteht.[388] Die in § 15 II MarkenG gewählte Beschreibung nicht als „*Gefahr*“, sondern als Eignung, Verwechslungen hervorzurufen, stammt aus § 16 I UWG a.F., ist aber seit jeher als Verwechslungsgefahr bezeichnet und verstanden worden.[389]

---

[386] Fezer, Markenrecht, § 15 Rdnr. 1.
[387] BT-Drucksache 12/6581, S. 76 Spalte 1; OLG Dresden CR 1999, S. 589 (590) – „cyberspace.de“.
[388] Fezer, Markenrecht, § 14 Rdnr. 82; a.A.: Althammer/Ströbele/Klaka, Markengesetz, § 15 Rdnr. 1.
[389] Ingerl/Rohnke, Markengesetz, § 15 Rdnr. 30.

Allein der Begriff der Verwechslungsgefahr im Sinne des § 14 MarkenG ist ein gemeinschaftsrechtlicher Begriff und unterliegt damit dem Gebot richtlinienkonformer Auslegung und der Kontrolle durch den EuGH.[390] Demgegenüber knüpft § 15 II MarkenG schon seinem Wortlaut nach nicht an die Richtliniendefinition der markenrechtlichen Verwechslungsgefahr an, sondern an § 16 I UWG a.F. Aus den Gesetzesmaterialien ergibt sich, daß der Schutz geschäftlicher Bezeichnungen vor Verwechslungen durch das MarkenG nicht reformiert, sondern insoweit unverändert die bisherige Rechtslage weiter gelten sollte.[391]

Im Rahmen des § 15 MarkenG ist hinsichtlich der Verwechslungsgefahr ebenso wie bei § 14 MarkenG zwischen der Verwechslungsgefahr im engeren und weiteren Sinne zu unterscheiden. Verwechslungsgefahr im engeren Sinne setzt einen Irrtum über dic Identität der Unternehmen voraus, Verwechslungsgefahr im weiteren Sinne verlangt einen Irrtum über einen wirtschaftlichen oder organisatorischen Zusammenhang der Unternehmen.[392] Für die Verwechslungsgefahr im engeren Sinne genügt es beispielsweise, wenn etwa die Post bei der Zustellung verwechseln kann.[393]

Für die Verwechslungsgefahr im weiteren Sinne genügt es, wenn aufgrund einer gewissen Ähnlichkeit der Bezeichnungen der Unternehmen im Hinblick auf die Branchenähnlichkeit oder Branchennähe anzunehmen ist, daß innerhalb nicht ganz unbeachtlicher Verkehrskreise irrigerweise auf Beziehungen geschäftlicher, wirtschaftlicher oder organisatorischer Art zwischen dem prioritätsälteren und dem prioritätsjüngeren Benutzer einer geschäftlichen Bezeichnung geschlossen wird.[394]Die von der Rechtsprechung zu § 16 UWG a.F. entwickelten Grundsätze sind vom BGH für im Rahmen des § 15 MarkenG uneingeschränkt anwendbar erklärt.[395] Im Unterschied zu § 14 MarkenG hat der Fall des gedanklichen Inverbindungbringens in der Regelung des § 15 MarkenG keine ausdrückliche Erwähnung gefunden.

---

[390] Der Begriff der Verwechslungsgefahr wurde durch den EuGH zuletzt in der Entscheidung Canon Kabushiki Kaisha/Metro-Goldwyn-Mayer Inc. präzisiert (*NJW 1999, S. 933 – 935*).

[391] BT-Dr 12/6581 S. 76 – Abs. 3 zu § 15 MarkenG.

[392] Fezer, Markenrecht, § 15 Rdnr. 72; Ingerl/Rohnke, Markengesetz, § 15 Rdnr. 35.

[393] RGZ 108, S. 272 (274) – „Merx“; BGH GRUR 1957, S. 426 (426) – „Getränke Industrie“.

[394] Fezer, Markenrecht, § 15 Rdnr. 72.

[395] BGH GRUR 1995, S. 754 (756) – „Altenburger Spielkartenfabrik“; BGH GRUR 1991, S. 318 (318) – „Medice“; BGH GRUR 1988, S. 635 (636) – „Grundkommerz“; BGH GRUR 1981, S. 66 (67) – „MAN/G-man“; BGH GRUR 1977, S. 719 (719) – „Terranova/Terrapin“.

Die Verwechslungsgefahr nach § 15 II MarkenG ist anhand von drei Faktoren zu prüfen, von denen nur die Zeichenähnlichkeit unter Einschluß der Zeichenidentität dem Gesetzeswortlaut zu entnehmen ist. Die beiden anderen, ungeschriebenen, von der Rechtsprechung aus dem Begriff der Verwechslungsgefahr abgeleiteten Faktoren, sind die Kennzeichnungskraft der geschützten Bezeichnung und die sog. Branchennähe, wobei diese Faktoren dergestalt in Wechselwirkung zueinander stehen, daß ein hochgradiges Vorliegen eines Faktors dazu führen kann, daß Verwechslungsgefahr auch bei einem geringeren Grade der Verwirklichung eines anderen Faktors zu bejahen ist.[396]

b) Kennzeichnungskraft

Die Kennzeichnungskraft bestimmt den Grad der Eignung eines Zeichens aufgrund seiner Eigenart und gegebenenfalls seines durch Benutzung erlangten Bekanntheitsgrades dem Verkehr als Name eines Unternehmensträgers (*Name, Firma*), als namensmäßige Bezeichnung des Unternehmens bzw. Betriebes selbst (*besondere Geschäftsbezeichnung*) oder trotz fehlender Namensfunktion zur Unterscheidung geeignetes Kennzeichen (*Geschäftsabzeichen*) einzuprägen, d.h. in Erinnerung zu behalten und wiedererkannt zu werden.[397] Die Anforderungen an die Kennzeichnungskraft werden von der Rechtsprechung nicht sehr hoch angesetzt.[398] Ausreichend ist es, daß es sich jedenfalls nicht um eine glatt beschreibende Angabe handelt.[399] Dadurch werden vergleichsweise häufig Verletzungsfälle auftreten, in denen sich Unternehmenskennzeichen mit geringer Kennzeichnungskraft gegenüberstehen.

---

[396] BGH GRUR 1997, S. 468 (470) – „NetCom“; BGH GRUR 1992, S. 329 (332) – „AjS-Schriftenreihe“; BGH GRUR 1991, S. 863 (864) – „Avon“; BGH GRUR 1990, S. 1042 (1044) – „Datacolor“; BGH GRUR 1988, S. 635 (636) – „Grundkommerz“; BGH GRUR 1986, S. 253 (255) – „Zentis“; BGH GRUR 1984, S. 471 (472) – „Gabor/Caber"“ BGH GRUR 1975, S. 668 (671) – „IFA“; BGH GRUR 1966, S. 267 (269) – „White Horse“.
[397] Ingerl/Rohnke, Markengesetz, § 15 Rdnr. 44.
[398] BGH GRUR 1997, S. 468 (469) – „NetCom“.
[399] Ingerl/Rohnke, Markengesetz, § 5 Rdnr, 24.

c) Branchennähe

Die Verwechslungsgefahr nach § 15 II MarkenG setzt neben der Zeichenähnlichkeit voraus, daß zwischen dem Unternehmen, welches das geschützte Unternehmenskennzeichen bezeichnet, und dem Unternehmen bzw. den Produkten, für welche das Zeichen des Dritten verwendet wird, eine Branchennähe besteht.[400] Der Begriff der Branchennähe ist als Korrelat zu der Waren- oder Dienstleistungsidentität bzw. Ähnlichkeit nach § 14 II MarkenG in der Rechtsprechung entwickelt worden,[401] Dieser ist jedoch nicht präzise und entzieht sich einer verläßlichen abstrakten Definition.[402]

Ein konkretes Wettbewerbsverhältnis muß zwischen den Benutzern kollidierender geschäftlicher Kennzeichen nicht bestehen.[403] Ausreichend ist es, wenn zwischen den Unternehmen sachliche Berührungspunkte bestehen, so daß der Verkehr mindestens zur Annahme geschäftlicher Zusammenhänge kommen kann.[404] Die Waren oder Dienstleistungen dürfen dabei nicht so weit von einander entfernt sein, daß die Gefahr von Verwechslungen nicht mehr besteht. Das ist aber dann der Fall, wenn kein Grund zu der Annahme besteht, es werde aufgrund der Ähnlichkeit der Bezeichnungen von einem nicht unerheblichen Teil der beteiligten Verkehrskreise auf die Herkunft der Waren aus demselben Betrieb oder zumindest auf das Vorhandensein von geschäftlichen Zusammenhängen gleich welcher Art geschlossen.[405] Ausgangspunkt für die Prüfung der Branchennähe ist der gegenwärtige Schwerpunkt der Unternehmenstätigkeit aus der Sicht des Verkehrs, d.h. die typischen Arbeitsgebiete und Waren, nicht aber völlig untergeordnete, untypische und nebenher wahrgenommen Aufgaben.[406]

---

[400] Ullrich, WM 2001, S. 1129 (1131)

[401] BGHZ 19, S. 23 (23) – „Margirus“; BGH GRUR 1958, S. 339 (341) – „Technika“; BGH GRUR 1959, S. 484 (486) – „Condux“; BGH GRUR 1986, S. 253 (256) – „Zentis“; BGH GRUR 1990, S. 1042 (1044) – „Datacolor“; BGH GRUR 1997, S. 468 (470) – „NetCom“.

[402] Ingerl/Rohnke, Markengesetz, § 15 Rdnr. 49.

[403] BGH GRUR 1959, S. 25 (25) – Triumph; BGH GRUR 1966, S. 267 (267) – „White Horse“; BGH GRUR 1974, S. 162 (163) – “etirex”; BGH GRUR 1973, S. 539 (540) – “product-contact”.

[404] Ingerl/Rohnke, Markengesetz, § 15 Rdnr. 49.

[405] Fezer, Markenrecht, § 15 Rdnr. 73.

[406] BGH GRUR 1990, S. 1042 (1044) – „Datacolor“.

Einzubeziehen sind aber auch solche zukünftigen Ausweitungsmöglichkeiten, die nicht nur theoretisch nach tatsächlichen Gegebenheiten aus der Sicht des Verkehrs nicht vollkommen fernliegend sind. Es muß also die mögliche Entwicklung eines lebenden Unternehmens in Rechnung gestellt werden.[407] Entscheidend ist letztlich eine Gesamtschau derjenigen, von Branche zu Branche und von Produkt zu Produkt unterschiedlichen Umstände, die für die Bildung der Verkehrsauffassung über Zusammenhänge maßgeblich sein können.[408]

Sind die Beeinträchtigungsgebiete der Unternehmen branchenmäßig weit voneinander entfernt und sind insbesondere die im Vergleich stehenden Waren oder Dienstleistungen nicht ähnlich, so wird auch bei ähnlichen Bezeichnungen die Gefahr der Verwechslung der Unternehmen regelmäßig ausgeschlossen sein.

Übertragen auf Domain-Namen kann die Verwendung derselben nur dann nach § 15 II MarkenG untersagt werden, wenn der mit einem Kennzeichen identische oder ähnliche Domain-Name in einer Branche benutzt wird, die sachliche Berührungspunkte zu der Branche des Inhabers des prioritätsälteren Kennzeichens aufweist. Zur Bestimmung der maßgeblichen Branche kann dabei auf das oben gewonnene Ergebnis zur maßgeblichen Ware oder Dienstleistung zurückgegriffen werden. Dementsprechend ist bei der Bestimmung des gegenwärtigen Schwerpunktes der Unternehmenstätigkeit, als Ausgangspunkt der Prüfung Branchennähe, erneut zwischen zwei verschiedenen Arten von Websites zu differenzieren: Zum einen gibt es Websites, die vornehmlich Werbecharakter haben, also das Internet lediglich als Plattform nutzen, um Waren oder Dienstleistungen außerhalb des Internets zu präsentieren und zu vertreiben, zum anderen gibt es aber auch Websites, welche die Dienstleistung selbst darstellen. Die erforderliche Abgrenzung der verschiedenen Websites ist nach den oben entwickelten Grundsätzen vorzunehmen.

---

[407] BGHZ 8, S. 387 (387) – „Fernsprechnummer"; BGHZ 11, S. 214 (214) – „KfA"; BGH GRUR 1954, S. 331 (332) – „Altpa-Alpah"; BGH GRUR 1957, S. 561 (561) – „REI-Chemie"; BGH GRUR 1973, S. 539 (541) – „product-contact"; OLG Köln WRP 1975, S. 373 (373) –„Möbel-Franz"; BGH GRUR 1984, S. 471 (473) – „Gabor/Caber"; BGH GRUR 1986, S. 253 (256) . „Zentis"; BGH GRUR 1991, S. 475 (475) – Caren Pfleger".

[408] Ingerl/Rohnke, Markengesetz, § 15 Rdnr. 49.

Nachdem auf dieses Weise die für das Unternehmen typischen Waren oder Dienstleistungen festgestellt wurden, ist weiter zu prüfen, ob zwischen den Unternehmen sachliche Berührungspunkte bestehen, so daß der Verkehr mindestens zur Annahme geschäftlicher Zusammenhänge im Sinne der Verwechslungsgefahr im weiteren Sinne kommen kann.[409] Dabei ist zu beachten, daß die ständige Verwendung des Begriffes der „Berührungspunkte“ in der Rechtsprechung des BGH[410] verdeutlicht, daß nicht etwa nur Überschneidungen zu berücksichtigen sind.[411]

7. Ähnlichkeit kollidierender Zeichen im Internet

Die Verwechslungsgefahr setzt nach § 14 II Nr. 2 MarkenG *„Identität oder Ähnlichkeit des Zeichens mit der Marke“* und nach § 15 II MarkenG ein *„ähnliches Zeichen“* voraus. Der für das deutsche Recht neue Begriff der Zeichenähnlichkeit ist aber weder im MarkenG noch in der MRRL oder GMVO definiert. Die Zeichenähnlichkeit ist demnach richtlinienkonform nach gemeinschaftsrechtlichen Vorgaben der Art. 5 I lit. a, 4 I lit. b MRRL auszulegen, und zwar im Hinblick auf die Verwechslungsgefahr. Dementsprechend wird die Zeichenähnlichkeit allgemein definiert als der sich bei Berücksichtigung aller der menschlichen Sinneswahrnehmung und Erinnerung zugänglichen äußerlichen und inhaltlichen Übereinstimmungen aber auch Unterschiede der beiderseitigen Zeichen ergebende Grad der Übereinstimmung nach dem Gesamteindruck.[412] Verwechslungen finden grundsätzlich im (*Unter-*) Bewußtsein der am Geschäftsverkehr beteiligten Personen statt. Insofern ist die Frage, ob zwei Kennzeichen miteinander verwechselt werden können, aus der Perspektive der durch die Kennzeichen angesprochenen Verkehrskreise zu beurteilen.[413] Maßstab ist dabei der durchschnittliche Internetnutzer.

---

[409] BGH GRUR 1990, S. 1042 (1044) – „Datacolor“.
[410] BGH GRUR 1997, S. 468 (470) – „NetCom“.
[411] Ingerl/Rohnke, Markengesetz, § 15 Rdnr. 49.
[412] Ingerl/Rohnke, Markengesetz, § 14 Rdnr. 311.
[413] Hoeren/Sieber/Viefhues, Teil 6 Rdnr. 40.

Im Geschäftsverkehr außerhalb des Internets geht die Rechtsprechung davon aus, daß die beteiligten Verkehrskreise Kennzeichen regelmäßig nicht gleichzeitig wahrnehmen und miteinander vergleichen. Vielmehr gewinnen die Verkehrskreise ihre Auffassung aufgrund eines undeutlichen Erinnerungseindrucks.[414] Hierbei treten die übereinstimmenden Merkmale mehr hervor als die Unterschiede, so daß es nicht so sehr auf die Unterschiede als auf die Übereinstimmungen zweier Zeichen ankommt.[415] Die Verkehrskreise nehmen Kennzeichen erfahrungsgemäß so auf, wie sie ihnen insgesamt entgegentreten.

Eine Analyse möglicher Bestandteile und Begriffsbedeutungen findet in der Regel nicht statt.[416] Dementsprechend sind im Geschäftsverkehr außerhalb des Internets die Anforderungen zur Vermeidung einer Zeichenähnlichkeit (*sogenanntes Abstandsgebot*) sehr hoch. Unterschiede in nur einem Buchstaben genügen dabei zum Ausschluß der Zeichenähnlichkeit in der Regel nicht.[417] Im Bereich der Domain-Namen stellt sich aber die Frage, ob an diesen strengen Maßstäben festzuhalten ist.[418] Die zur Bildung eines Domain-Namens zur Verfügung stehenden Mittel sind begrenzt. Zum einen ist die Länge des Domain-Namen auf maximal 24 Buchstaben begrenzt, zum anderen stehen keinerlei Gestaltungselemente zur Verfügung.[419] Eine Differenzierungsmöglichkeit hinsichtlich der Farbe, Schriftart oder grafischer Elemente existiert nicht. Es besteht nicht einmal die Möglichkeit, nach Groß- und Kleinschreibung zu differenzieren. Im übrigen kann ein Domain-Name unterhalb einer Top-Level-Domain nur ein einziges Mal vergeben werden. Eine friedliche Koexistenz identischer Namen, wie sie im Geschäftsverkehr außerhalb des Internets möglich ist, ist schon technisch nicht denkbar.

---

[414] BPatG GRUR 1997, S. 287 (289) – INTECTA/tecta; BGH GRUR 1993, S. 972 (974) – Sana/Schosana; BGH GRUR 1951, S. 159 (161) – „Störche"; vgl. auch Ingerl/Rohnke, Markengesetz, § 14 Rdnr. 325 m.w.N.

[415] BGH GRUR 1974, S. 30 (31) – „Erotex"; BGH GRUR 1993, S. 118 (120) – „Corvaton/Corvasal".

[416] Ingerl/Rohnke, Markengesetz, § 14 Rdnr. 327.

[417] BGH GRUR 1984, S. 819 (819) – „Bonz = BONZO"; BPatGE 7, S. 192 (192) – „Erfri = Efri".

[418] So schon Kur, CR 1996, S. 590 (593); unter Berufung auf Kur auch: Bettinger, GRUR Int. 1997, S. 402 (415); für den m.E. vergleichbaren Fall der Fernschreibkennung: BGH GRUR 1986, S. 475 (477) – „Fernschreibkennung".

[419] Jaeger-Lenz, K&R 1998, S. 9 (13).

Verschärft wird diese Situation nicht zuletzt dadurch, daß die weitaus meisten Anbieter aus praktischen Erwägungen heraus bemüht sind, möglich kurze, schlagwortartige Bezeichnungen zu wählen. Je kürzer der Domain-Name ist, desto leichter läßt er sich merken und desto größer ist die Wahrscheinlichkeit, daß die so bezeichnete Website durch direkte Eingabe des Domain-Namen aufgefunden wird. Nur durch kurze und einprägsame Domain-Namen kann verhindert werden, daß der Internetnutzer auf der Suche nach dem richtigen Angebot den Weg über die Suchmaschinen wählen muß, welche immer die Gefahr bieten, den Interntnutzer auf die Website eines möglichen Konkurrenten zu leiten.

So sind beispielsweis unter der Top-Level-Domain „*.com*" bereits alle denkbaren Buchstabenkombinationen bis zu einer Gesamtlänge von vier Buchstaben vergeben. Der verwertbare „*Namespace*" ist im Internet also sehr begrenzt.[420]

Diese Gegebenheiten sind auch dem durchschnittlichen Internetnutzer durchaus bekannt. Bei Eingabe eines Domain-Namens vereitelt schon ein einziger falscher Buchstabe den Versuch, die gewünschte Seite anzuwählen. Entweder erhält der Internetnutzer daraufhin eine Fehlermeldung[421], oder aber er wird auf eine Website eines anderen Anbieters geführt, dessen Domain-Name nur in einem einzigen Buchstaben abweicht. Verwechslungen sind daher häufig bei einer irrtümlichen Falscheingabe („*Vertippen*" – „*Buchstabendreher*") oder bei Unkenntnis der korrekten URL-Schreibweise des Anbieters zu erwarten.[422]

---

420 A.A. wohl nur Nordemann, NJW 1997, S, 1891 (1894). Ein zu sehr begrenzter Namespace wird bestritten, weil unterhalb der verschiedenen Top-Level-Domains identische Second-Level-Domains verwendet werden können, also unter weltweiten Maßstäben auch nicht weniger Domain-Namen zur Verfügung stehen als Wortmarken. Diese Ansicht kann jedoch nicht überzeugen. Zum einen räumt ein Ausweichen auf eine andere Top-Level-Domain die Verwechslungsgefahr nicht aus, zum anderen muß der Kennzeicheninhaber die Möglichkeit haben, sich die Top-Level-Domain frei auszuwählen. Ein zwangsweises Ausweichen auf eine andere als die gewünschte Top-Level-Domain ist dem Kennzeicheninhaber nicht zuzumuten. Das schon deshalb nicht, weil die verschiedenen Top-Level-Domains einen unterschiedlichen Bekanntheitsgrad aufweisen. Den stärksten Bekanntheitsgrad in der Bundesrepublik Deutschland dürften wohl die Top-Level-Domains „*.de*" und „*.com*" haben. Ein Ausweichen auf die unbekannteren Top-Level-Domains „*.au*", „*.jp*" oder ähnliche ist demzufolge für den Kennzeicheninhaber nicht akzeptabel.

421 Diese hat beispielsweise folgenden Inhalt (*abhängig vom jeweiligen Provider*): „Die angeforderte URL konnte nicht geholt werden. Während des Versuches, die URL http://www.beispieldomain.de/ zu laden, trat der folgende Fehler auf: Es war unmöglich, eine IP-Adresse für www.beispieldomain.de zu bestimmen. Der DNS-Server gab: DNS Domain 'www.beispieldomain.de' is invalid: Host not found (*authoritative*). zurück."

422 Bücking, Namens- und Kennzeichenrecht, Rdnr. 152.

Diese Tatsache machen sich einige Anbieter durchaus zu nutzen, indem sie einfach bekannte Kennzeichen als Second-Level-Domain verwenden und diese mit einem „*Buchstabendreher*" versehen (*z.B. www.intle.com anstatt www.intel.com*).[423]
Insofern ist sich der durchschnittliche Internetnutzer bewußt, daß bei der Eingabe des Domain-Namens eine besondere Sorgfalt vonnöten ist, um die gewünschte Website auch tatsächlich zu erreichen. Dadurch ist die Wahrnehmung des Internetnutzers im Vergleich zum Geschäftsverkehr außerhalb des Internets zwangsläufig bzw. notgedrungen geschärft.[424] Problematisch ist, welche rechtlichen Konsequenzen aus dieser Erkenntnis zu ziehen sind.
Zum einen ist zu erwägen, daß eine Kennzeichenverletzung nur noch dann vorliegt, wenn der Domain-Name mit dem Kennzeichen identisch ist.[425] Auf diese Weise könnte zwar der verbleibende „*Namespace*" am besten ausgenutzt werden, für den Kennzeicheninhaber und für die beteiligten Verkehrskreise wäre diese extreme Sichtweise jedoch nicht vertretbar. Gerade das Beispiel der Buchstabendreher macht deutlich, daß es für den Kennzeicheninhaber nicht hinnehmbar ist, wenn sich ein Konkurrent oder – wie so häufig – ein anderer Anbieter mit dubiosem Inhalt sein Kennzeichen anhängt und damit zumindest mittelbar benutzt. Im übrigen kann nicht ausgeschlossen werden, daß sich der Internetnutzer zwar die genaue Schreibweise des Domain-Namens merkt, sich derjenigen des älteren Kennzeichens jedoch nicht bewußt ist und daher fälschlicherweise annimmt, die Schreibweise des Domain-Namens entspreche derjenigen des Kennzeichens.[426] Die Lösung dieser Problematik kann also nur darin gesehen werden, daß das traditionelle Abstandsgebot lediglich eingeschränkt, d.h. den technischen und tatsächlichen Gegebenheiten angepaßt wird.[427]

---

[423] WIPO, Final Report, Seite 100.
[424] Erstmals ausdrücklich bestätigend: OLG Dresden Az.: 14 U 433/98 – „dresden-online.de".
[425] Hoeren, Rechtsfragen des Internet, Rdnr. 56.
[426] Hoeren/Sieber/Viefhues, Teil 6 Rdnr. 83.
[427] Ubber, WRP 1997, S. 497 (505); Ernst, BB 1997, S. 1057 (1062); Bücking, Namens- und Kennzeichenrecht, Rdnr. 152; Hoeren/Sieber/Viefhues, Teil 6 Rdnr. 81.

Der durchschnittliche Internetnutzer wird geringe Abweichungen in Domain-Namen erkennen und wissen, daß damit ein anderer Anbieter gekennzeichnet wird. Dieses rechtfertigt es, dem Kennzeicheninhaber in weitaus stärkerem Maße zuzumuten, einen Domain-Namen zu dulden, der eine seinem Kennzeichen ähnliche Second-Level-Domain enthält.

Die Grenze für diese Ähnlichkeit wird grundsätzlich jedoch da zu ziehen sein, wo der Domain-Name sich lediglich in einem einzelnen Zeichen unterscheidet. Auf der anderen Seite sind jedoch die Anforderungen an die Unterscheidungskraft von Zusätzen deutlich zu reduzieren. Dieses gilt zumindest für den Bereich der „*normalen*" Kennzeichen außerhalb des Bekanntheitsschutzes. Für bekannte bzw. berühmte Kennzeichen ist selbstverständlich ein strengerer Maßstab anzuwenden, um einer Verwässerung dieser Kennzeichen zu begegnen.[428]

Als unterscheidungskräftiger Zusatz völlig ungeeignet sind jedoch die verschiedenen Top-Level-Domains. Den Internetnutzern ist durchaus bekannt, daß die verschiedenen geographischen Top-Level-Domains nur einen Rückschluß auf das Land, in welchem der Domain-Name registriert wurde, zulassen.[429] Aber auch die generischen Top-Level-Domains lassen keinerlei Rückschlüsse über den Anbieter der Website zu. Es bleibt einem Websiteanbieter auch unbenommen, sich unter mehreren, wenn nicht gar allen Top-Level-Domains, zu registrieren. Die Mehrfachregistrierung ist bei global tätigen Unternehmen sogar der Regelfall (*z.B. ist die Siemens AG unter folgenden Domain-Namen zu erreichen: www.siemens.de; www.siemens.com; www.siemens.ag ...*). Insofern liegt es für den durchschnittlichen Internetnutzer nahe, bei Domain-Namen, die sich lediglich in der Top-Level-Domain voneinander unterscheiden, daß der Inhaber dieser Domain-Namen derselbe ist oder daß zumindest eine Verbindung zwischen den Inhabern besteht. Das Abstandgebot kann auf diese Weise also nicht eingehalten werden.

---

[428] Siehe hierzu 3. Kapitel E.
[429] Jaeger-Lenz, K&R 1998, S. 9 (14).

8. Prioritätsprinzip

a) Grundsätze

Das gesamte Kennzeichenrecht wird vom Grundsatz der zeitlichen Priorität im Sinne des § 6 MarkenG beherrscht. Wer sein Kennzeichenrecht früher erworben hat, kann sich grundsätzlich gegenüber demjenigen durchsetzen, der sein Kennzeichenrecht erst später erworben hat, soweit keine Ausnahmetatbestände, wie z.B. die Verwirkung gemäß § 21 MarkenG, eingreifen.[430] Insofern muß jeder, der Ansprüche aus den §§ 14, 15 MarkenG wegen der Verwendung seines Kennzeichens als Second-Level-Domain herleiten will, grundsätzlich Inhaber des prioritätsälteren Kennzeichens sein.[431]

b) Entstehungszeitpunkt

Bei Marken im Sinne des § 4 Nr. 1MarkenG entsteht Markenschutz erst mit der Eintragung, nicht mit der Benutzungsaufnahme oder der Anmeldung. Trotzdem stellt § 6 II MarkenG auf den Anmeldetag ab, um Unbilligkeiten durch möglicherweise unterschiedliche Verfahrensdauer in unterschiedlichen Abteilungen und interne Verwaltungsabläufe beim Deutschen Patentamt (*DPA*) zu vermeiden. Der Anmeldetag bestimmt sich nach § 33 I MarkenG.[432] Bei Marken im Sinne des § 4 Nr. 2 MarkenG entsteht der Schutz mit der Verkehrsgeltung. Unter Umständen ist durch ein demoskopisches Gutachten der Versuch zu unternehmen, diesen Zeitpunkt in der Vergangenheit zu ermitteln, was allerdings mit erheblichen praktischen Schwierigkeiten verbunden ist.[433] Bei notorisch bekannten Marken im Sinne des § 4 Nr. 3 MarkenG kommt es auf den Zeitpunkt an, zu dem erstmals die notorische Bekanntheit bestand.[434]

---

[430] Ingerl/Rohnke, Markengesetz, § 6 Rdnr. 1.
[431] Selbstverständlich kommt es auf die Kennzeichenpriorität nur an, wenn sich der Anspruchsgegner überhaupt auf relevante eigene Rechte oder auf Rechte Dritter stützen kann.
[432] Ingerl/Rohnke, Markengesetz, § 6 Rdnr. 16.
[433] Ingerl/Rohnke, Markengesetz, § 6 Rdnr. 22.
[434] Ingerl/Rohnke, Markengesetz, § 6 Rdnr. 23.

Bei Unternehmenskennzeichen nach § 5 II 1 MarkenG kommt es auf den Zeitpunkt der Benutzungsaufnahme an, sofern die Kennzeichnung unterscheidungskräftig ist. Andernfalls ist Verkehrsgeltung erforderlich. Auf den Zeitpunkt der Erlangung der Verkehrsgeltung kommt es auch bei den Geschäftsabzeichen nach § 5 II 2 MarkenG an.[435] Werktitel nach § 5 III MarkenG sind bei hinreichender Unterscheidungskraft mit Benutzungsaufnahme, andernfalls mit Erlangung von Verkehrsgeltung geschützt.[436]

c) Einschränkung des Prioritätsprinzips bei Domain-Namen

Nach dem Prioritätsprinzip kann der Inhaber eines prioritätsälteren Kennzeichens, soweit die Voraussetzungen der §§ 14 oder 15 MarkenG vorliegen, jedem Dritten die Verwendung seines Kennzeichens als Second-Level-Domain innerhalb eines Domain-Namens untersagen. Der Grundgedanke des § 6 MarkenG, daß sich stets das früher eingetragene bzw. mit Verkehrsgeltung ausgestattete Kennzeichen durchsetzt, führt im Normalfall zu interessengerechten Ergebnissen, weil die markenrechtlichen Kollisionstatbestände als Korrektiv entweder eine Identität bzw. Ähnlichkeit der Waren oder Dienstleistungen (*§ 14 II MarkenG*) oder Branchennähe (*§ 15 II MarkenG*) voraussetzen.

Im Internet stoßen jedoch die Fälle auf Bedenken, in denen mindestens zwei Unternehmen aufgrund eines begrenzten räumlichen Schutzbereichs ihrer Kennzeichenrechte bislang die gleichen Unternehmenskennzeichen im Geschäftsverkehr außerhalb des Internets konfliktfrei verwenden konnten, obwohl sie in der gleichen Branche tätig sind. Diese Unternehmen geraten miteinander dann in Konflikt, wenn beide im Internet mittels einer eigenen Website in Erscheinung treten möchten. In diesem Fall läßt sich die bislang friedliche Koexistenz im Internet nicht fortsetzen, da jede Second-Level-Domain unterhalb einer Top-Level-Domain nur ein einziges Mal vergeben werden kann und damit auch jedes Unternehmenskennzeichen diesbezüglich nur einmal verwendet werden kann.

---

[435] Ingerl/Rohnke, Markengesetz, § 6 Rdnr. 24.
[436] Ingerl/Rohnke, Markengesetz, § 6 Rdnr. 25.

Möglich wird diese Situation dadurch, daß Ansprüche aus § 15 MarkenG nur dann in Betracht kommen, wenn eine Verletzungshandlung im territorialen Schutzbereich der geschäftlichen Bezeichnung begangen worden ist oder droht.

Der territoriale Geltungsbereich des Rechts an einer geschäftlichen Bezeichnung umfaßt aber nicht stets das gesamte Staatsgebiet der Bundesrepublik Deutschland. Vielmehr hängt der territoriale Geltungsbereich von der Art der Bezeichnung, dem räumlichen Umfang ihrer tatsächlichen Benutzung bzw. Verkehrsgeltung und der Ausrichtung des Unternehmens im maßgeblichen Verletzungs- oder Kollisionszeitpunkt ab.[437] Dementsprechend existieren eine Vielzahl von nur regional tätigen Unternehmen, welche die gleichen Unternehmenskennzeichen verwenden. Die Anspruchsvoraussetzungen des § 15 MarkenG sind in diesen Fällen allein aufgrund des räumlich begrenzten Schutzbereiches dieser Unternehmenskennzeichen nicht erfüllt.

Dagegen genießen Marken nach § 4 MarkenG kraft Eintragung oder Notorietät Schutz im gesamten Bundesgebiet. Lediglich die kraft Verkehrsgeltung geschützte, nicht eingetragene Marke, im Sinne des § 4 Nr. 2 MarkenG, hängt von der geographischen Ausdehnung der Verkehrsgeltung ab und kann daher örtlich oder regional beschränkt sein.[438] Der Schwerpunkt der Problematik räumlich begrenzter Schutzbereiche liegt demnach eindeutig im Bereich der Unternehmenskennzeichen, so daß sich die nachfolgenden Ausführungen auch auf diese beschränken.

Vor diesem Hintergrund erscheint es durchaus zweifelhaft, ob es interessengerecht ist, wenn dem prioritätsjüngeren Kennzeicheninhaber die Verwendung seines Unternehmenskennzeichens, das er im Geschäftsverkehr bisher zu Recht verwendet hat, als Second-Level-Domain im Internet von dem prioritätsälteren Kennzeicheninhaber grundsätzlich untersagt werden kann, obwohl letzterer es bislang selbst versäumt hat, sich seinerseits zuerst um eine Registrierung seines Unternehmenskennzeichens als Second-Level-Domain zu bemühen.

---

[437] Ingerl/Rohnke, Markengesetz, § 15 Rdnr. 19.
[438] BT-Dr. 12/6581, Absatz 3 zu § 14 MarkenG, S. 74.

Denkbar ist auch, daß zwischen mehreren, in räumlich voneinander abgegrenzten Geschäftsbereichen tätigen, Unternehmen eine Gleichgewichtslage entsteht, die grundsätzlich jedem das Recht gibt, unter seinem redlich benutzten Kennzeichen auch im Internet tätig zu werden. Lösungsansätze hierzu finden sich in Rechtsprechung und Literatur bislang nicht.

aa) Unlauterkeitsvorbehalt des § 23 Nr. 1 MarkenG

Zunächst kommt als Lösungsansatz § 23 Nr. 1 MarkenG in Betracht. Die Vorschrift beruht auf einer für das gesamte Kennzeichenrecht elementaren Interessenabwägung. Das durch das MarkenG grundsätzlich umfassend geschützte Interesse des Kennzeicheninhabers an einer möglichst weitgehenden Monopolisierung seines Kennzeichens im geschäftlichen Verkehr muß zurücktreten, soweit die Benutzung von Angaben unmöglich würde, auf die andere Unternehmen angewiesen sind. Insoweit dient § 23 MarkenG zum einen Individualinteressen, zum anderen aber auch dem Allgemeininteresse an der freien Verwendbarkeit persönlicher und beschreibender Angaben zur unbehinderten Abwicklung von Waren- und Dienstleistungen.[439] Der Anwendungsbereich des § 23 MarkenG ist dabei begrenzt auf den Ausschluß kennzeichenrechtlicher Verletzungshandlungen nach §§ 14, 15 17 II MarkenG.

Gegenüber wettbewerbsrechtlichen oder sonstigen deliktischen Ansprüchen ist § 23 MarkenG als spezifisch kennzeichenrechtliche Schrankenvorschrift nicht anwendbar.[440]

Zweifelhaft ist bereits, ob § 23 Nr.1 MarkenG auf Domain-Namen überhaupt anwendbar ist. Die Vorschrift unterscheidet dabei zwischen dem Namen und der Anschrift. Dabei ist von einem engen Namensbegriff auszugehen.

[439] Ingerl/Rohnke, Markengesetz, § 23 Rdnr. 5.
[440] Ingerl/Rohnke, Markengesetz, § 23 Rdnr. 6.

Der Namensbegriff des § 23 Nr.1 MarkenG stimmt nicht mit dem weiten Namensbegriff des § 12 BGB und § 5 MarkenG überein. Andernfalls würde jede Kollision mit einem prioritätsjüngeren namensmäßigen Kennzeichenrecht zur Anwendbarkeit des § 23 MarkenG und zur Ersetzung des Prioritätsprinzips durch den Unlauterkeitsvorbehalt führen. Dementsprechend ist der Anwendungsbereich des § 23 Nr. 1 MarkenG auf Vor- und Nachnamen natürlicher Personen beschränkt. Insoweit ist § 23 Nr. 1 MarkenG auf Domain-Namen, welche ein Unternehmenskennzeichen als Second-Level-Domain enthalten, auch in der Regel nicht anwendbar.

Etwas anderes könnte sich ergeben, wenn der Domain-Name als „*Anschrift*" im Sinne des § 23 Nr. 1 MarkenG zu qualifizieren wäre. Unter „*Anschrift*" im Sinne dieser Vorschrift ist die Bezeichnung des real vorhandenen Wohn- bzw. Geschäftssitzes zu verstehen. Insoweit ist die Einschränkung der Rechte von Kennzeicheninhabern durch § 23 MarkenG auch interessengerecht. Der Betroffene kann zwar in der Regel seinen Wohnsitz oder Geschäftssitz frei wählen, hat aber normalerweise keinen Einfluß auf dessen Bezeichnung (*also die amtliche Bezeichnung der Straße oder des Wohnortes*). Die Privilegierung dieser Namen gegenüber den restlichen Kennzeichen beruht zum einen auf der weitgehend fehlenden freien Wahl und mangelnden bzw. unzumutbaren Abänderbarkeit, zum anderen aber auch auf dem, auch den geschäftlichen Bereich erfassenden, als Teil des allgemeinen Persönlichkeitsrechts auch grundrechtlich geschützten Recht auf Führung des eigenen Namens.[441]

Gegen eine Anwendbarkeit des § 23 Nr. 1 MarkenG auf Domain-Namen spricht aber vor allem, daß diese in ihrem Kernbestandteil frei wählbar sind. Dementsprechend werden sie, auch wenn diese eine adreßähnliche Funktion wahrnehmen, vom Schutzgedanken des § 23 Nr. 1 MarkenG nicht erfaßt und fallen aus dem engen Anwendungsbereich der Vorschrift des § 23 Nr. 1 MarkenG heraus.[442]

---

[441] Ingerl/Rohnke, Markengesetz, § 23 Rdnr. 10 m.w.N.

[442] Ubber, WRP 1997, S. 497 (506); Völker/Weidert, WRP 1997, S. 652 (659); Ingerl/Rohnke, Markengesetz, § 23 Rdnr. 14.

bb) Recht der Gleichnamigen

Zur Lösung der oben aufgezeigten Problematik kommt des weiteren die Anwendung des im Kennzeichenrecht anerkannten „*Recht der Gleichnamigen*“ in Betracht.

Die unter dem Begriff „*Recht der Gleichnamigen*“ von der Rechtsprechung entwickelten Kollisionsregeln betreffen Fälle, in denen die Anwendung des formalen Prioritätsprinzips aufgrund besonderer Umstände nicht vertretbar wäre und statt dessen eine differenzierende Koexistenzregelung geboten ist.[443] Die hierzu entwickelten Grundsätze gelten auch im Rahmen des MarkenG unverändert fort.[444] Ausgangspunkt ist dabei die Überlegung, daß das Recht eines prioritätsälteren Kennzeicheninhabers seine natürliche Grenze an dem Recht eines jeden Gleichnamigen findet, seinen bürgerlichen Namen zu verwenden.[445] Dabei hat sich die Rechtsprechung bisher vorwiegend mit Fällen befaßt, in denen sich gleiche Familiennamen gegenüberstehen.[446]

Eine Anwendung der Grundsätze des Gleichnamigenrechts wird jedoch auch auf andere Kollisionen befürwortet, sofern zumindest die prioritätsjüngere geschäftliche Bezeichnung einen bürgerlichen Namen enthält, während das ältere Kennzeichen auch von anderer Art sein kann.[447] In diesem Anwendungsbereich hat jedermann das Recht, sich unter seinem Namen als selbständiger Gewerbetreibender im Geschäftsverkehr zu betätigen.[448]

Entsprechende Anwendung finden die Grundsätze des Gleichnamigenrechts aber auch auf anderweitig entstandene Koexistenzen bzw. Gleichgewichtslagen zwischen mehreren Unternehmen.[449] Dieses folgt bereits aus der allgemeinen Freiheit, sich wirtschaftlich zu betätigen.

---

443 Ingerl/Rohnke, Markengesetz, § 23 Rdnr. 15.

444 BGH WRP 1997, S. 751 (754) – „B.Z./Berliner Zeitung“ ; BGH GRUR 1995, S. 754 (759) – „Altenburger Spielkartenfabrik“; BGH GRUR 1995, S. 825 (828) – „Torres“.

445 Baumbach/Hefermehl, Wettbewerbsrecht, Allg Rdnr. 239.

446 BGH GRUR 1951, S. 410 – „Luppy“; BGH GRUR 1952, S. 143 – „Farina Urkölsch“; BGH GRUR 1955, S. 42 – „Farina“; BGH GRUR 1958, S. 143 – „Schwardmann“; BGH GRUR 1957, S. 342 – „Underberg“; BGH GRUR 1966, S. 623 – „Kupferberg“; BGH GRUR 1968, S. 212 – „Hellige“; BGH GRUR 1985, S. 389 – „Familienname“; BGH GRUR 1987, S. 182 – „Stoll“; BGH GRUR 1991, S. 475 – „Caren Pfleger“.

447 Von Schultz, GRUR 1992, S. 487 (491).

448 Auf die Unterscheidung zwischen notwendiger und willkürlicher Firmenbildung kommt es nicht an: vgl. BGH GRUR 1966, S. 623 (625) – „Kupferberg“; a.A. noch RG 110, S. 234 (234) – „Malzmann“.

449 Ingerl/Rohnke, Markengesetz, § 23 Rdnr. 32; Fezer, Markenrecht, § 15 Rdnr. 101.

Die Forderung, daß jedermann das Recht hat, sich unter seinem Namen als selbständiger Gewerbetreibender im Geschäftsverkehr zu betätigen, stößt im Internet an seine Grenzen. Ein Domain-Name kann weltweit nur ein einziges Mal vergeben werden. Insofern ist es schon aus technischen Gründen unmöglich, dieser Forderung vollends gerecht zu werden und jedem den Gebrauch seines Namens als Second-Level-Domain im Internet zu ermöglichen. Demzufolge ist eine Eingrenzung erforderlich.

(1) Unlautere Verwendung

Grundsätzlich besteht das Recht seinen eigenen Namen zu gebrauchen nur im Rahmen des lauteren Wettbewerbs und darf insofern nicht mißbräuchlich ausgeübt werden.[450]
Unlauterer Namensgebrauch liegt dabei insbesondere in folgenden Fällen vor:
Es wird aus verwerflichen Gründen ein Strohmann gesucht, der seinen bekannten Namen zur Bildung einer verwechslungsfähigen Firma überläßt. In diesem Fall soll der Name nicht der Individualisierung, sondern der Täuschung dienen.[451]
Unlauter ist die Namensverwendung aber auch, wenn eine Firma gegründet wird, um durch Anlehnung an gleichnamige Firmen Verwechslungen oder sonstige Irrtümer im Verkehr herbeizuführen.[452] In diesen Fällen ist auch die Verwendung eines solchen Kennzeichens als Second-Level-Domain unlauter. Eine Anwendung des Gleichnamigenrechts scheidet von vornherein aus.

(2) Lautere Verwendung

Problematisch sind die Fälle, in denen sich die „*Gleichnamigen*" bei der Auswahl ihrer Unternehmenskennzeichen nicht unlauter verhalten haben. Mit dem Prioritätsprinzip allein läßt sich dieser Konflikt nicht lösen, da beide Parteien ein schutzwürdiges Interesse an dem Gebrauch ihres Unternehmenskennzeichens im Internet als Second-Level-Domain haben.

---

[450] Scholz, GRUR 1996, S. 679 (679).
[451] Baumbach/Hefermehl, Wettbewerbsrecht, Allg Rdnr. 235; von Schultz, GRUR 1992, S. 487 (489).
[452] Baumbach/Hefermehl, Wettbewerbsrecht, Allg Rdnr. 236; Ingerl/Rohnke, Markengesetz, § 23 Rdnr. 23.

Insofern bedarf es eines Ausgleichs der beiderseitigen Interessen, um die Verwechslungsgefahr im Interesse der Berechtigten und der Allgemeinheit möglichst gering zu halten.[453]

Nach der Grundregel des Gleichnamigkeitsrechts kann dem älteren Namensträger die Duldung der Verwendung eines jüngeren bürgerlichen Namens im Sinne des § 12 BGB im Geschäftsverkehr trotz Verwechslungsgefahr zuzumuten sein, wenn der prioritätsjüngere Namensträger an der Benutzung ein schutzwürdiges Interesse hat, redlich handelt und im Rahmen des Zumutbaren das Geeignete und Erforderliche tut, um Verwechslungen nach Möglichkeit zu begegnen.[454] Was im Einzelfall erforderlich und zumutbar ist, ist jeweils auf Grund einer umfassenden Interessenabwägung zu bestimmcn.[455]

Übertragen auf Domain-Namen kann danach auch der prioritätsjüngere Kennzeicheninhaber sein Kenneichen als Second-Level-Domain verwenden, wird aber in der Regel dazu verpflichtet sein, seiner Second-Level-Domain Zusätze hinzuzufügen, welche die Verwechslungsgefahr zwar nicht beseitigen, aber doch reduzieren. Dieses ist aus rein technischer Sicht auch ohne weiteres möglich. Problematisch ist für den prioritätsjüngeren Benutzer dann aber, daß die Merkfähigkeit und damit die Verkehrsfähigkeit der Second-Level-Domain mit jedem weiteren Zusatz stark abnimmt.

(aa) Zeichenrechtlicher Zuweisungsgehalt der Registrierung

Es ist zu erwägen, ob nicht das Unternehmen, welches sein Kennzeichen zuerst als Second-Level-Domain bei DENIC registriert hat, damit eine schutzwürdige Position erworben hat. Hierbei ist aber zu bedenken, daß die §§ 14 I, 15 I MarkenG deutlich machen, daß ein Kennzeichenrecht ein subjektives Ausschließlichkeitsrecht ist, das sich ganz allgemein auf den Gebrauch des Zeichens im geschäftlichen Verkehr erstreckt und nicht für jede Benutzungsform erneut verliehen werden müßte.

---

[453] Baumbach/Hefermehl, Wettbewerbsrecht, Allg Rdnr. 233; Ingerl/Rohnke, Markengesetz, § 23 Rdnr. 15

[454] Grundlegend: BGH GRUR 1966, S. 623 (625) – „Kupferberg"; vgl. auch: BGH NJW-RR 1993, S. 934 (935) – „Römer GmbH"; BGH GRUR 1991, S. 393 (393) – „Ott International"; BGH GRUR 1990, S. 364 (366) – „Baelz"; BGH GRUR 1987, S. 182 (183) – „Stoll"; BGH GRUR 1968, S. 212 (213) – „Hellige"; BGH GRUR 1951, S. 410 (412) – „Luppy".

[455] BGH NJW-RR 1993, S. 934 (934) – „Römer-GmbH".

Dementsprechend erfordert das Aufkommen eines neuen Mediums, etwa des Rundfunks oder des Fernsehens, keineswegs eine Distribution de novo, weil sich die Rechte der Zeicheninhaber ohne weiteres auf diese Sphäre erstrecken. Die Kennzeichenrechte in bezug auf Domain-Namen waren also bereits vergeben, bevor der erste Domain-Name zugewiesen wurde. Die von den Vergabestellen zugrundegelegte Praxis „*first come, first served*" hat damit grundsätzlich keinen zeichenrechtlichen Zuweisungsgehalt.[456]

(bb) Rechtsfolgen der Ausdehnung des Geschäftsbereiches

Rechtsprechung zu der Problematik zweier gleichnamiger, aber in räumlich abgegrenzten Geschäftsbereichen tätigen Unternehmen, ist schon zu Zeiten des Reichsgerichts ergangen.[457]

In der „*CHEMPHAR*"-Entscheidung des Reichsgerichts war die Klägerin Inhaberin der im Jahre 1933 eingetragenen Firma „*CHEMPHAR*". Im Jahre 1941 verlegte die Beklagte, welche Inhaberin einer prioritätsälteren und verwechslungsfähigen Firma war, ihren Sitz in den räumlichen Geschäftsbereich der Klägerin.

Das Reichsgericht vertrat die Ansicht, daß in solchen Fällen, im Wege einer billigen Interessenabwägung, derjenige, der durch seinen Zuzug an einen anderen Ort eine Verwechslungsgefahr mit einer anderen an diesem Ort bereits ansässigen Firma hervorrufe, zu verpflichten sei, der dadurch drohenden Verwirrung nach Möglichkeit vorzubeugen und seine Firma in einer Weise zu gestalten, daß sie sich von der Firma des dort bereits ansässigen Unternehmens deutlich unterscheide.[458]

Noch einen Schritt weiter ging der BGH in der „*Weyland&Hoever*"-Entscheidung.[459]

Der BGH stellte nicht allein auf den räumlichen Geschäftsbereich ab, sondern vertrat die Ansicht, daß bei verwechslungsfähigen Firmen, welche über einen langen Zeitraum unbeanstandet nebeneinander geführt worden seien, der zeitlichen Priorität des Firmengebrauchs keine ausschlaggebende Bedeutung mehr zukomme.

---

[456] Wagner, ZHR 1998, S. 701 (710).
[457] Erstmals RGZ 171, S. 321 (326) – „CHEMPHAR".
[458] RGZ 171, S. 321 (325) – „CHEMPHAR".
[459] BGH GRUR 1953, S. 252 (254) – „Weyland&Hoever".

Kämen verwechslungsfähige Firmen, die beiderseits einen redlichen Besitzstand für sich in Anspruch nehmen können, durch eine Veränderung ihres geschäftlichen Wirkungsbereichs in derart enge Berührung, daß durch diese Veränderung eine bereits vorhandene Verwechslungsgefahr erheblich gesteigert werde, so obliege es grundsätzlich demjenigen, der durch die sachliche oder örtliche Ausdehnung seines Geschäftsbereichs diesen Zustand heraufbeschworen habe, durch unterscheidende Zusätze oder sonstige Veränderungen seines Firmennamens, die Verwechslungsgefahr auf dem örtlich oder sachlich gemeinsamen Geschäftsgebiet zu beseitigen. Ebenfalls auf den räumlichen und/oder sachlichen Wirkungsbereich stellte der BGH in den Folgeentscheidungen ab.[460]

Diese Rechtsprechung ist letztlich das Ergebnis einer sorgfältigen Interessenabwägung. Dabei wird deutlich, daß der Grundsatz der Priorität nicht immer zu vertretbaren Ergebnissen führt und insofern Durchbrechungen desselben durchaus möglich bzw. erforderlich sind. Zerstört im normalen Geschäftsverkehr ein Kennzeicheninhaber die bislang friedliche Koexistenz dadurch, daß er seinen geschäftlichen Wirkungsbereich ausdehnt, kann es in der Regel nicht interessengerecht sein, ihm uneingeschränkt die Möglichkeit zu geben, sich auf sein prioritätsälteres Recht zu berufen. Andernfalls würde der Prioritätsälteste über einen enormen Wettbewerbsvorteil verfügen, kraft dessen er seinen geschäftlichen Wirkungsbereich ungehindert ausdehnen könnte. Eine solche Monopolisierung bzw. Zementierung der Wettbewerbsposition ist in den Fällen, in denen die Unternehmen in abgegrenzten geschäftlichen Wirkungsbereichen tätig sind, nicht zu rechtfertigen. Insofern könnten die in der Rechtsprechung entwickelten Grundsätze auch für die Auflösung von Kennzeichenkonflikten im Internet einen gangbaren Weg darstellen.

Hierbei ist zunächst zu klären, ob nicht derjenige, der zuerst unter seinem Unternehmenskennzeichen im Internet auftritt, die bestehende Gleichgewichtslage bereits stört.

---

[460] BGH GRUR 1958, S. 90 (92) – „Hähnel"; BGH GRUR 1960, S. 33 (36) – „Zamek".

Sind nämlich mehrere Unternehmen berechtigt, die gleichen Unternehmenskennzeichen zu führen, so haben sie sich so zu verhalten, daß nicht die bereits vorhandene und in Kauf zu nehmende Verwechslungsgefahr gesteigert wird. Die Unternehmen dürfen die zwischen ihnen bestehende Gleichgewichtslage nicht verändern.[461] Eine Störung der Gleichgewichtslage liegt aber dann vor, wenn die Ausdehnung der geschäftlichen Aktivität auf das Internet auch gleichzeitig ein Ausdehnen des Geschäftsbereich auf den räumlichen oder sachlichen Schutzbereich anderer Unternehmen außerhalb des Internets bedeutet.

Nach den in der Rechtsprechung entwickelten Grundsätzen wäre dann eine Verwendung des Unternehmenskennzeichens als Second-Level-Domain im Internet nur möglich, wenn das eigene Kennzeichen mit Zusätzen versehen wird, welche die Verwechslungsgefahr auf ein Minimum reduziert.

Es ist aber durchaus zweifelhaft, ob mit dem Internetauftritt eines Unternehmens auch stets eine räumliche oder sachliche Ausdehnung auf den Geschäftsbereich anderer gleichnamiger Unternehmen verbunden ist. Vielmehr ist danach zu unterscheiden, ob das bislang nur regional tätige Unternehmen den regionalen Bezug seiner Unternehmenstätigkeit beibehalten will und diese durch den Internetauftritt lediglich intensivieren will (*z.B. nur regional tätige Versorgungsunternehmen, Kinos, Theater, Restaurants usw.*), oder ob mit dem Internetauftritt gleichsam eine Ausweitung der Unternehmenstätigkeit in nationaler oder gar internationaler Hinsicht angestrebt wird.

(cc) Erhaltung des regionalen Bezuges

Bleibt es auch nach Errichtung einer Website im Internet bei der nur regionalen Ausrichtung des Unternehmens, kann nicht von einer Ausdehnung des Geschäftsbereichs auf den räumlichen oder sachlichen Schutzbereich anderer Unternehmen ausgegangen werden.

---

[461] Fezer, Markenrecht, § 15 Rdnr. 102; Baumbach/Hefermehl, Wettbewerbsrecht, Allg Rdnr. 246a.

Die erforderliche Feststellung, ob mit dem Internetauftritt gleichsam eine Ausdehnung des Geschäftsbereichs in den räumlichen oder sachlichen Schutzbereich anderer Unternehmen verbunden ist, ist im Einzelfall anhand der unter Domain-Namen aufrufbaren Website festzustellen. Hierbei können die oben im Hinblick auf einen Inlandsbezug aufgestellten Kriterien grundsätzlich entsprechend herangezogen werden. Insbesondere der Charakter der beworbenen bzw. angebotenen Leistung oder die Lieferbedingungen können hier zur Abgrenzung herangezogen werden. So kann beispielsweise aus dem Charakter der beworbenen Leistung eines Unternehmens aus dem öffentlichen Personennahverkehr geschlossen werden, daß dieses in der Regel den regionalen Bezug aufrechterhalten will und durch die Website lediglich die regionale Tätigkeit intensivieren will (*z.B. durch das Anbieten von Fahrplänen im Internet usw.*).
Entsprechendes wird sich beispielsweise auch den Lieferbedingungen eines Pizza-Services entnehmen lassen. Auch hier wird mit einem Internetauftritt in der Regel nicht gleichsam eine bundesweite Lieferung beabsichtigt sein.
Läßt sich demnach auch weiterhin ein nur regionaler Bezug der Unternehmenstätigkeit feststellen, kann das Unternehmen, welches sein Kennzeichen zuerst als Second-Level-Domain im Internet verwendet hat, dieses auch ohne weitere Zusätze tun. Nach den oben dargestellten Grundsätzen des Rechts der Gleichnamigen kommt es hierbei auf die zeitliche Priorität des Kennzeichens nicht an. Die verbleibenden gleichnamigen Unternehmen sind damit im weiteren gezwungen, ihren Kennzeichen für die Verwendung als Second-Level-Domain Zusätze hinzuzufügen, auch wenn diese über prioritätsältere Kennzeichen verfügen. Bei regional begrenzt tätig werdenden Anbietern bietet sich hier u.a. die Möglichkeit an, das Kennzeichen mit dem Ort des Unternehmenssitzes zu verbinden (*z.B.: „www.unternehmenskennzeichen-beispielort.de“*), wobei auch hier, nach den Grundregeln des Rechts der Gleichnamigen, ein Rest an Verwechslungsgefahr generell zu tolerieren ist.[462]

---

[462] Dieses ergibt sich bereits daraus, daß der „*Namespace*“ im Internet schon technisch bedingt begrenzt ist. Der Gestaltungsspielraum ist damit stark eingeschränkt.

Dieser Durchbrechung des Prioritätsprinzips stehen auch keine Gründe des Verkehrsschutzes entgegen. Bei den Unternehmen, die in einem abgegrenzten geschäftlichen Wirkungskreis tätig werden, wird es sich in der Regel um nur regional bekannte, mittelständische Unternehmen handeln. Insofern werden auch die beteiligten Verkehrskreise keine berechtigte Erwartung haben, durch Eingabe des aus dem Unternehmenskennzeichen gebildeten Domain-Namens in jedem Fall zu dem in ihrer Region tätigen Unternehmen zu gelangen. Den Internetnutzern ist es sehr wohl bekannt, daß das Auffinden von regionalen Anbietern im Internet weitaus schwieriger ist als beispielsweise das Auffinden eines bekannten Unternehmens mit überragender Verkehrsgeltung. Auch ist weithin bekannt, daß bereits die leichtesten Abweichungen in der Second-Level-Domain zu einer völlig anderen Website führen.

Die Verpflichtung für das Unternehmen mit dem prioritätsälteren Kennzeichen, der Second-Level-Domain Zusätze hinzuzufügen, wenn dieses es versäumt, sich zuerst um eine Registrierung zu bemühen, führt auch nicht zu einer unangemessen Benachteiligung. Könnte das Unternehmen, welches das Internet bislang ignoriert hat, grundsätzlich allein mit dem Hinweis auf ein prioritätsälteres Recht sich die gewünschte Second-Level-Domain verschaffen, würde dieses wie im normalen Geschäftsverkehr zu einer Monopolisierung des Kennzeichens führen. Dadurch könnte der Prioritätsälteste alle anderen gleichnamigen Unternehmen an der Erschließung des Internets hindern, obwohl er dort selbst gar nicht tätig ist. Die dauerhafte Nichtbenutzung des Unternehmenskennzeichens als Second-Level-Domain würde zu demselben Schutz führen wie die nicht unerheblichen Anstrengungen, die unternommen werden müssen, um das eigene Unternehmenskennzeichen als Second-Level-Domain bei DENIC zu registrieren und ein eigenes Angebot unter dieser Domain im Internet zu unterhalten.

Dementsprechend ist es demjenigen, der es versäumt hat, sein Unternehmenskennzeichen als Second-Level-Domain registrieren zu lassen, durchaus zuzumuten, seiner Second-Level-Domain einen unterscheidungskräftigen Zusatz hinzuzufügen.

(dd) Ausdehnung des Geschäftsbereichs

Umgekehrt ist mit der Feststellung einer nationalen bzw. globalen Ausweitung der Unternehmenstätigkeit auch eine Ausdehnung des Geschäftsbereichs in den räumlichen oder sachlichen Schutzbereich anderer Unternehmen verbunden. Das wäre beispielsweise der Fall, wenn ein bislang lediglich regional in Erscheinung getretener Stromanbieter nunmehr mittels einer Website seine Leistung im gesamten Bundesgebiet anbietet.

Bedeutet der Internetauftritt jedoch eine Ausweitung des Geschäftsbereichs in den räumlichen Schutzbereich anderer Unternehmen, kann das ausdehnende Unternehmen seine Kennzeichen nur dann als Second-Level-Domain im Internet verwenden, wenn es diese um Zusätze erweitert. Dieses gilt nach den in der Rechtsprechung entwickelten Grundsätzen gleichermaßen für das prioritätsjüngere wie für das prioritätsältere Unternehmen.

(3) Ergebnis

Die Problematik, daß von gleichnamigen, in abgegrenzten Geschäftsbereichen tätigen Unternehmen nunmehr zumindest ein Unternehmen sein Kennzeichen als Second-Level-Domain im Internet benutzen will, beurteilt sich nach den von der Rechtsprechung entwickelten Grundsätzen zu der Ausdehnung des räumlichen oder sachlichen Geschäftsbereichs. Insgesamt hat damit dasjenige Unternehmen, welches unter Beibehaltung des regionalen Bezuges das Internet zuerst erschließt, das Recht, sein Kennzeichen ohne weitere Zusätze als Second-Level-Domain zu verwenden.

In diesem Fall tritt das Prioritätsprinzip hinter das Interesse, sich im geschäftlichen Verkehr unter seinen eigenen Kennzeichen zu präsentieren, zurück. Ist mit dem Internetauftritt jedoch gleichsam die Ausweitung des Geschäftsbereichs in den räumlichen oder sachlichen Schutzbereich anderer gleichnamiger Unternehmen verbunden, muß das ausdehnende Unternehmen ungeachtet der zeitlichen Priorität seinen Kennzeichen Zusätze hinzufügen, wenn diese als Second-Level-Domain verwendet werden sollen.

Eine differenzierte Betrachtung ist allerdings erforderlich, wenn es sich um ein bekanntes Kennzeichen handelt. Auf diese Problematik ist später noch zurückzukommen.

II. Schutz nach § 12 BGB

Der Schutz des Kennzeichens gegen die Benutzung als Second-Level-Domain ergibt sich in der Regel auch aus § 12 BGB.

Dabei gewährt § 12 BGB in Satz 1 dem Verletzten einen Beseitigungsanspruch und in Satz 2 einen Unterlassungsanspruch bei Bestehen einer Erstbegehungsgefahr oder Wiederholungsgefahr.

1. Anwendungsbereich

Nach dem Wortlaut und der systematischen Stellung wurde § 12 BGB vom Gesetzgeber ursprünglich dazu geschaffen[463], den bürgerlichen Namen der natürlichen Person zu schützen.[464] Die Rechtsentwicklung hat den Anwendungsbereich des § 12 BGB jedoch immer weiter ausgedehnt.[465] Diese extensive Anwendung des § 12 BGB dürfte mittlerweile schon gewohnheitsrechtliche Geltung haben.[466] In den Schutzbereich werden nunmehr neben dem Namen der natürlichen Person auch die der juristischen Personen des privaten und des öffentlichen Rechts einbezogen.[467] Die Firma eines Kaufmanns nach § 17 HGB ist stets als Name im Sinne des § 12 BGB zu qualifizieren.[468]

---

463 Der unbefugte Gebrauch eines fremden Namens wurde bereits vor Inkrafttreten des BGB durch das seinerzeitige Schrifttum als Verletzung des Persönlichkeitsrechts betrachtet, insofern setzt § 12 BGB diesen gefestigten Ansatz lediglich um (siehe hierzu Fabricius, JR 1972, S. 15 (16)).

464 BGB-RGRK/Krüger/Nieland, § 12 Rdnr.2; Soergel-Heinrich, § 12 Rdnr. 1; Baumbach/Hefermehl, Wettbewerbsrecht, Allg Rdnr. 165.

465 Palandt-Heinrichs, § 12 Rdnr. 1; Staudinger-Weick/Habermann, § 12 Rdnr. 40; BGB-RGRK/Krüger/Nieland, § 12 Rdnr. 53; Soergel-Heinrich, § 12 Rdnr. 1.

466 Larenz, AT, § 8 I Fn. 1; Soergel-Heinrich, § 12 Rdnr. 29; BGH JZ 1953, S. 474 (475); BGHZ 43, S. 245 (252); BGH DB 1969, S. 2127; Diese extensive Auslegung und umfassende Anwendung des § 12 BGB sind jedoch nicht ohne Kritik geblieben (vgl. Klippel, GRUR 1986, S. 697 (699); Fabricius, JR 1972, S. 15 (16)).

467 Soergel-Heinrich, § 12 Rdnr. 29; Baumbach/Hefermehl, Wettbewerbsrecht, Allg Rdnr. 174; Mü/Ko-Schwerdtner, § 12 Rdnr. 30.

468 Erstmals seit RGZ 109, S. 213 (214) – „Kwatta“; RGZ 115, S. 401 (407) – „Salamander“; RGZ 117, S. 215 (219) – „Eskimo“; BGHZ 11, S. 214 (215) – „KfA“; BGHZ 14, S. 155 – „Farina II“; Baumbach/Hefermehl, Wettbewerbsrecht, Allg Rdnr. 170; Staudinger-Weick/Habermann, § 12 Rdnr. 40; Mü/Ko-Schwerdtner, § 12 Rdnr. 30.

Sonstige namensartige Kennzeichen sind in den Schutzbereich des § 12 BGB einbezogen, soweit sie entweder von Natur aus unterscheidungskräftig sind und Namensfunktion besitzen oder Namensfunktion durch Anerkennung im Verkehr erworben haben.[469] Solche namensartigen Kennzeichen sind beispielsweise aus der Firma oder dem Namen abgeleitete Abkürzungen oder Schlagworte, Firmenbestandteile, Etablissementsbezeichnungen sowie Haus- und Hotelnamen.[470] Insbesondere die Schutzfähigkeit der namensartigen Kennzeichen ist für die Problematik der Domain-Namen entscheidend. In der Regel wird nicht die vollständige Bezeichnung eines Unternehmens als Second-Level-Domain innerhalb eines Domain-Namens verwandt. Zur Erhöhung der Merkfähigkeit und damit der Verkehrsfähigkeit und Werbewirksamkeit wird meistens nur ein möglichst kurzes Schlagwort benutzt (*z.B.. anstatt „www.deutsche-lufthansa-ag.de" wird „www.lufthansa.de" verwendet*). Selbst wenn lediglich Silben oder Buchstaben, welche sich aus Unternehmenskennzeichen ableiten, zusammengezogen werden, genießen diese Abkürzungen Schutz im Sinne des § 12 BGB.[471] So kann beispielsweise auch die Verwendung des Domain-Namens „*www.dtag.de*" das Namensrecht der Deutschen Telekom AG verletzen.

Dem Schutzbereich des § 12 grundsätzlich entzogen sind, mangels Unterscheidungskraft, Gattungsbegriffe, Worte der Umgangssprache, geographische Bezeichnungen[472] und Ähnliches.[473] Problematisch gestaltet sich die Anwendung des § 12 BGB auf Marken.

---

469 Baumbach/Hefermehl, Wettbewerbsrecht, Allg Rdnr. 189.
470 RGZ 109, S. 213 (214); OLG Köln WRP 1975, S. 373 (373) – „Möbel – Franz"; LG München I NJW-RR 1998, S. 973 (973) – „juris.de"; LG Frankfurt aM CR 1997, S. 287 (287) – „das.de"; LG Braunschweig NJW 1997, S. 2687 (2687) – „braunschweig.de"; OLG Hamm CR 1998, S. 241 (242) – „krupp.de"; OLG Stuttgart CR 1998, S. 621 (621) – „steiff.com"; Mü/Ko-Schwerdtner, § 12 Rdnr. 42; Staudinger-Weick/Habermann, § 12 Rdnr. 204; BGB-RGRK/Krüger/Nieland, § 12 Rdnr. 60; Soergel-Heinrich, § 12 Rdnr. 115; Baumbach/Hefermehl, Wettbewerbsrecht, Allg Rdnr. 181.
471 BGB-RGRK/Krüger/Nieland, § 12 Rdnr. 60.
472 Zum Sonderproblem der Gemeindenamen siehe unten: 3. Kapitel C.
473 BGHZ 21, S. 66 (73) – „Hausbücherei"; BGH NJW-RR 1992, S. 1454 (1454) – „Volksbank"; BGH GRUR 1977, S. 503 (505) – „Datenzentrale"; Mü/Ko – Schwerdtner, § 12 Rdnr. 39; Staudinger-Weick/Habermann, § 12 Rdnr. 205; Soergel-Heinrich, § 12 Rdnr. 146.

Diese sind nur dann geschützt, wenn sie im Verkehr als Name des Inhabers oder seines Unternehmens angesehen werden. Am häufigsten wird das zutreffen, wenn eine Firma gekürzt als Zeichen verwendet wird.[474]

Grundsätzlich setzt der reine Markenschutz aber Waren- bzw. Dienstleistungsähnlichkeit voraus (*§ 14 MarkenG*). Damit ist der Namensschutz nach § 12 BGB unvereinbar.[475] Insgesamt kann die Regelung des § 12 BGB als die grundlegende Norm für den gesamten zivilrechtlichen Bezeichnungsschutz angesehen werden.[476]

2. Verhältnis zum MarkenG

Die Anwendungsbereiche des Schutzes von Unternehmenskennzeichen nach § 12 BGB und des Schutzes der Unternehmenskennzeichen gemäß §§ 5, 15 MarkenG können sich immer dann überschneiden, wenn sowohl der Namensinhaber als auch der mögliche Verletzer am geschäftlichen Verkehr teilnehmen. Während § 12 BGB auf beiden Seiten auch den außergeschäftlichen Bereich erfaßt, erfordert der Kennzeichenschutz des MarkenG sowohl auf der Verletzerseite (*§ 15 II, III MarkenG*) als auch auf der Seite des Rechtsinhabers (*§ 5 II 1 MarkenG*) eine Verwendung des Zeichens im geschäftlichen Verkehr.[477] Sind die Voraussetzungen beider Vorschriften gegeben, besteht grundsätzlich Anspruchskonkurrenz (*§ 2 MarkenG*). Die Rechtsfolgen nach § 12 BGB gehen dem Umfang nach jedoch nicht über die Verletzungsansprüche nach § 15 MarkenG hinaus, so daß in diesem Bereich eigenständige Bedeutung des § 12 BGB kaum vorhanden ist.[478]

---

[474] Beispiel (*nach Baumbach/Hefermehl, Wettbewerbsrecht, Allg Rdnr. 178*): Eine Firma „*Pincus & Otto*“ bildet aus ihrem Namen die Marke „*Pioto*“. Im Verkehr ist die Firma unter diesem Namen bekannt. Dann enthält die Markenverletzung zugleich eine Namensverletzung.

[475] Baumbach/Hefermehl, Wettbewerbsrecht, Allg Rdnr. 178; Mü/Ko-Schwerdtner, § 12 Rdnr. 30.

[476] BGH GRUR 1976, S. 379 (380) – „KSB“; BGHZ 124, S. 173 (179) – „röm.kath.“; BGH NJW-RR 1988, S. 553 (553) – „Grundcommerz“; BGH GRUR 1991, S. 157 (157) – „Johanniter – Bier“; Palandt – Heinrichs, BGB, § 12 Rdnr. 1; Ingerl/Rohnke, Markengesetz, Nach § 15 Rdnr. 3; Fezer, Markenrecht, § 15 Rdnr. 22; Mü/Ko – Schwerdnter, § 12 Rdnr. 38; BGB-RGRK/Krüger/Nieland, § 12 Rdnr. 53; Ubber, WRP 1997, S. 497 (506); Baumbach/Hefermehl, Wettbewerbsrecht, Allg Rdnr. 166.

[477] Ingerl/Rohnke, Markengesetz, Nach § 15 Rdnr. 4.

[478] Ingerl/Rohnke, Markengesetz, Nach § 15 Rdnr. 5.

Sind die Voraussetzungen des § 15 MarkenG nicht gegeben, kann in bestimmten Fällen § 12 BGB ergänzenden Schutz bieten, weil § 12 BGB hinsichtlich der Schutzvoraussetzungen deutlich weiter gefaßt ist als § 15 MarkenG. Letztere Norm setzt für den Kennzeichenschutz Verwechslungsgefahr voraus, § 12 BGB dagegen nur die Verletzung eines Interesses, für den Geschäftsverkehr also jedes geschäftliche Interesse.[479] Im außergeschäftlichen Verkehr kommt von vornherein nur die Anwendung des § 12 BGB in Betracht.[480]

3. Schutzvoraussetzungen

Die Regelung des § 12 BGB schützt den Namen in seiner Funktion als Identitätsbezeichnung der Person seines Trägers gegen Namensbestreitung und Namensanmaßung.[481]

a) Namensbestreitung

Der Tatbestand der Namensbestreitung (*teilweise wird auch der Begriff Namensleugnung verwendet*) gemäß § 12 S.1 Alt. 1 BGB liegt vor, wenn sich aus dem Verhalten des Anspruchgegners ergibt, daß er das Recht eines Dritten zum Gebrauch eines bestimmten Namens nicht anerkennt[482], also den Bestand des Namens in Frage stellt.[483] Das Bestreiten gegenüber Dritten genügt.[484]

Ein Bestreiten kann dabei grundsätzlich durch jedes Verhalten erfolgen, durch das der Anspruchsgegner dem Namensrecht des Berechtigten objektiv widerspricht; dieses Bestreiten kann ausdrücklich oder konkludent erfolgen.[485]

---

479 Baumbach/Hefermehl, Wettbewerbsrecht, Allg Rdnr. 166.

480 Ubber, WRP 1997, S. 497 (507).

481 Ingerl/Rohnke, Markengesetz, Nach § 15 Rdnr. 9; Palandt-Heinrichs, BGB, § 12 Rdnr. 18/19; Mü/Ko-Schwerdnter, § 12 Rdnr. 96.

482 Mü/Ko-Schwerdtner, § 12 Rdnr. 97; Ingerl/Rohnke, Markengesetz, Nach § 15 Rdnr. 12; Palandt-Heinrichs, BGB, § 12 Rdnr. 18.

483 Baumbach/Hefermehl, Wettbewerbsrecht, Allg Rdnr. 197.

484 LG Frankfurt aM CR 1997, S. 287 (287) – „das.de“; BGB-RGRK/Krüger/Nieland, § 12 Rdnr. 80; Staudinger-Weick/Habermann, § 12 Rdnr. 246; Baumbach/Hefermehl, Wettbewerbsrecht, Allg Rdnr. 197.

485 BGB-RGRK/Krüger/Nieland, § 12 BGB Rdnr. 80; Mü/Ko-Schwerdtner, BGB, § 12 BGB Rdnr. 97; Baumbach/Hefermehl, Wettbewerbsrecht – 16. Auflage, § 16 UWG Rdnr. 42; Ingerl/Rohnke, Markengesetz, Nach § 15 Rdnr. 12; Palandt-Heinrichs, BGB, § 12 Rdnr. 18; Staudinger-Weick/Habermann, § 12 Rdnr. 246.

Dieses ist etwa auch dann der Fall, wenn die Pflicht zum Führen eines anderen Namens behauptet wird.[486] Im Gegensatz zur Namensanmaßung erübrigt es sich zu prüfen, ob ein besonderes Interesse des Namensträgers verletzt ist. Die Namensbestreitung als solche verletzt bereits das Namensrecht.[487]

Hinsichtlich eines Domain-Namens kommt eine Namensbestreitung mittelbar in Betracht, denn andere Namensträger sind aufgrund der Einmaligkeit eines Domain-Namens zur Führung eines anderen Namens gezwungen. Das Recht des Namensträgers zum Gebrauch des Namens im Internet kann dieser nicht ausüben, wenn dieser schon anderweitig belegt ist.[488] Insofern stellte bereits die, bis Februar 1997 in Deutschland noch mögliche, Reservierung eines Domain-Namens ein Bestreiten des Namensrechts dar, soweit in dem Domain-Namen ein fremder Name als Bestandteil enthalten war, denn durch die Reservierung des Domain-Namens gibt der Anspruchsgegner gegenüber DENIC zu erkennen, daß er für sich das Recht in Anspruch nimmt, sich unter dem Namen im Internet zu präsentieren.[489] Dabei wird der Name nicht wirklich bestritten, vielmehr geht es lediglich um die konkrete Verwendungsart. Diese ist aber Teil des positiven namensrechtlichen Gehalts, des Rechts, seinen Namen führen zu können.

Die Vorschrift des § 12 S. 1 Alt. 1 BGB schützt das Recht zum Gebrauch des Namens, das auch und gerade dann bestehen muß, wenn ein Name tatsächlich nur einmal als Domain-Name verwendet werden kann.[490] Hiergegen wird vereinzelt vorgebracht, der redliche Domainanmelder bestreite mit seiner Registrierung das Namensrecht eines anderen nicht konkludent, sondern erkläre lediglich, daß er den Domain-Namen nutzen will und sich hierfür berechtigt halte.[491] Diese Sichtweise läßt jedoch die Vergabebestimmungen des DENIC außer acht:

---

[486] Staudinger-Weick/Habermann, § 12 Rdnr. 243.

[487] Baumbach/Hefermehl, Wettbewerbsrecht, Allg Rdnr. 197; Palandt-Heinrichs, § 12 Rdnr. 18; Soergel-Heinrich, § 12 Rdnr. 70; Fezer, Markenrecht, § 15 Rdnr. 54.

[488] Ernst, NJW-CoR 1997, S. 426 (427).

[489] LG Frankfurt aM CR 1997, S. 287 (287) – „das.de"; LG Braunschweig CR 1998, S. 364 (366) – „deta.com"; LG Lüneburg CR 1997, S. 288 (288) – „celle.de" (*offengelassen, da jedenfalls Begehungsgefahr*); OLG Stuttgart CR 1998, S. 621 (621) – „steiff.com"; Ingerl/Rohnke, Markengesetz, Nach § 15 Rdnr. 12; Ubber, WRP 1997, S. 497 (506); Völker/Weidert, WRP 1997, S. 652 (657); a.A. Hoeren/Sieber/Viefhues, Teil 6 Rdnr. 124.

[490] Ernst, NJW-CoR 1997, S. 426 (427).

[491] Wegner, CR 1999, S. 250 (253).

Die Vergabebestimmungen vom 15.05.1997 enthielten folgende Regelung:

„Der Antragsteller ist verpflichtet, die als Domain zu registrierende Zeichenfolge auf ihre Vereinbarkeit mit den Rechten Dritter, z.B. mit Namens-, Marken-, Urheber- oder sonstigen Schutzrechten sowie mit den allgemeinen Gesetzen zu prüfen. Mit der Antragstellung versichert der Antragsteller, daß er dieser Verpflichtung nachgekommen ist und daß sich bei dieser Prüfung keine Anhaltspunkte für die Verletzung von Rechten Dritter oder sonstiger Rechtsvorschriften ergeben haben. Das DENIC übernimmt insoweit keine Verpflichtungen."[492]

Auch in der aktuellen Fassung vom 03.05.2000 diese Regelung im Wesentlichen beibehalten. § 3 I der Vergabebestimmungen lautet:

„(1) Der Kunde versichert, dass seine Angaben richtig sind und er zur Nutzung der Domain berechtigt ist, insbesondere, dass die Domain keine Rechte Dritter verletzt und nicht gegen allgemeine Gesetze verstößt. (...)"[493]

Danach gibt der Antragsteller gegenüber DENIC vor, das Recht zur Führung des Namens – in dieser konkreten Verwendungsart – inne zu haben. Nur so kann die Erklärung des Antragstellers gegenüber gemäß §§ 133, 157 BGB dem DENIC verstanden werden. Dieses ist ausreichend, um den Tatbestand einer Namensbestreitung gemäß § 12 S.1 Alt. 1 BGB zu erfüllen.[494]

---

492 Siehe hierzu: http://www.denic.de/denicneu.html (*Abdruck im Anhang*).
493 Siehe hierzu: http://www.denic.de/doc/faq/vergaberichtlinie.html
und http://www.denic.de/doc/DENIC/agb.html. (*Abdruck im Anhang*).
494 LG Frankfurt aM CR 1997, S. 287 (287) – „das.de"; Ubber, WRP 1997, S. 497 (507); Ernst, NJW-CoR 1997, S. 426 (427); Mü/Ko-Schwerdtner, § 12 Rdnr. 201.

Seitdem Domain-Namen jedoch nicht mehr reserviert werden können, hat die Fragestellung diesbezüglich ihre Bedeutung verloren. Die hier gewonnen Ergebnisse lassen sich aber auf die nunmehr nur noch mögliche Registrierung eines Domain-Namens übertragen: Wenn schon in der bloßen Reservierung eines Namens als Domain-Name eine Namensbestreitung im Sinne des § 12 BGB zu sehen ist, dann muß dieses erst recht für die Registrierung von Domain-Namen gelten.

Im Vergleich zur Reservierung ist dieses Bestreiten sogar noch deutlich intensiver. Der Antragsteller gibt doch nunmehr durch die Registrierung zu erkennen, daß er den Domain-Namen wie auch immer geartet tatsächlich benutzen will. Im Gegensatz dazu hatte die Reservierung eines Domain-Namens noch einen eher vorläufigen Charakter. Insgesamt ist damit eine Namensbestreitung gemäß § 12 S.1 Alt. 1 BGB durch die Registrierung eines, aus einer mit dem Namen identischen Second-Level-Domain gebildeten, Domain-Namen zu bejahen.[495]

Die bloße Registrierung eines Domain-Namens durch das DENIC für einen Dritten ist hingegen kein Gebrauchg des Namens. Das DENIC tritt bei der Vergabe nach außen hin nicht in Erscheinung, es schafft nur die technischen Voraussetzungen, damit Dritte den Domain-Namen benutzen können. Die Rolle des DENIC beschränkt sich im wesentlichen darauf, dem Domain-Namen eine entsprechende IP-Adresse zuzuordnen.[496]

b) Namensanmaßung

Deutlich schwieriger fällt die Beurteilung, ob und in welchen Fällen die Verwendung eines Domain-Namens im Internet eine Namensanmaßung im Sinne des § 12 S. 1 2. Alt. BGB darstellt. Eine solche liegt grundsätzlich vor, wenn ein anderer unbefugt den gleichen Namen gebraucht und dadurch ein schutzwürdiges Interesse des Namensträgers verletzt.[497]

---

[495] offengelassen: OLG Dresden, CR 2001, S. 408 (409) – „kurt-biedenkopf.de".
[496] OLG Dresden, CR 2001, S. 408 (408) – „kurt-biedenkopf.de".
[497] Ingerl/Rohnke, Markengesetz, Nach § 15 Rdnr. 13; Baumbach/Hefermehl, Wettbewerbsrecht, Allg Rdnr. 198; Palandt-Heinrichs, § 12 Rdnr. 19.

aa) Namensgebrauch

Wann ein Gebrauch des Namens im Sinne des § 12 BGB vorliegt, ist im Gesetz nicht definiert und daher durch Auslegung zu ermitteln. Dabei ist grundsätzlich der Zweck[498] des § 12 BGB zu berücksichtigen. Der Regelungszweck des § 12 BGB liegt in dem Schutz gegen Verwechslungen wegen unbefugten Namensgebrauchs.[499] Dementsprechend wird nach ständiger Rechtsprechung als Namensgebrauch nicht jede Verwendungsform eines fremden Namens angesehen, sondern nur eine solche Namensanmaßung, die geeignet ist, eine namensmäßige Identitäts- oder Zuordnungsverwirrung hervorzurufen.[500] Wann ein Namensgebrauch im Sinne des § 12 BGB vorliegt, kann also im Einzelfall durchaus zweifelhaft sein.

Dabei liegt ein Namensgebrauch nicht nur in den Fällen der Selbstbezeichnung mit dem Namen eines anderen vor, sondern auch in den Fällen der sonstigen Ingebrauchnahme eines fremden Namens für eigene Zwecke im Zusammenhang mit Personen, Sachen und Unternehmungen im wirtschaftlichen, literarischen und künstlerischen Bereich.[501]

Ein Namensgebrauch liegt immer dann vor, wenn der Name in einer Weise verwendet wird, die auf den Namensträger als Urheber hinweist, wenn also die Identität mit diesem vorgetäuscht wird.

---

[498] Larenz, Methodenlehre, S. 333.

[499] Staudinger-Weick/Habermann, § 12 Rdnr. 255; so schon zutreffend: Nußbaum, Der persönliche Schutz gegen Namensmißbrauch und unbefugte Darstellungen, S. 5, 25.

[500] BGH GRUR 1996, S. 422 (423) – „J.C. Winter"; BGH GRUR 1993, S. 151 (153) – „Unviversitätemblem"; BGH GRUR 1983, S. 262 (262) – „Uwe"; BGB-RGRK/Krüger/Nieland, § 12 Rdnr. 82.

[501] BGHZ 81, S. 75 (79) – „Carrera"; BGHZ 30, S. 7 (9) – „Caterina Valente"; BGHZ 8, S. 318 (320) – „Pazifist"; BGB-RGRK/Krüger – Nieland, § 12 Rdnr.96; Mü/Ko – Schwerdtner, § 12 Rdnr. 104; Staudinger-Weick/Habermann, § 12 Rdnr. 239.

Der Namensschutz umfaßt dabei auch die Fälle, in denen der Namensträger durch den Gebrauch eines Namens zu bestimmten Einrichtungen, Gütern oder Erzeugnissen, mit denen er nicht zu tun hat, in Verbindung gebracht wird.[502] Ausreichend für diese Zuordnungsverwirrung ist es, daß im Verkehr der Eindruck entsteht, der Namensträger habe dem Benutzer ein Recht zur Namensverwendung erteilt.[503]

Die Problematik, ob durch die Verwendung eines Namens als Second-Level-Domain überhaupt Namensrechte eines anderen im Sinne des § 12 BGB verletzt werden können, deckt sich mit der Frage nach einem kennzeichenmäßigen Gebrauch von Domain-Namen.[504] Insofern lassen sich die dort gewonnen Ergebnisse in vollem Umfang übertragen. Der Domain-Name grenzt also das unter ihm erreichbare Rechtssubjekt von anderen ab. Die Verwendung eines Namens als Second-Level-Domain ist grundsätzlich geeignet, eine Identitäts- oder Zuordnungsverwirrung auszulösen. Insofern wird der Domain-Name der klassischen Unterscheidungsfunktion[505] des Namens im Sinne des § 12 BGB gerecht.[506] Damit ist in der Verwendung eines Namens bzw. namensartigen Kennzeichens als Second-Level-Domain in der Regel ein namensmäßiger Gebrauch im Sinne des § 12 BGB zu sehen.[507] Die Vorschrift untersagt jedoch nur den Gebrauch des „*gleichen*“ Namens, wobei es grundsätzlich auf den wörtlichen oder buchstabengetreuen Gebrauch nicht ankommt. Insofern liegt ein Gebrauch des gleichen Namens auch dann vor, wenn Namensteile benutzt werden, sofern es sich um wesentliche Teile handelt.[508]

---

[502] Ständige Rechtsprechung des BGH, z.B. BGHZ 30, S. 7 (9) – „Caterina Valente; BGH GRUR 1964, S. 38 (40) – „Dortmund grüßt“; vgl. auch Sack, WRP 1984, S. 521 (529); Baumbach/Hefermehl, Wettbewerbsrecht, Allg Rdnr. 201.

[503] BGH GRUR 1994, S. 844 (846) – „Rotes Kreuz“; BGH GRUR 1994, S. 732 (735) – „McLaren“; BGH GRUR 1993, S.151 (153) – „Universitätsemblem“; BGH GRUR 1964, S. 38 (40) – „Dortmund grüßt“; BGB-RGRK/Krüger/Nieland, § 12 Rdnr. 84; Sack, WRP 1984, S. 521 (529); a.A. wohl nur: Mü/Ko-Schwerdtner, § 12 Rdnr. 106.

[504] Siehe hieru 3. Kapitel A I 1 a) aa) (4) (bb).

[505] Mü/Ko-Schwerdtner, § 12 Rdnr.19; Staudinger-Weick/Habermann, § 12 Rdnr. 38; Soergel-Heinrich, § 12 Rdnr. 2.

[506] LG Mannheim CR 1996, S. 353 (354) – „heidelberg.de“.

[507] LG Frankfurt aM CR 1997, S. 287 (287) – „das.de“; LG München I NJW – RR 1998, S. 973 (973) – „juris.de“; offengelassen: LG Bonn NJW-RR 1998, S. 977 (977); OLG Hamm CR 1998, S. 241 (242) – „krupp.de“; Ingerl/Rohnke, Markengesetz, Nach § 15 Rdnr. 14; Palandt-Heinrichs, BGB, § 12 Rdnr. 10 und Rdnr. 22; Baumbach/Hefermehl, Wettbewerbsrecht, Allg Rdnr. 249.

[508] BGH GRUR 1971, S. 517 (518) – „Swops“; Mü/Ko-Schwerdtner, § 12 Rdnr. 100; Baumbach/Hefermehl, Wettbewerbsrecht, Allg Rdnr. 204.

Kleinere Abweichungen schließen daher den Namensschutz nicht aus.[509] Entscheidend ist also, ob eine Verwechslung möglich ist.[510] Insofern kann es auch für den Bereich der Domain-Namen für die Anwendung des § 12 BGB nicht darauf ankommen, ob der als Second-Level-Domain verwendete Name noch von den üblichen Kürzeln „*www.*" und der Top-Level-Domain „*.de*" begleitet wird.

In der Verwendung eines Namens als Second-Level-Domain ist also grundsätzlich der „*gleiche*" Gebrauch desselben nach § 12 BGB zu sehen.

bb) Unbefugtheit

Unbefugt[511] ist der Gebrauch eines Namens, wenn ein eigenes Benutzungsrecht nicht gegeben ist[512] oder wenn sich die Unrechtmäßigkeit aus anderen Vorschriften ergibt (*§§ 1, 3 UWG, 823 I BGB, 826 BGB*).[513] In dem Recht auf den Namen liegt auch das Recht auf den ausschließlichen Gebrauch desselben gegenüber jedem, der nicht ebenfalls ein Recht auf diesen Namen hat.[514]

Die Namensverletzung braucht dabei nicht schuldhaft zu sein. Es genügt ein objektiv unbefugter Gebrauch.[515] Das eigene Benutzungsrecht kann insbesondere auf einem prioritätsälteren Namens- oder Kennzeichnungsrecht oder auf einer vertraglichen Gestattung beruhen.[516]

An der redlichen Benutzung seines eigenen Namens – auch bei wirtschaftlicher Betätigung – kann niemand gehindert werden.[517] Die Ausübung des eigenen Namensrechts unterliegt jedoch dem allgemeinen Gebot der Lauterkeit im Verkehr, insbesondere im geschäftlichen Verkehr. Daraus ergeben sich Grenzen des Rechts, den eigenen Namen im geschäftlichen Verkehr zu gebrauchen.[518]

---

[509] BGHZ 8, S. 230 (230); BGH GRUR 1960, S. 550 (555) – „Promota"; Staudinger-Weick/Habermann, § 12 Rdnr. 277.
[510] RG JW 1936, S. 186 Nr. 11.
[511] Der Begriff „*unbefugt*" im Sinne des § 12 BGB ist gleichzusetzen mit „*widerrechtlich*" im Sinne des § 823 I BGB.
[512] BGH GRUR 1996, S. 422 (423) – „J.C. Winter"; BGB-RGRK/Krüger/Nieland, § 12 Rdnr. 97; Sack, WRP 1984, S. 521 (534).
[513] BGH GRUR 1960, S. 550 (552) – „Promota".
[514] BGH GRUR 1996, S. 422 (423) – „J.C. Winter"
[515] Mü/Ko-Schwerdtner, § 12 Rdnr. 99; Soergel-Heinrich, § 12 Rdnr. 172.
[516] Ingerl/Rohnke, Markengesetz, Nach § 15 Rdnr. 18.
[517] Palandt-Heinrichs, § 12 Rdnr. 26.
[518] Staudinger-Weick/Habermann, § 12 Rdnr. 284.

Hat also ein Unternehmen unter seinem Kennzeichen einen Domain-Namen registriert, so stehen einem Unternehmen, welches das gleiche Kennzeichen als Firma, Firmenbezeichnung oder Produktbezeichnung verwendet, keine Unterlassungsansprüche zu, es sei denn, der Verwender des Domain-Namen handelt unlauter.
Der Gebrauch des bürgerlichen Namens im Wettbewerb, z.B. zur Bildung eines Firmennamens, einer Unternehmensbezeichnung oder sonstigen geschäftlichen Kennzeichnung ist unzulässig, wenn hiermit unlautere Zwecke verfolgt werden. (*z.B. sogenannte „Strohmannsgründung“*). Das gleiche gilt, wenn die Benutzung des eigenen Namens im geschäftlichen Verkehr darauf abzielt, Verwechslungen mit gleichnamigen oder ähnlichen Unternehmensbezeichnungen oder sonstige Irrtümer heraufzubeschwören, mag auch firmenrechtlich gegen die betreffende Firmenbildung nichts einzuwenden sein.[519]

(1) Prioritätsgrundsatz

Zur Feststellung der Befugnis zum Gebrauch kommt es zwischen den Benutzern gleicher, verwechselbarer oder ähnlicher Bezeichnungen nach § 12 BGB nur auf die relativ bessere Berechtigung an. Diese Berechtigung ergibt sich wie im gesamten Kennzeichenrecht aus dem zeitlichen Vorrang (*Prioritätsprinzip*), d.h. dem früheren Rechtserwerb.[520] Insofern kann in vollem Umfang auf die Ausführungen zum MarkenG verwiesen werden.[521]

(2) Recht der Gleichnamigen

Jeder hat das Recht, sich unter seinem Namen als selbständiger Gewerbetreibender im Geschäftsverkehr zu betätigen. Dieses folgt bereits aus der allgemeinen Freiheit, sich wirtschaftlich zu betätigen. Dieses Recht besteht jedoch grundsätzlich nur im Rahmen des lauteren Wettbewerbs und darf insofern nicht mißbräuchlich ausgeübt werden. Problematisch sind dabei die Fälle, in denen sich die „*Gleichnamigen*“ bei der Begründung ihrer Unternehmen nicht unlauter verhalten haben.

---

[519] BGB-RGRK/Krüger/Nieland, § 12 Rdnr. 100 m.w.N.
[520] Mü/Ko-Schwerdnter, § 12 Rdnr. 117; Baumbach/Hefermehl, Wettbewerbsrecht, Allg Rdnr. 225; Völker/Weidert, WRP 1997, S. 652 (657).
[521] Siehe hierzu 3. Kapitel B I 8.

Das Recht eines prioritätsälteren Kennzeicheninhabers findet seine natürliche Grenze an dem Recht jedes Gleichnamigen, seinen bürgerlichen Namen zu verwenden. Mit dem Prioritätsprinzip allein läßt sich dieser Konflikt nicht lösen, da beide Parteien ein schutzwürdiges Interesse an dem Gebrauch ihres Namens haben. Insofern bedarf es eines Ausgleichs der beiderseitigen Interessen, um die Verwechslungsgefahr im Interesse der Berechtigten und der Allgemeinheit möglichst gering zu halten.[522] Die Lösung orientiert sich auch hier an den bereits zum MarkenG herausgearbeiteten Grundsätzen.[523]

cc) Interessenverletzung

Der unbefugte Gebrauch eines Namens muß ein schutzwürdiges Interesse des Berechtigten verletzen.[524] Der Begriff des Interesses ist weit auszulegen.[525] Nach der Rechtsprechung muß das verletzte Interesse nicht vermögensrechtlicher Natur sein, sondern kann grundsätzlich auch ein persönliches, ideelles Interesse oder sogar ein Affektionsinteresse sein.[526]

Grundsätzlich genügt damit jedes schutzwürdige Interesse.[527] Bei im geschäftlichen Verkehr verwandten Namen setzt der Schutz aus § 12 BGB allerdings die Verletzung eines geschäftlichen Interesses voraus.[528]

---

[522] Baumbach/Hefermehl, Wettbewerbsrecht, Allg Rdnr. 233.
[523] Siehe hierzu 3. Kapitel B I 8.
[524] Die Verfasser des BGB haben den Begriff der Interessenverletzung ursprünglich sehr eng aufgefaßt. Die Mot IV 1006 wollten ein Interesse auf Untersagung eines fremden Namensgebrauchs nur dann anerkennen, wenn durch den Namensgebrauch der falsche Schein einer nicht begründeten Familienzugehörigkeit erweckt werde. In den Prot. I 45 wird ausgeführt, daß die Anmaßung falscher Familienzugehörigkeit nur ein Hauptfall der Verletzung des Namensrechtes bilde. Darüber hinaus seien aber auch die Fälle zu berücksichtigen, in denen Vermögensinteressen und Interessen des gewerblichen Verkehrs dadurch verletzt würden, daß jemand unbefugt den Namen eines anderen benutzt. (*siehe hierzu. Staudinger-Weick/Habermann, § 12 Rdnr. 316*).
[525] Baumbach/Hefermehl, Wettbewerbsrecht, Allg Rdnr. 210.
[526] BGH GRUR 1970, S. 481 (482) – „Weserklause"; BGH GRUR, 1965, S. 377 (379) – „GdP"; Mü/Ko-Schwerdtner, § 12 Rdnr. 125; Staudinger-Weick/Habermann, § 12 Rdnr.254.
[527] OLG Königsberg HRR 1940 Nr. 1277; RGZ 74, S. 308 (311); RGZ 114, S. 90 (93); BGHZ 8, S. 314 (322); BGHZ 14, S. 155 (162); BGHZ 43, S. 245 (255); BGH WM 1985, S. 95 (96) – „M-Apotheke"; NJW 1994, S. 245 (247); BGH GRUR 1958, S. 302 (302) – „Lego"; BGB-RGRK/Krüger/Nieland, § 12 Rdnr. 78.
[528] BGH GRUR 1976, S. 379 (381) – „KSB"; Soergel-Heinrich, § 12 Rdnr. 187.

Zur Beurteilung der Schutzwürdigkeit des Interesses des Namensinhabers bedarf es einer Abwägung mit dem Interesse des Domaininhabers an der Registrierung des Domain-Namens.[529] Eine Verletzung eines schutzwürdigen Interesses liegt grundsätzlich nicht vor, wenn der berechtigte Namensträger mit einem anderen nicht wie auch immer geartet in Verbindung gebracht werden kann.[530] Umgekehrt ist beim Vorliegen einer Identitäts- oder Zuordnungsverwirrung eine Interessenverletzung in der Regel zu bejahen.[531]

(1) Verwechslungsgefahr

Im Bereich der Domain-Namen kommt insbesondere das Interesse in Betracht, nicht der Verwechslung mit einem anderen Unternehmen ausgesetzt zu sein. Insofern steht die Verletzung eines geschäftlichen Interesses im Vordergrund. Die Verletzung eines geschäftlichen Interesses kann vor allem[532] dann zu besorgen sein, wenn durch die Zweitverwendung Verwechslungsgefahr im engeren oder weiteren Sinne zwischen Namensträger und Zweitverwender besteht.[533] Erstere setzt einen Irrtum der beteiligten Verkehrskreise über die Identität, letztere über den wirtschaftlichen und organisatorischen Zusammenhang der Unternehmen voraus.[534]

Auf das Vorliegen einer Verwechslungs- oder Verwässerungsgefahr wird es bei der wörtlichen Verwendung eines fremden Namens als Second-Level-Domain in vielen Fällen gar nicht ankommen.

Das schutzwürdige Interesse des Namensinhabers dürfte sich bereits aus dem Umstand ergeben, daß er – solange der Verletzer bei InterNIC oder DENIC registriert ist – nicht die Möglichkeit hat, seinen eigenen Namen unter der gleichen Top-Level-Domain als Domain-Namen anzumelden.[535] Dadurch wird der Namensinhaber in seinem geschäftlichen Bereich behindert und damit in einem geschäftlichen Interesse beeinträchtigt.[536]

---

[529] Hoeren/Sieber/Viefhues, Teil 6 Rdnr. 126.
[530] Mü/Ko-Schwerdtner, § 12 Rdnr. 125.
[531] Ingerl/Rohnke, Markengesetz, Nach § 15 Rdnr. 19.
[532] Aber auch dann, wenn durch die Schwächung der Kennzeichnungs- oder Werbekraft eines berühmten Namens Verwässerungsgefahr besteht (*näher hierzu: 3. Kapitel D.*)
[533] BGH GRUR 1951, S. 332 – „Koh-i-noor".
[534] Baumbach/Hefermehl, Wettbewerbsrecht, Allg Rdnr. 215.
[535] Ubber, WRP 1997, S. 497 (508).
[536] OLG München, ZIP 1999, S. 895 (896) – „shell.de".

(2) Räumliche Verhältnisse

Im normalen Geschäftsverkehr spielen bei der Beurteilung einer Interessenverletzung auch räumliche Verhältnisse eine Rolle. Klagt ein Unternehmen aus § 12 BGB wegen Verletzung des Namensrechts an seiner Firma, so kann es darauf ankommen, wie weit sich die geschäftliche Tätigkeit des betreffenden Unternehmens ausgedehnt hat und vermutlich noch ausdehnen wird.[537] Beispielsweise werden die Interessen eines Gaststättenbetriebes in der Regel nur dann berührt sein, wenn ein gleichartiger Betrieb am gleichen Ort den Namen oder die Firma benutzt.[538] Für die Beurteilung der Auswirkungen räumlicher Verhältnisse gelten dabei die Grundsätze die oben im Rahmen des Prioritätsprinzips gemäß § 6 MarkenG entwickelt wurden.[539]

4. Ergebnis

Insgesamt ergibt sich ein Schutz des Kennzeichens gegen die Benutzung als Second-Level-Domain durch ein anderes Unternehmen auch aus § 12 BGB. Die Besonderheiten der Domain-Namen lassen sich auch im Rahmen der Vorschrift des § 12 BGB ausreichend berücksichtigen. Insgesamt kommt der Anwendung des § 12 BGB aber nur eine untergeordnete Bedeutung zu.

[537] Staudinger-Weick/Habermann, § 12 Rdnr. 322; BGB-RGRK/Krüger/Nieland, § 12 Rdnr. 70; Baumbach/Hefermehl, Wettbewerbsrecht, Allg Rdnr. 190.
[538] Siehe hierzu BGH NJW 1970, S. 1365 (1365).
[539] Siehe hierzu 3. Kapitel B. I. 8.

III. Außerkennzeichenrechtlicher Schutz

Außerhalb des Anwendungsbereichs der kennzeichenrechtlichen Vorschriften kann ein Rückgriff auf die Regelungen der §§ 1 und 3 UWG, § 823 und § 826 BGB sowie § 37 II HGB geboten sein. In § 2 MarkenG ist der Grundsatz verankert, der Schutz von Marken, geschäftlichen Bezeichungen und geographischen Herkunftsangaben nach dem MarkenG schließe die Anwendung anderer Vorschriften zum Schutz dieser Kennzechen nicht aus.Die grundsätzliche Anwendbarkeit dieser Anspruchsgrundlagen sind durch das Inkrafttreten des MarkenG nicht berührt worden.[540] Der Anwendungsbereich ist jedoch sehr begrenzt.[541] Daher erfolgt nur eine summarische Darstellung der wesentlichen Gesichtspunkte.

1. Der Schutz nach dem UWG

Die Regelungen der §§ 1 und 3 UWG setzen neben dem Handeln im geschäftlichen Verkehr das Bestehen eines Wettbewerbsverhältnisses voraus. Dieses Merkmal ist nach der Rechtsprechung im Interesse eines wirksamen wettbewerbsrechtlichen Individualschutzes großzügig auszulegen.[542] In der Regel ist es ausreichend, wenn sich der Verletzer in irgendeiner Weise in Wettbewerb zum Anspruchsteller stellt. Unter diesen Voraussetzungen wird im Bereich der Domain-Namen in der Regel § 1 UWG einschlägig sein, wenn fremde Kennzeichen als Second-Level-Domain mit dem Ziel verwendet werden, hierdurch Marktvorteile auf Kosten eines Mitbewerbers zu erlangen, ohne daß sich der Inhaber eines solchen Domain-Namens auf ein berechtigtes Interesse an der Benutzung berufen könnte. Dem muß nicht einmal das Motiv eines Freikaufs oder einer Abstandszahlung zugrunde liegen. Allein die Registrierung eines solchen Domain-Namens zu dem Zweck der Blockade für Mitbewerber ist unlauter im Sinne des § 1 UWG.[543]

---

540 BGH GRUR 1998, S. 412 (414) – „Analgin".

541 BGH NJW 1998, S. 3781 (3781) – „Big Mäc versus Mac Dog"

542 BGH GRUR 1960, S. 144 (146) – „Bambi"; BGH GRUR 1972, S. 533 (533) – „Statt Blumen Onko Kaffee"; BGH GRUR 1983, S. 247 (249) – „Rolls Royce"; BGH GRUR 1985, S. 247 (247) – „Dimple"; BGH GRUR Int. 1985, S. 474 (475) – „Der Champagner unter den Mineralwässern"; BGH GRUR 1994, S. 809 – „Markenverunglimpfung I".

543 Bettinger, GRUR Int. 1997, S. 402 (410); Kilian, DzWiR 1997, S. 381 (389); Ubber, WRP 1997, S. 652 (659); Bücking, Namens- und Kennzeichenrecht, Rdnr. 206; OLG Dresden, CR 1999, S. 589 (591) – „cyberspace.de"; LG München I NJW-CoR 1998, S. 111 (111) – „deutsches-theater.de".

Wird der Domain-Name tatsächlich und in wettbewerbsrechtlich relevanter Weise im Geschäftsleben genutzt, können des weiteren die Verbote der Irreführung gemäß § 3 UWG und der vermeidbaren Herkunftstäuschung[544] gemäß § 1 UWG eingreifen, wenn eine Täuschung des Verkehrs im Hinblick auf den Inhalt oder Anbieter der Website oder in bezug auf den Hersteller bzw. Vertreiber der dort beworbenen Leistungen zu besorgen ist.[545] Letztlich geht aber in den Fällen, in denen das MarkenG einschlägig ist, dieses als spezielleres Gesetz vor; auf § 1 UWG können Ansprüche dann nicht gestützt werden, selbst wenn nach dem MarkenG selbst kein Anspruch besteht.[546] Die Bestimmungen des MarkenG dürfen nicht dadurch ausgehölt werden, daß bei fehlendem Vorliegen der besonderen markengesetzlichen Tatbestandsvoraussetzungen, entgegen der diesen zu Grunde liegenden Wertungen, ein Schutz über das allgemeine Wettbewerbsrecht gewährt wird. Die markengesetzlichen Tatbestandsmerkmale würde so erheblich relativiert und könnten ihre Begrenzungsfunktionen kaum mehr erfüllen. Auf die allgemeinen wettbewerbsrechtlichen Vorschriften ist ein Rückgriff daher nur zulässig, wenn eine spezielle Regelung nicht existiert oder diese Regelungslücken aufweist.[547]

2. Deliktsrechtlicher Schutz

Der Schutz des Kennzeichens gegen die Benutzung als Second-Level-Domain kann auch ergänzend auf die Vorschriften des allgemeinen Deliktsrechts gestützt werden.

a) Eingriff in den eingerichteten und ausgeübten Gewerbebetrieb

Die gezielte Registrierung eines fremden Kennzeichens als Domain-Name, in der Absicht, den Kennzeicheninhaber an dessen Benutzung zu hindern, wird in der Regel einen rechtswidrigen Eingriff in den eingerichteten und ausgeübten Gewerbebetrieb und somit die Verletzung eines sonstigen Rechts im Sinne des § 823 I BGB darstellen.[548]

[544] BGH GRUR 1981, S. 142 – „Kräutermeister"; BGH GRUR 1971, S. 305 – „Konservenzeichen II"; BGH GRUR 1966, S. 30 – „Konservenzeichen I"; BGH GRUR 1965, S. 601 – „Roter Punkt".
[545] Kilian, DzWiR 1997, S. 381 (389); Stratmann, BB 1997, S. 689 (692); Bücking, Namens- und Kennzeichenrecht, Rdnr. 215.
[546] Ullrich, WM 2001, S. 1129 (1132); Schreibauer/Mulch, WRP 2001, S. 481 (483).
[547] Helm, GRUR 2001, S. 291 (291).
[548] Bücking, Namens- und Kennzeichenrecht, Rdnr. 225; Wegner, CR 1999 S. 250 (258); Hoeren/Sieber/Viefhues, Teil 6 Rdnr. 175.

b) Vorsätzliche sittenwidrige Schädigung, § 826 BGB

Die Regelung des § 826 BGB stellt einen Auffangtatbestand zum Schutz allgemeiner materieller oder ideeller Interessen dar. Im Gegensatz zu § 823 I BGB ist dieser Schutz also nicht auf bestimmte Rechte und Rechtsgüter beschränkt, sondern insoweit allumfassend. Ein Handeln zu Zwecken des Wettbewerbs ist nicht erforderlich. Voraussetzung ist aber das Vorliegen einer vorsätzlichen sittenwidrigen Schädigung. Der Vorsatz des Schädigers muß sich im Gegensatz zu § 823 BGB auf den Schaden erstrecken. Es genügt jedoch, wenn er dessen Art und Richtung umfaßt, wohingegen eine genaue Vorstellung von seinem Umfang, vom Kausalverlauf oder der Person des Geschädigten nicht erforderlich ist.[549] Dieser Schädigungsvorsatz schließt zwar rein begrifflich nicht die Kenntnis der die Sittenwidrigkeit begründenden Tatsachen ein, doch wird diese Kenntnis als ungeschriebenes Tatbestandsmerkmal allgemein gefordert. Dabei braucht der Täter aber nur die Tatsachen zu kennen, aus denen sich die Sittenwidrigkeit ergibt. Dagegen braucht er sein Verhalten nicht selbst als sittenwidrig erkannt zu haben.[550]

Im Bereich der Domain-Namen kommt ein Verstoß gegen § 826 BGB immer dann in Betracht, wenn die Registrierung eines Domain-Namens in Behinderungsabsicht geschieht, wenn es also dem Registrierenden nicht um eine Nutzung des Domain-Namens, sondern erkennbar um eine Behinderung eines anderen Unternehmens geht.[551] Von einer sittenwidrigen und in Schädigungsabsicht vorgenommenen Behinderung ist dabei in der Regel dann auszugehen, wenn die Registrierung des Domain-Namens mit dem Ziel erfolgt, dem Kennzeicheninhaber die Nutzung dieser Bezeichnung für eigene geschäftliche Zwecke unmöglich zu machen. Dieses wird oftmals mit der Absicht einhergehen, sich den Domain-Namen vom Kennzeicheninhaber abkaufen zu lassen.

---

[549] BGHZ 108, S. 134 (143); BGH NJW 1991, S. 634 (636); Larenz/Canaris, SBT II/2, § 78 III S. 454.
[550] BGH WM 1962, S. 579 (579); BGHZ 74, S. 281; BGH NJW 1991, S. 3282 (3283); Larenz/Canaris, SBT II/2, § 78 IV S. 455; Medicus, Bürgerliches Recht, Rdnr. 624.
[551] Völker/Weidert, WRP 1997, S. 652 (661); Ernst, BB 1997, S. 1057 (1062); Wegner, CR 1999, S. 250 (258).

Derjenige, der das naheliegende Interesse des Inhabers eines Kennzeichens an der Nutzung eines entsprechenden Domain-Namens bewußt in Gewinnerzielungsabsicht auszubeuten versucht, verstößt gegen das Anstandsgefühl aller billig und gerecht Denkenden.[552] Die Sittenwidrigkeit kann sich auch bereits daraus ergeben, daß eine Vielzahl von Kennzeichen als Domain-Namen von ein und derselben Person bzw. ein und demselben Unternehmen registriert wurden und anschließend dem eigentlichen Rechtsinhaber zum Kauf angeboten werden.[553]

Ein Schaden im Sinne des § 826 BGB liegt nicht nur in der nachteiligen Einwirkung auf die Vermögenslage, sondern in jeder Beeinträchtigung eines rechtlich anerkannten Interesses. Hierunter fällt daher auch die Verwertung von Bemühungen, welche ein anderer zur Schaffung bestimmter Kennzeichen aufgewendet hat.[554]

3. Der Schutz nach § 37 II HGB

Unterlassungsansprüche können sich bei unbefugtem Gebrauch einer fremden Firma auch aus § 37 II HGB ergeben. Gebrauch ist dabei die Anmeldung zum Register oder die Verwendung im Geschäftsverkehr.[555] Die Norm soll die Einhaltung der Regelungen über die Firmierung in den §§ 17 ff. HGB sicherstellen und dient damit der öffentlichen Ordnung. Im Mittelpunkt steht dabei nicht die korrekte Firmierung im Handelsregister, die schon im Rahmen des Eintragungsverfahren (*§ 30 HGB*) und durch die Festsetzung von Zwangsgeldern gemäß § 14 HGB zur Durchsetzung der Anmeldung eintragungspflichtiger Änderungen erzwungen werden kann, sondern primär die Firmierung im Geschäftsverkehr.[556] Es kommt im Rahmen des § 37 HGB also nur darauf an, daß eine unzulässige Firma geführt wird, nicht drauf, daß das Firmenrecht eines Dritten verletzt ist.[557]

---

[552] OLG Frankfurt/Main WRP 2000, S. 645 (646) – „weideglueck.de".
[553] Völker/Weidert, WRP 1997, S. 652 (661); Bücking, Namens- und Kennzeichenrecht, Rdnr. 227.
[554] BGH GRUR 1986, S. 74 (76) „Shamrock III".
[555] Glanegger u.a., Handelsgesetzbuch, § 37 Rdnr. 3; Hopt/Baumbach/Duden, Handelsgesetzbuch, § 37 Rdnr. 3.
[556] Mü/Ko/HGB-Lieb/Krebs, § 37 Rdnr. 1;Koller/Roth/Morck, Handelsgesetzbuch, § 37 Rdnr. 1.
[557] Schmidt, Handelsrecht, S. 373.

Der Anwendungsbereich dieser Norm ist äußerst begrenzt. Verletzer und Firmeninhaber müssen grundsätzlich am gleichen Ort ansässig sein.[558] Insofern ist die Bedeutung des § 37 II HGB für den Schutz des Kennzeichens gegen die Benutzung als Second-Level-Domain durch ein anderes Unternehmen gering.[559]

C. Sonderproblem Domain-Grabbing

Einen Domain-Namen zu registrieren ist, für jedermann denkbar einfach. Es genügt, bei einem beliebigen Internetprovider einen entsprechenden Antrag zu stellen. Die weitere Abwicklung, insbesondere im Verhältnis zum DENIC, übernimmt dann der Internetprovider. Der Registrierung des Domain-Namen entgegenstehende Rechte prüft dabei weder der Internetprovider noch das DENIC.[560] Ist der Domain-Name noch nicht vergeben, wird dieser auch nach dem Prinzip *„first come, first served"* eingetragen.

Insofern wird entsprechend häufig – zum Teil von der (*noch*) weit verbreiteten Vorstellung beflügelt, daß es sich bei dem Internet um einen rechtsfreien Raum handelt – versucht, mit der Registrierung von Domain-Namen leichtes Geld zu verdienen, indem der einmal registrierte Domain-Name später möglichst gewinnbringend weiterveräußert wird (sogenanntes *„Domain-Grabbing"* bzw. *"Cybersquatting"*[561]). Die Fallgestaltungen sind dabei vielfältig: Häufig registriert ein beliebiger Anbieter einen Domain-Namen, um von dem Betroffenen *„Lösegeld"* zu verlangen, sich also den Domain-Namen abkaufen zu lassen oder diesen zu *„vermieten"*.

---

[558] Staudinger-Weick/Habermann, § 12 BGB Rdnr. 227.
[559] Ullrich, WM 2001, S. 1129 (1130).
[560] vgl. Lehmann, WRP 2000, S. 947 (948) sowie Pfeiffer, GRUR 2001, S. 92 (93) – mit weiteren Hinweisen zu der Möglichkeit eines Beschwerdeverfahren vor dem WIPO Zentrum, welches aber auf die Top-Level-Domain „.de" bislang keine Anwendung findet.
[561] Neben dem schon seit einigen Jahren bekannten Begriff *„Domain-Grabbing"* taucht nunmehr – insbesondere im U.S. amerikanischen Raum – verstärkt der Begriff *„Cybersquatting"* auf. Der Bedeutungsgehalt ist jedoch derselbe. Nachfolgend wird aber der besser bekannte Begriff *„Domain-Grabbing"* verwendet.

Dieses hat eigene Domain-Börsen für den An- und Verkauf von Domain-Namen entstehen lassen.[562] So wurden beispielsweise 70.000,- DM für den Domain-Namen „*shopping.de*“ bezahlt, 500.000,- US-Dollar für „*computer.com*“, eine Million US-Dollar für „*wallstreet.com*“, 3,3 Millionen US-Dollar für „*altavista.com*“[563] und schließlich 7,5 Millionen US-Dollar für den Domain-Namen „*www.business.com*“. Anfangs haben auch noch zahlreiche Privatpersonen Kennzeichen von – vorzugsweise bekannten – Unternehmen für sich registriert, um diese anschließend den Kennzeicheninhabern zum Kauf anzubieten.

Diese Vorgehensweise wurde durch die einzelnen Vergabestellen, insbesondere durch das DENIC, mittlerweile dadurch entschärft, daß es seit Februar 1997 nicht mehr möglich ist, Domain-Namen (*kostenlos*) zu reservieren, ohne diese auch tatsächlich zu verwenden. Mittlerweile sind aber auch die Kosten dafür, den Domain-Namen auch tatsächlich im Internet zu verwenden, enorm gesunken. Die Registrierung eines Domain-Namens bei DENIC und der entsprechende Betrieb einer Website (*mit oder ohne Inhalt*) ist bei vielen Internetprovidern bereits für weniger als eine DM im Monat realisierbar. Teilweise gibt es auch schon völlig kostenlose – durch Werbung finanzierte – Angebote. Insofern stehen der Registrierung von beliebigen Domain-Namen bislang keine unüberwindbaren Hindernisse, insbesondere keine prohibitiven Kosten, entgegen.

Des weiteren kommt es vor, daß ein Unternehmen sich eine Vielzahl von Domain-Namen registrieren läßt, um Konkurrenten den Marktzutritt auf dem Internet-Markt zu erschweren. So hat beispielsweise Procter & Gamble nicht weniger als zweihundert Domain-Namen belegt, u.a. mit generischen Begriffen wie „*badbreath.com*“, „*cough.com*“, „*dandruff.com*“, und „*diarrhea.com*“.

---

562 Z.B.: www.domain-markt.de; www.domains-verkaufen.de; www.webaddress.de; www.domshop.de; www.domainauktion.de.
563 Neth, c't 17/1999, S. 86 (86).

Schließlich wird sich beim sog. „*Not-Quite Domain Name Grabbing*" das bekannte Kennzeichen eines anderen Unternehmens zu eigenen Zwecken zunutze gemacht.[564] Bedingt durch die unsichere Rechtslage scheuen sich viele Unternehmen noch immer vor langwierigen Prozessen mit unsicherem Ausgang. Oftmals ist es einfacher, kostengünstiger und vor allem deutlich weniger zeitaufwendig auf die Forderungen eines „*Domain-Grabbers*" einzugehen. Letztlich ist der Domain-Name zum Spekulationsobjekt geworden.

I. Schutz nach dem MarkenG

Zunächst kommt, auch im Falle des Domain-Grabbing, ein Schutz des Kennzeichens gegen die Benutzung desselben als Domain-Namen im Internet nach dem MarkenG in Betracht.

1. Geschäftlicher Verkehr

Kennzeichenschutz nach dem MarkenG besteht grundsätzlich nur gegenüber „*im geschäftlichen Verkehr*" vorgenommenen Handlungen (§§ 14 II und IV; 15 II und III MarkenG).[565] Die Handlung muß einem beliebigen eigenen oder fremden Geschäftszweck dienen, wobei Gewinnabsicht, Entgeltlichkeit oder das vom BGH im Rahmen des § 1 UWG für erforderlich gehaltene (*konkrete*) Wettbewerbsverhältnis nicht begriffsnotwendig sind.[566] Erfaßt wird also die geschäftliche Tätigkeit im weitesten Sinn und damit jede wirtschaftliche Zwecke verfolgende Tätigkeit, in der eine Teilnahme am Erwerbsleben zum Ausdruck kommt.[567] Insgesamt stimmt damit dieser Begriff mit dem „*geschäftlichen Verkehr*" im Sinne des UWG im wesentlichen überein. Dabei kann bei Gewerbetreibenden, wie im Wettbewerbsrecht, so auch im MarkenG von einer tatsächlichen Vermutung des Handelns im geschäftlichen Verkehr ausgegangen werden.[568]

---

[564] Mankowski, GRUR Int. 1999, S. 995 (996).
[565] Einzige Ausnahme ist der nicht auf den geschäftlichen Verkehr abstellende § 16 MarkenG zur Markennennung in Nachschlagewerken.
[566] LG Mannheim, WRP 1998, S. 920 (921) – „zwilling.de"; Ingerl/Rohnke, Markengesetz, § 14 Rdnr. 35.
[567] Baumbach/Hefermehl, Wettbewerbsrecht, Einl. UWG Rdnr. 208; Völker/Weidert, WRP 1997, S. 652 (658).
[568] Köhler/Piper, UWG, Einf. UWG Rdnr. 162; Ingerl/Rohnke, Markengesetz, § 14 Rdnr. 35; Kur, CR 1996, 590 (591).

Im Falle des Domain-Grabbing ist hier zunächst danach zu unterscheiden, ob der Domain-Name von einem Gewerbetreibenden registriert wurde oder von einer nichtgewerbetreibenden Privatperson. Bei Gewerbetreibenden wird ein Handeln im geschäftlichen Verkehr, wie bereits dargelegt, grundsätzlich vermutet. Bei nichtgewerbetreibenden Privatperson ist es aber durchaus zweifelhaft, ob bereits durch die Registrierung eines Domain-Namens in der Absicht, diesen gewinnbringend zu veräußern, ein Handeln im geschäftlichen Verkehr vorliegt.

Grundsätzlich ist es für die Voraussetzung des *„geschäftlichen Verkehrs“* unerheblich, ob ein Kaufmann oder eine Privatperson handelt, da das Gesetz mit dem Begriff des geschäftlichen Verkehrs nicht auf die Person des Handelnden abstellt, sondern auf dessen Tätigkeit und deren Zuordnung zum geschäftlichen Verkehr.[569] Unproblematisch ist der Fall, daß ein Domain-Name in der Absicht registriert wird, diesen sodann an Dritte zu veräußern. Zumindest wenn die Privatperson *„unlauter“* handelt, z.B. indem sie mit Hilfe des Domain-Namens das Unternehmen, dessen Marke sie angemeldet hat, zur Bezahlung eines Betrages für die Freigabe des Domain-Namens bewegen will, wird der rein private Bereich verlassen und ein Handeln im geschäftlichen Verkehr vorliegen.[570] Zweifelhaft erscheint in diesem Zusammenhang jedoch die Feststellung des LG München I[571], wonach jede Verwendung einer nach dem MarkenG geschützten Bezeichnung als Domain-Name im Internet eine Benutzung im geschäftlichen Verkehr darstelle. Das Argument, daß die Registrierung eines eigenen Domain-Namens für eine Privatperson zu rein privaten Zwecken schon aus Kostengründen nicht in Betracht komme, ist überholt. Wie bereits dargelegt, hat der enorme Preisverfall in der Computerbranche auch vor den Registrierungsgebühren für Domain-Namen nicht halt gemacht.[572]

---

[569] Köhler/Piper, UWG, Einf. UWG, Rdnr. 157.

[570] LG München I, CR 1998, S. 434 (434) – „paulaner.de“; LG Düsseldorf, NJW-RR 1998, S. 979 (981) – „epson.de“; Kur, CR 1996, S. 590 (591); Nordemann, NJW 1997, S. 1891 (1893); Ingerl/Rohnke, Markenrecht, § 14 Rdnr. 37.

[571] LG München I, NJW-CoR 1998, S. 111 (111) – „deutsches-theater.de“.

[572] Vgl. beispielsweise das Angebot der Strato AG: www.strato.de.

Die Argumentation des LG München I ist insofern nicht (*mehr*) überzeugend. Es sind durchaus Fallgestaltungen denkbar, die eindeutig nicht zum geschäftlichen Verkehr gehören. Hierzu gehört insbesondere der Lebensbereich des rein privaten Handelns. Soweit die Privatperson also mit der Registrierung des Domain-Namens tatsächlich rein private Zwecke verfolgt – etwa die Einrichtung einer Familien-Homepage – kann nicht von einer Benutzung im geschäftlichen Verkehr gesprochen werden, insbesondere dann nicht, wenn sie hierzu ihren eigenen Namen als Domain-Namen verwendet. Diesem rein privaten Handeln ist der Kennzeichenschutz nach dem MarkenG entzogen.[573]

Dementsprechend folgt, entgegen der Ansicht des LG München I, das Handeln im geschäftlichen Verkehr nicht pauschal aus der Registrierung eines Domain-Namens, sondern ist jeweils gesondert zu begründen. Im Ergebnis liegt aber zumindest im Fall des Domain-Grabbing stets ein Handeln im geschäftlichen Verkehr vor. Bei Gewerbetreibenden wird dieses ohnehin grundsätzlich vermutet, bei ansonsten nichtgewerbetreibenden Privatpersonen folgt das Handeln im geschäftlichen Verkehr im Fall des Domain-Grabbings aus der Verkaufsabsicht.

2. Identität/Ähnlichkeit der Waren und/oder Dienstleistungen bzw. Branchennähe

Die Anwendbarkeit des § 14 II Nr. 1 und 2 sowie des 15 II MarkenG setzten des weiteren eine Identität bzw. Ähnlichkeit der Waren und/oder Dienstleistungen bzw. Branchennähe voraus. Hieran wird es im Fall des Domain-Grabbing regelmäßig fehlen. Die Fälle des Domain-Grabbing sind in der Regel dadurch gekennzeichnet, daß bei Aufruf des streitigen Domain-Namens in der Regel entweder eine leere bzw. inhaltslose Website erscheint oder ein Hinweis darauf, daß dieser Domain-Name zum Verkauf oder zur Vermietung steht. Ansonsten würde die Registrierung eines fremden Kennzeichens, außer in den Fällen, in denen durch ein „*bekanntes*" bzw. „*berühmtes*" Kennzeichen Kunden angelockt werden sollen[574], für den „*Domain-Grabber*" keinen Sinn ergeben.

---

[573] Nordemann, NJW 1997, S. 1891 (1893); Kur, CR 1996, S. 590 (591); Strömer, Online-Recht, S. 75.

[574] Der Problembereich der „*bekannten*" bzw. „*berühmten*" Kennzeichen wird später noch ausführlich behandelt (*siehe hierzu 3. Kapitel E*).

Im Normalfall wird eine Dienstleistung im Sinne des MarkenG nicht angeboten, und die Ware ist der Domain-Name selbst. Eine Identität bzw. Ähnlichkeit der Waren und/oder Dienstleistungen des *„Domain-Grabbers“* mit denjenigen des Betroffenen wird demnach im Normalfall des Domain-Grabbing nicht vorliegen. Gleiches gilt für die Branchennähe. Sollte ausnahmsweise der in Verkaufsabsicht registrierte Domain-Name vorübergehend doch für eine Website mit einem Waren oder Dienstleistungsangebot genutzt werden, so ist entsprechend den oben[575] dargestellten Grundsätzen eine Identität, eine Ähnlichkeit oder Branchennähe festzustellen.

Insgesamt kommt im Fall des Domain-Grabbing ein Schutz des Kennzeichens gegen die Benutzung desselben als identische Second-Level-Domain nach § 14 II Nr. 1 und Nr. 2 sowie § 15 II MarkenG in der Regel nicht in Betracht. Eine abweichende Betrachtung ergibt sich aber bei berühmten bzw. bekannten Kennzeichen nach § 14 II Nr.2 sowie § 15 II MarkenG. Hierauf wird aber noch später im Zusammenhang mit berühmten bzw. bekannten Kennzeichen eingegangen.[576]

II. Schutz nach § 12 BGB

Für den Schutz des Kennzeichens gegen die Benutzung desselben als Second-Level-Domain kommt im Fall des Domain-Grabbing des weiteren die Anwendung des § 12 BGB in Betracht. Anders als die Regelungen des MarkenG setzt § 12 BGB kein Handeln im geschäftlichen Verkehr voraus[577], so daß sich diesbezügliche Einordnungsprobleme nicht stellen.

1. Domain-Grabbing und Namensbestreitung

Nach dem hier vertretenen Standpunkt[578] bereitet die Feststellung einer Namensbestreitung im Sinne des § 12 S. 1 1.Alt. BGB auch im Fall des Domain-Grabbing keine Probleme mehr.

---

[575] Siehe hierzu oben 3. Kapitel B I.
[576] Siehe hierzu unten 3. Kapitel E.
[577] Siehe hierzu oben 3. Kapitel B II. 2.
[578] Siehe hierzu oben 3. Kapitel B II. 3 a).

Die Registrierung eines fremden Kennzeichens als Domain-Name stellt grundsätzlich das Bestreiten des Namensrechts dar, denn durch die Registrierung des Domain-Namens gibt der Registrierende gegenüber DENIC zu erkennen, daß er für sich das Recht in Anspruch nimmt, sich unter diesem Namen im Internet zu präsentieren. Dieses Bestreiten gegenüber Dritten ist für eine Namensbestreitung im Sinne der Vorschrift des § 12 S.1 1.Alt. BGB ausreichend.

2. Domain-Grabbing und Namensanmaßung

In den Fällen des Domain-Grabbing ist das Vorliegen einer Namensanmaßung im Sinne des § 12 S. 1 2. Alt. BGB durchaus in Zweifel zu ziehen. Eine solche liegt grundsätzlich vor, wenn ein anderer unbefugt den gleichen Namen gebraucht und dadurch ein schutzwürdiges Interesse des Namensträgers verletzt.[579] Nach ständiger Rechtsprechung wird als Namensgebrauch nicht jede Verwendungsform eines fremden Namens angesehen, sondern nur eine solche Namensanmaßung, die geeignet ist, eine namensmäßige Identitäts- oder Zuordnungsverwirrung hervorzurufen.[580]

Ein Namensgebrauch liegt insbesondere dann vor, wenn der Name in einer Weise verwendet wird, die auf den Namensträger als Urheber hinweist, wenn also die Identität mit diesem vorgetäuscht wird. Wie bereits dargelegt, ist es für die Fälle des Domain-Grabbing jedoch kennzeichnend, daß bei Eingabe des entsprechenden Domain-Namens eine Website erscheint, auf der klar und unmißverständlich darauf hingewiesen wird, daß der entsprechende Domain-Name wie auch immer geartet zum Verkauf oder zur Vermietung steht.

---

[579] Ingerl/Rohnke, Markengesetz, Nach § 15 Rdnr. 13; Baumbach/Hefermehl, Wettbewerbsrecht, Allg Rdnr. 198; Palandt-Heinrichs, § 12 Rdnr. 19.

[580] BGH GRUR 1996, S. 422 (423) – „J.C. Winter"; BGH GRUR 1993, S. 151 (153) – „Universitätsemblem"; BGH GRUR 1983, S. 262 (262) – „Uwe"; BGB-RGRK/Krüger/Nieland, § 12 Rdnr. 82.

Der „*Domain-Grabber*" weist also ausdrücklich darauf hin, daß er nicht mit dem eigentlichen Namensträger identisch ist. Eine Identität mit diesem wird also ausdrücklich nicht vorgetäuscht. Auch unter dem Aspekt des „*erweiterten*" Namensschutzes, in dem der Namensträger durch den Gebrauch eines Namens zu bestimmten Einrichtungen, Gütern oder Erzeugnissen, mit denen er nicht zu tun hat, in Verbindung gebracht wird,[581]

bereitet die Feststellung eines Namensgebrauchs im Sinne des § 12 S. 1 2. Alt BGB die gleichen Probleme. Ausreichend für eine solche Zuordnungsverwirrung wäre bereits, daß im Verkehr der Eindruck entsteht, der Namensträger habe dem Benutzer ein Recht zur Namensverwendung erteilt.[582]

Im Fall des Domain-Grabbing wird dieses jedoch nur in den allerwenigsten Fällen zutreffen. In der Mehrzahl der Fälle werden die beteiligten Verkehrskreise – also die Internetnutzer – erkennen, daß zwischen dem eigentlichen Kennzeicheninhaber und dem „*Domain-Grabber*" kein Zusammenhang gleich welcher Art besteht. Dem Internetnutzer wird oftmals vor Augen geführt, daß die verschiedensten Domain-Namen systematisch registriert wurden und nunmehr zum Verkauf oder zur Vermietung stehen. Der rein spekulative Charakter der Registrierung dieser Domain-Namen ist ganz offensichtlich.

---

581 Ständige Rechtsprechung des BGH, z.B. BGHZ 30, S. 7 (9) – „Caterina Valente; BGH GRUR 1964, S. 38 (40) – „Dortmund grüßt"; vgl. auch Sack, WRP 1984, S. 521 (529); Baumbach/Hefermehl, Wettbewerbsrecht, Allg Rdnr. 201.

582 BGH GRUR 1994, S. 844 (846) – „Rotes Kreuz"; BGH GRUR 1994, S. 732 (735) – „McLaren"; BGH GRUR 1993, S.151 (153) – „Universitätsemblem"; BGH GRUR 1964, S. 38 (40) – „Dortmund grüßt"; BGB-RGRK/Krüger/Nieland, § 12 Rdnr. 84; Sack, WRP 1984, S. 521 (529); a.A. wohl nur: Mü/Ko-Schwerdtner, § 12 Rdnr. 106.

Eines der prominentesten Opfer in diesem Zusammenhang ist die **W**orld **I**ntellectual **P**roperty **O**rganization (*WIPO*). Der für die WIPO naheliegende Domain-Name „*www.wipo.com*" ist von einem „*Domain-Grabber*" belegt. Bei Aufruf dieses Domain-Namen erscheint folgende Website:

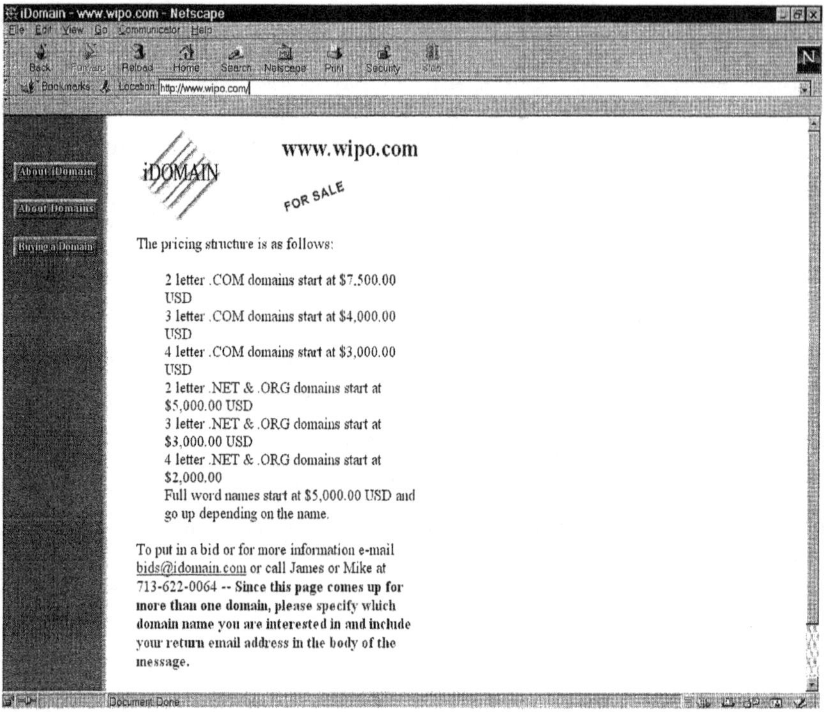

Abbildung 7: Website „www.wipo.com" mit Preisliste.

Dieses, für die zahlreich vorhandenen „*Domain-Grabbing-Websites*" stellvertretende Beispiel macht deutlich, daß eine Identitäts- oder Zuordnungsverwirrung nahezu ausgeschlossen ist. Der Anbieter täuscht die Identität mit dem Kennzeicheninhaber gerade nicht vor. Das ist schon allein daran zu erkennen, daß bei Aufruf verschiedenster Domain-Namen immer die gleiche Website des „*Domain-Grabbers*" angezeigt wird.

Dieses wird durch den auf der oben abgebildeten Website typischen Hinweis verdeutlicht:

„Since this page comes up for more than one domain, please specify which domain name you are interested in and include your return email adress in the body of the message."

Abweichendes würde sich nur dann ergeben, wenn auf den Domain-Namen außerhalb des Internets hingewiesen wird, ohne auf die Verkaufs- oder Vermietungsabsicht hinzuweisen. In diesem Fall wäre die Verwendung des Domain-Namens durchaus dazu geeignet, eine Zuordnungsverwirrung hervorzurufen. Insofern wäre dann – in diesem bislang noch nicht in Erscheinung getretenen Ausnahmefall – von einer Namensanmaßung im Sinne des § 12 S. 1 2. Alt. BGB auszugehen. Eine andere Betrachtung ist weiter dann erforderlich, wenn das fremde Kennzeichen dazu benutzt wird, um Kunden auf eine Website aufmerksam zu machen bzw. anzulocken. Dieses ist aber vornehmlich ein Problem der „*bekannten*" bzw. „*berühmten*" Kennzeichen und wird daher weiter unten in dem entsprechenden Zusammenhang behandelt.[583]

3. Ergebnis

In der Regel scheidet eine Namensanmaßung im Sinne des § 12 S. 1 2. Alt. BGB im Fall des Domain-Grabbing aus. Dem Kennzeicheninhaber verbleibt aber grundsätzlich ein Anspruch aus § 12 S.1 1. Alt BGB. Auf dieser Grundlage besteht ein sicheres rechtliches Fundament, um sich gegen Fälle des Domain-Grabbing wirksam zur Wehr zu setzen.

---

[583] Siehe hierzu 3. Kapitel E.

III. Schutz nach dem UWG

Der Schutz des Kennzeichens gegen die Benutzung desselben als Second-Level-Domain kann sich im Fall des Domain-Grabbing auch aus den Vorschriften des UWG ergeben. Zwar stellt sich der Schutz der geschäftlichen Bezeichnung im MarkenG als eine umfassende spezialgesetzliche Regelung dar, die jedenfalls für bekannte geschäftliche Bezeichnungen für eine gleichzeitige Anwendung des § 1 UWG keinen Raum läßt,[584] der markenrechtliche Schutz erfaßt aber neben der Verwechslungsgefahr nur die Ausnutzung oder Beeinträchtigung der Unterscheidungskraft bzw. Wertschätzung einer geschäftlichen Bezeichnung (*§ 15 II und III MarkenG*). Für den Fall der Behinderung kann daher § 1 UWG für einen ergänzenden Schutz herangezogen werden, da insoweit Schutz nach dem MarkenG nicht gewährt wird. Demzufolge sind insbesondere im Falle der unlauteren Behinderung durch sittenwidrige Blockade bestimmter Domain-Namen die Vorschriften des UWG von Bedeutung.

Die Regelungen der §§ 1 und 3 UWG setzen neben dem Handeln im geschäftlichen Verkehr das Bestehen eines Wettbewerbsverhältnisses voraus. Dieses Merkmal ist nach der Rechtsprechung im Interesse eines wirksamen wettbewerbsrechtlichen Individualschutzes großzügig auszulegen.[585] In der Regel ist es ausreichend, wenn sich der Verletzer in irgendeiner Weise in Wettbewerb zum Anspruchsteller stellt. Das Wettbewerbsverhältnis kann aus der Branchengleichheit der in Frage stehenden Parteien, der Behinderung des Absatzes einer bestimmten Ware durch die andere Partei,[586] aus der Ausnutzung des Ansehen oder des Rufes der in Bezug genommenen Ware resultieren.[587]

584 BGH NJW 1998, S. 3781 (3781) – „Big Mäc versus Mac Dog".

585 BGH GRUR 1960, S. 144 (146) – „Bambi"; BGH GRUR 1972, S. 533 (533) – „Statt Blumen Onko Kaffee"; BGH GRUR 1983, S. 247 (249) – „Rolls Royce"; BGH GRUR 1985, S. 247 (247) – „Dimple"; BGH GRUR Int. 1985, S. 474 (475) – „Der Champagner unter den Mineralwässern"; BGH GRUR 1994, S. 809 – „Markenverunglimpfung I".

586 BGH GRUR 1994, S. 809 (810) – „Markenverunglimpfung I"; BGH GRUR 1985, S. 550 (552) – „Dimple".

587 LG Hamburg MMR 1998, S. 485 (487) – „emergency.de".

Die Vorschrift des § 1 UWG wird regelmäßig verletzt sein, wenn fremde Kennzeichen als Domain-Name im Internet verwendet werden mit dem Ziel, hierdurch Marktvorteile auf Kosten des Mitbewerbers zu erlangen, ohne daß sich der Inhaber eines solchen Domain-Namens auf ein berechtigtes Interesse an der Benutzung berufen könnte.[588] Dem wird – entgegen dem Normalfall des Domain-Grabbing – nicht einmal eine Verkaufs- oder Vermietungsabsicht zugrunde liegen müssen. Allein die Registrierung eines solchen Domain-Namens zu dem Zweck der Behinderung für Mitbewerber ist unlauter im Sinne des § 1 UWG und damit unzulässig.[589]

Eine Behinderung ist die wettbewerbswidrige Beeinträchtigung der wettbewerbsrechtlichen Entfaltungsmöglichkeiten eines Mitbewerbers. Da auch eine wettbewerbskonforme Maßnahme Mitbewerber beeinträchtigen kann, wird die Wettbewerbswidrigkeit nicht indiziert, sondern ist positiv festzustellen. Von vornherein wettbewerbswidrig ist dabei eine Maßnahme, die ausschließlich bezweckt, den Mitbewerber an seiner wettbewerblichen Entfaltung hindern.[590] Das wettbewerbsrechtlich Verwerfliche ist dabei schon darin zu sehen, daß derjenige, der einen Domain-Namen registriert, die mit der Registrierung des Domain-Namens entstehende und wettbewerbsrechtlich an sich unbedenkliche Sperrwirkung zweckfremd als Mittel des Wettbewerbskampfes eingesetzt hat. Die Registrierung eines Domain-Namens kann auch deshalb wettbewerbswidrig im Sinne des § 1 UWG sein, weil die Registrierung auf eine unzulässige Absatzbehinderung abzielt.[591] Daneben kann eine Behinderung auch in der Errichtung von Vertriebshindernissen liegen. Dieses ist in der Regel anzunehmen, wenn für die betreffende Maßnahme – hier die Registrierung eines Domain-Namens – kein sachlicher Grund ersichtlich ist.[592]

---

[588] Kilian, DZWir 1997, S. 381 (389); Bettinger, GRUR Int. 1997, S. 402 (410).

[589] OLG Dresden, CR 1999, S. 589 (592) – „cyberspace.de"; Bettinger, GRUR Int. 1997, S. 402 (410); Kilian, DzWiR 1997, S. 381 (389); Ubber, WRP 1997, S. 652 (659); Bücking, Namens- und Kennzeichenrecht, Rdnr. 206.

[590] OLG München MMR 2000, S. 100 (101) – „buecherde.com".

[591] OLG Dresden, CR 1999, S. 589 (592) – „cyberspace.de"

[592] OLG München NJW-RR 1998, S. 984 (985) – „Freundin"; LG Braunschweig CR 1998, S. 364 (366) – „deta.com".

Dabei ist die Absicht, einen Dritten am bloß beabsichtigten Gebrauch zu hindern oder der Versuch, Geldzahlungen für den Gebrauch zu erreichen, ausreichend für die Behinderungsabsicht.[593] Hierbei indiziert bereits das Festhalten an dem Domain-Namen nach Abmahnung oder ein eventuelles Kaufangebot die Behinderungsabsicht.[594]
Wird darüber hinaus der Domain-Name tatsächlich und in wettbewerbsrechtlich relevanter Weise im Geschäftsleben genutzt, können des weiteren die Verbote der Irreführung gemäß § 3 UWG und der vermeidbaren Herkunftstäuschung[595] gemäß § 1 UWG eingreifen, wenn eine Täuschung des Verkehrs im Hinblick auf den Inhalt oder Anbieter der Website oder in bezug auf den Hersteller bzw. Vertreiber der dort beworbenen Leistungen zu besorgen ist.[596]

IV. Deliktsrechtlicher Kennzeichenschutz

Als Auffangtatbestand kommt der ergänzende deliktsrechtliche Kennzeichenschutz in Betracht. Für den Schutz des Kennzeichens gegen die Benutzung als Second-Level-Domain innerhalb eines Domain-Namens im Internet ergeben sich jedoch im Fall des Domain-Grabbing keinerlei Besonderheiten. Insofern kann auf die oben gemachten Ausführungen in vollem Umfang verwiesen werden.[597]

---

[593] LG Braunschweig CR 1997, S. 414 (414) – „braunschweig.de"; Nordemann, NJW 1997, S. 1892 (1896).
[594] Ubber, WRP 1997, S. 497 (509).
[595] BGH GRUR 1981, S. 142 – „Kräutermeister"; BGH GRUR 1971, S. 305 – „Konservenzeichen II"; BGH GRUR 1966, S. 30 – „Konservenzeichen I"; BGH GRUR 1965, S. 601 – „Roter Punkt".
[596] Kilian, DzWiR 1997, S. 381 (389); Stratmann, BB 1997, S. 689 (692); Bücking, Namens- und Kennzeichenrecht, Rdnr. 215.
[597] Siehe hierzu 3. Kapitel B IV.

D. Schutz des Gemeindenamens gegen die Benutzung als Second-Level-Domain

Zu den ersten Fällen im Bereich der Domain-Namen gehörten Namenskonflikte mit Gemeindenamen. So erging auch die erste deutsche Entscheidung zur Problematik der Domain-Namen überhaupt anläßlich eines solchen Konfliktes.[598] Die Konstellation dieser Konflikte ist in der Regel ähnlich: Zum einen ergeben sich Konflikte in der Regel dann, wenn ein Anbieter einen Gemeindenamen als Domain-Namen für sich registriert, um sich so die Zugkraft desselben zunutze zu machen[599], zum anderen ergibt sich ein weiteres Konfliktpotential dadurch, daß viele Gemeinden außerhalb des Internets den gleichen Namen tragen. So existiert beispielsweise die Stadt „*Mühlhausen*" siebenmal oder die Gemeinde „*Neustadt*" zwanzigmal.[600] Unterhalb der Top-Level-Domain „*.de*" ist daher schon technisch bedingt ein Internetauftritt für alle Gemeinden nur unter Hinzufügung von Zusätzen zu dem Gemeindenamen möglich. Für die Website der betroffenen Gemeinde kann also in vielen Fällen nicht mehr der naheliegende Domain-Name „*www.gemeinde.de*" verwendet werden, weil dieser schon an einen Dritten vergeben ist. Jeder weitere, nach dem Prioritätsprinzip erforderliche, Zusatz im Domain-Namen erschwert jedoch die Auffindbarkeit der Gemeinde im Internet. Dieses ist für die betroffene Gemeinde eine mißliche Lage, muß doch heute beinahe jede (*größere*) Gemeinde Onlineinformationssysteme zur Verfügung stellen, um auf kulturelle, geschichtliche, touristische und weitere Besonderheiten hinweisen zu können. Hinzu kommt, daß in immer mehr Gemeinden traditionelle Verwaltungsangelegenheiten online abgewickelt werden können. Durch das Angebot solcher Dienste stellt die betreffende Gemeinde nicht lediglich ihre Fortschrittlichkeit unter Beweis; in den Onlineangeboten stecken auch enorme Kosteneinsparungspotentiale.

Bis heute ist diese Problematik Gegenstand einer kontroversen Diskussion, welche ihre besondere Brisanz dadurch erhält, daß sich die hierzu ergangenen Gerichtsurteile teilweise deutlich widersprechen.

---

[598] LG Mannheim CR 1996, S. 353 – 355.
[599] Ernst, MMR 2001, S. 368 (372).
[600] Schmittmann, K&R 1999, S. 510 (513).

I. MarkenG

In diesem Zusammenhang ist zunächst zu beachten, daß die Bezeichnungen von Städten und Gemeinden keinen Schutz nach dem MarkenG genießen. Ein Schutz als Marke im Sinne des § 4 MarkenG scheidet ganz offensichtlich aus, und nach § 5 I MarkenG werden lediglich Unternehmenskennzeichen als geschäftliche Bezeichnungen geschützt. Diese sind nach der Legaldefinition des § 5 II MarkenG aber nur solche Zeichen, die im geschäftlichen Verkehr als Name, als Firma oder als besondere Kennzeichnung eines Geschäftsbetriebs oder eines Unternehmens geschützt werden. Mangels gewerblichen Charakters fallen Städte- und Gemeindenamen daher aus dem Schutzbereich des MarkenG heraus. Aus denselben Gründen finden auch die Vorschriften des UWG keine Anwendung. Eine abweichende Betrachtung ergibt sich nur, soweit sich die Gemeinden eigener Unternehmen zur Vermarktung bzw. zum Betrieb ihrer Onlineaktivitäten bedienen.

II. heidelberg.de

Den Grundfall zu Problematik der Gemeindenamen bildet die *„heidelberg.de"*-Entscheidung des LG Mannheim vom 8. März 1996.[601] Die Verfügungsbeklagte, ein Anbieter aus dem Bereich Informationstechnologie, Softwareentwicklung und Beratung, registrierte 1995 den Domain-Namen *„heidelberg.de"*. Ab Anfang 1996 wurde dann unter diesem Domain-Namen eine Datenbank mit Informationen über die Region Rhein-Neckar zur Verfügung gestellt. Als dann die Verfügungsklägerin, die Stadt Heidelberg, feststellen mußte, daß der Domain-Namen *„heidelberg.de"* bereits vergeben ist, nahm sie die Verfügungsbeklagte im Wege der einstweiligen Verfügung wegen Verletzung ihres Namensrechts auf Unterlassung in Anspruch.

---

[601] LG Mannheim CR 1996, S. 353 – 355.

Das LG Mannheim gab dem Antrag auf Erlaß einer einstweiligen Verfügung statt. Den Verfügungsanspruch stützte das LG Mannheim dabei auf § 12 S.2 BGB und bejahte die Verletzung der namensrechtlichen Interessen der Klägerin. Insbesondere liege es nach dem LG Mannheim nahe, daß gerade weil die Bezeichnung „*heidelberg*" ohne jeglichen Zusatz verwendet worden sei, unter der Adresse nicht nur Informationen *über* die Stadt Heidelberg, sondern Informationen *von* der Stadt Heidelberg abgerufen werden können.[602]

III. Schutzfähigkeit des Gemeindenamens

Die Diskussion um die Gemeindenamen gründet sich vor allem um die rechtliche Einordnung desselben. Jede Gemeinde besitzt einen individuellen Namen. Dieser ist entweder historisch überkommen, was die Gemeindeordnungen anerkennen, indem sie die Gemeinden ihre „*bisherigen Namen*" führen lassen[603] oder er beruht auf einer administrativen oder gesetzlichen Anordnung, die durch Gebietsreformen oder z.B. gemeindliche Änderungswünsche veranlaßt wird. Der Name von Gemeinden ist als Unterscheidungsmerkmal und Identifikationsmerkmal von großer Bedeutung. Dementsprechend wird das Recht der bestehenden Gemeinden, ihren Namen zu führen, als absolutes, d.h. gegenüber jedermann geltendes, von der verfassungsrechtlichen Gewährleistung des Art. 28 II GG[604], Art. 78 I und II VerfNW umfaßtes Recht qualifiziert.[605] Das Recht zur Führung des Gemeindenamens ist also nicht nur einfachgesetzlich, sondern sogar verfassungsrechtlich abgesichert.[606]

Neben dem Namen existieren Begriffe, die keinen notwendigen Bezug zu einer bestimmten Gemeinde aufweisen, sondern vielmehr typische Erscheinungsformen von Gemeinden beschreiben. Zu derartigen Gattungsbegriffen zählen z.B. „*Stadt*", „*Markt*" oder „*Landeshauptstadt*".

---

602 LG Mannheim CR 1996, S. 353 (354); OLG Brandenburg, MMR 2001 S.174 (175) – „luckau.de".
603 Siehe hierzu stellvertretend § 13 I 1 GONW.
604 BVerfGE 59, S. 216 (226).
605 Erichsen, Kommunalrecht, S. 44; Schmidt-Aßmann, Besonders Verwaltungsrecht, S. 16 Rdnr. 12.
606 BVerfG DVBl. 1979, S. 313 (313).

Diese Bezeichnungen enthalten alle Aussagen über den Status, die Eigenart oder Funktion der Gemeinde in aktueller oder historischer Hinsicht. Besitzt eine Gemeinde keine derartige Bezeichnung, „*firmiert*“ sie nur als „*Gemeinde*“. Insgesamt sind die Bezeichnungen ein eigenständiges Element der amtlichen Kennzeichnung einer Gemeinde und stehen neben dem Namen.[607]

Vereinzelt[608] wird vorgebracht, die betreffende Gemeinde dürfe sich im Internet nur unter der amtlichen Bezeichnung, also z.B. mit dem Namenszusatz „*Stadt-*“ präsentieren (z.B. „*www.stadt-bochum.de*“).

Nach der Rechtsprechung ist aber nicht nur der Gemeindename mit dem Zusatz „*Stadt*“ geschützt. Selbst die rein geographische Bezeichnung soll geschützt sein, wenn sie allein Hinweis- und Unterscheidungskraft besitzt.[609] Dementsprechend ist ein Domain-Name im Format „*www.gemeinde.de*“ durchaus als namensmäßiger Hinweis auf die Gebietskörperschaft namensrechtlich geschützt.[610] Dafür spricht bereits die Vorschrift des § 13 GONW.[611] Schon in der amtlichen Überschrift wird zwischen Namen und Bezeichnung unterschieden und das Wort „*Stadt*“ den Bezeichnungen zugeordnet. Nach § 13 II GONW dürfen die Bezeichnung „*Stadt*“ nur die Gemeinden führen, denen diese Bezeichnung „*nach dem bisherigen Recht zusteht oder auf Antrag von den Landesregierungen verliehen wird*“.[612]

Darüber hinaus kommt es auch nicht darauf an, ob sich Städte im Internet durchgehend mit oder ohne den Zusatz „*Stadt*“ präsentieren. Weitaus überwiegend geschieht dieses jedenfalls ohne den Zusatz „*Stadt*“. Diese Handhabung entspricht sowohl dem allgemeinen Sprachgebrauch als auch dem Interesse der angesprochenen Verkehrskreise an einem möglichst kurzen Domain-Namen.

---

[607] Siehe nur: Winkelmann, Namen und Bezeichnungen, S. 18 – m.w.N.
[608] Siehe hierzu stellvertretend das Vorbringen des Beklagten in der Entscheidung des OLG Köln Az.: 13 W 48/98 – „herzogenrath.de“.
[609] BGH NJW 1963, S. 2267 (2268) – „Dortmund grüßt ...“; Mü/Ko-Schwerdtner, § 12 Rdnr. 35; Palandt-Heinrichs, § 12 Rdnr. 12.
[610] OLG Köln CR 1999, S. 385 (386) – „herzogenrath.de“
[611] Entsprechende Regelungen finden sich in nahezu allen Gemeindeordnungen.
[612] So bereits RGZ 101, S. 169 (172).

Wer im Internet unter der Top-Level-Domain „*.de*" nach einer Stadt sucht, gibt als erstes den Städtenamen ohne weitere Namenszusätze ein.[613] Angesichts der weit verbreiteten und wachsenden Gepflogenheit von Städten und Gemeinden, sich so im Internet zu präsentieren, sind die Erwartungen der regionalen Nutzerkreise darauf gerichtet, durch Eingabe des Städtenamens als Second-Level-Domain unmittelbar auf die Website der Stadtverwaltung zu gelangen.

Insofern ist die Auffassung, eine Gemeinde sei verpflichtet, eine Internetadresse zu wählen, die sämtliche Bezeichnungen enthält, nicht überzeugend. Eine Internetadresse im Format „*www.bochum.de*" fällt demnach ebenso in den Schutzbereich des § 12 BGB wie die Internetadresse „*www.stadt-bochum.de*".

Nicht gefolgt werden kann daher der vom OLG Dresden vertretenen Auffassung, daß es sich bei Gemeindenamen – zumindest wenn diese isoliert im Format „*www.gemeinde.de*" verwendet werden – lediglich um eine nicht schutzfähige geographische Herkunftsangabe i.S.v. § 8 II Nr. 2 MarkenG handelt. Insofern würde der Begriff für Internetnutzer eine ständigen Verkehrsgepflogenheiten entsprechende übliche – und daher freihaltebedürftige – Bezeichnung gemäß § 8 II Nr. 3 MarkenG darstellen.[614] Dagegen spricht aber bereits der allgemeinem Sprachgebrauch, nach dem mit der isolierten Verwendung des Ortsnamens die Gemeinde als solche bezeichnet wird.[615] Insofern kann zumindest für Gemeindenamen unterhalb der Top-Level-Domain „*.de*" nicht von einer bloßen geographischen Herkunftsangabe ausgegangen werden. Darüber hinaus ist aber die Bedeutung der Top-Level-Domains für Gemeindenamen nachfolgend vertieft zu untersuchen.

---

613 OLG Köln CR 1999, S. 384 (386) – „herzogenrath.de".
614 OLG Dresden Az.: 14 U 433/98 – „dresden-online-de".
615 LG Lüneburg WM 1997, S. 1452 (1454); Schmittmann, K&R 1999, S. 510 (512).

IV. Gemeindenamen und Top-Level-Domain

Gemeindenamen weisen im Hinblick auf die Top-Level-Domain eine Besonderheit auf. Ist es bei Unternehmen aus kennzeichenrechtlicher Sicht in der Regel ohne Bedeutung, unter welcher Top-Level-Domain der Domain-Name registriert wird, ergeben sich bei Gemeindenamen durchaus erhebliche Zweifel, ob der Schutzbereich des Gemeindenamens so weit reicht, daß sich die betreffende Gemeinde ihren Namen unter jeder verfügbaren Top-Level-Domain sichern kann. Soweit sich die Gemeinde darauf beschränkt, einen Domain-Namen im Format „*www.gemeinde.de*" zu sichern, bestehen keine Bedenken. Zweifelhaft ist jedoch, ob sich die Gemeinde auch einen Domain-Namen im Format „*www.gemeinde.com*", „*www.gemeinde.firm*" oder „*www.gemeinde.shop*" soll sichern können. Aufgeworfen wird damit die Frage, ob es für die Beurteilung einer Zuordnungsverwirrung im Rahmen des § 12 BGB darauf ankommt, ob der Name unterhalb einer geographischen Top-Level-Domain (z.B. „*.de*"), die dem Internetnutzer nur eine grobe regionale Zuordnung erlaubt, verwendet wird, eine die inhaltliche Ausrichtung des Anbieters indizierende generische Top-Level-Domain wie z.B. „*.com*" oder die zukünftig eventuell verfügbaren Top-Level-Domains „*.firm*" und „*.shop*" verwendet wird.

In einem Beschluß des OLG Celle wird dazu ausgeführt, daß die Verwendung eines Gemeindenamens als Second-Level-Domain unterhalb der Top-Level-Domain „*.com*" den Internetnutzer ein kommerzielles Angebot erwarten lasse und nicht ein solches der Gebietskörperschaft, die diesen Namen trage.[616] Demgegenüber vertritt das OLG Karlsruhe in der „*badwildbach.com*"-Entscheidung die Ansicht, daß Internetnutzer sich nicht immer bewußt sein werden, daß unter der Top-Level-Domain „*.com*" vorwiegend Anbieter mit einem kommerziellen Hintergrund anzutreffen sind.[617]

---

[616] OLG Celle, Beschluß v. 21.02.1997, Az.: 13 U 202/96; zustimmend: Kilian, DZWir 1997, S. 381 (385) und Hoeren, EWiR 1999, S. 983 (984); Jaeger-Lenz, K&R 1998, S. 9 (14).

[617] OLG Karlsruhe CR 1999, S. 783 ff. – „badwildbach.com".

Gegen die letztere Auffassung spricht aber bereits die Tatsache, daß die Kenntnis der Bedeutung der unterschiedlichen Top-Level-Domains erforderlich ist, um überhaupt sinnvoll nach den gewünschten Websites im Internet zu suchen.

Insbesondere die unterschiedliche Bedeutung der geographischen Top-Level-Domain „*.de*“ und der generischen Top-Level-Domain „*.com*“ wird schon nach kürzester Benutzung des Internets für jeden Internetnutzer deutlich. Für den Schutz des Gemeindenamens auch unter der Top-Level-Domain „*.com*“ könnte jedoch sprechen, daß angesichts der zahlreichen Gemeinden mit identischen Namen diesen oftmals nur die Möglichkeit bleibt, ihren Namen mit einem Zusatz zu versehen oder eine andere Top-Level-Domain zu wählen. Im letzteren Fall stellt die Top-Level-Domain „*.com*“ dann die erste Wahl dar. Alle anderen Top-Level-Domains würden noch stärker auf eine abweichende Ausrichtung der Website hindeuten. Gerade die generischen Top-Level-Domains wie „*.com*“, „*.firm*“ oder „*.shop*“ dienen aber nicht nur dazu, eine Ausweichmöglichkeit für bereits belegte Top-Level-Domains zu schaffen, sondern in erster Linie der Beschreibung des Inhalts der jeweiligen Website. Demgegenüber vertritt das OLG Karlsruhe in der „*badwildbach.com*“-Entscheidung die Auffassung, daß die Gemeinden in der Wahl der Top-Level-Domain keinesfalls auf die Top-Level-Domain „*.de*“ beschränkt seien. Vielmehr stünden diesen die Top-Level-Domain „*.com*“ gleichberechtigt zur Wahl.[618]

Betrachtet man aber die Entwicklungsgeschichte des Internets, sollte durch die Schaffung der verschiedenen generischen Top-Level-Domains (z.B. „*.com*“, „*.net*“, „*.org*“, „*.mil*“) die Möglichkeit einer groben Aufteilung und Abgrenzung der unterschiedlichen Anbieter geschaffen werden. Die Wahl der generischen Top-Level-Domain nimmt der Anbieter einer Website gerade nicht zufällig, sondern gezielt dem Angebot entsprechend vor. Mit der generischen Top-Level-Domains „*.com*“ sollen durchweg kommerzielle Angebote verknüpft werden.

---

[618] OLG Karlsruhe CR 1999, S. 783 (785) – „badwildbach.com“.

Auch wenn sich die inhaltliche Differenzierung durch die Wahl einer inhaltspezifischen generischen Top-Level-Domain im deutschsprachigen Raum bislang nicht durchgesetzt hat, da für die weitaus meisten deutschsprachigen kommerziellen Angebote unterschiedslos, die aus deutscher Sicht neutrale Top-Level-Domain „*.de*“ verwendet wird, erwartet der Internetnutzer unter der Top-Level-Domain „*.com*“ in erster Linie ein kommerzielles und darüber hinaus meist fremdsprachiges Angebot.[619] Diese Erwartungshaltung wird auch durch die Praxis bestätigt, da Anbieter aus der Bundesrepublik Deutschland in der Regel die Top-Level-Domain „*.de*“ wählen. Die Wahl fällt nur dann auf die generische Top-Level-Domain „*.com*“, wenn es sich um einen Anbieter mit globaler Ausrichtung handelt (z.B. „*www.daimler-chrysler.com*“ oder „*www.sap.com*“).

Im Vordergrund der Aufgaben einer Gemeinde stehen aber eindeutig keine kommerziellen Tätigkeiten. Auch eine globale Ausrichtung einer Gemeinde liegt in der Regel nicht vor. Das wird auch dem Internetnutzer bekannt sein, der dementsprechend sein Suchverhalten nach den gewünschten Websites entsprechend einrichtet. Der Internetnutzer hat bei generischen Top-Level-Domain des Formats „*.com*“, „*.firm*“ oder „*.shop*“ das berechtigte Interesse, auf einen kommerziellen Anbieter zu stoßen. Übertragen auf die Argumentation des LG Mannheim in der „*heidelberg.de*“-Entscheidung bedeutet dieses, daß die Internetnutzer eine berechtigte Erwartungshaltung bzgl. Informationen *von* der Stadt Heidelberg nur im Falle des Domain-Namens „*www.heidelberg.de*“ haben werden. Hingegen werden die Internetnutzer unter dem Domain-Namen „*www.heidelberg.com*“ durchaus auch nur Informationen *über* die Stadt Heidelberg oder einen Anbieter mit einem sachlichen Bezug *zu* der Stadt Heidelberg erwarten. So findet sich auch unter dem Domain-Namen „*www.heidelberg.de*“ die Stadtverwaltung Heidelberg und unter dem Domain-Namen „*www.heidelberg.com*“ die seit dem Jahre 1896 in Heidelberg ansässige Heidelberger Druckmaschinen AG.

---

[619] OLG Hamburg CR 1999, S. 779 (782) – „mitwohnzentrale.de“.

Die Vorschrift des § 12 BGB schützt den Gemeindenamen aber nur, soweit der Verkehr aus seiner Verwendung irrigerweise entnimmt, hinter dem Verwender des Gemeindenamens stehe die Verwaltung der Gemeinde, Stadt usw.[620] Dieses trifft auf Gemeindenamen unter der Top-Level-Domain „*.com*" gerade nicht zu, so daß Zuordnungsverwirrungen im Sinne des § 12 BGB nicht gegeben sind. Im Ergebnis ist damit der Gemeindename also nur unterhalb der Top-Level-Domain „*.de*" geschützt. Unterhalb der übrigen Top-Level-Domains kommt dem Gemeindenamen lediglich die Funktion einer geographischen Herkunftsangabe zu. Insoweit ist der Entscheidung des OLG Dresden[621] durchaus zuzustimmen.

V. Öffentlich-rechtlicher Namensschutz

Bei dem Schutz von Beeinträchtigungen von Städtenamen sind ein öffentlich-rechtlicher und ein privat-rechtlicher Bereich zu trennen. Für die Abgrenzung dieser beiden Schutzbereiche ist im Ergebnis maßgebend, ob die Verletzung des Namensrechts im Zusammenhang mit einer öffentlich-rechtlichen Aufgabenerfüllung oder im Privatrechtsverkehr erfolgt. Wird der Name im Zivilrechtsverkehr unbefugt gebraucht und damit der Eindruck erweckt, die Gemeinde nehme selbst am Wirtschaftsverkehr auf privatrechtlicher Grundlage teil, greift auf der Grundlage der oben gewonnen Ergebnisse der zivilrechtliche Namensschutz gemäß § 12 BGB ein.

Wird der Name der Gemeinde hingegen im Rahmen öffentlich-rechtlich geregelter Aufgaben und Pflichten durch einen anderen Hoheitsträger beeinträchtigt, ist die Gemeinde in ihrer öffentlich-rechtlichen Stellung angesprochen.[622] Die Existenz eines öffentlich-rechtlichen Namensschutzes war lange Zeit nicht unumstritten. [623]

---

[620] BGB-RGRK/Krüger/Nieland, § 12 Rdnr. 55; Mü/Ko-Schwerdnter, § 12 Rdnr. 35.
[621] OLG Dresden Az.: 14 U 433/98 – „dresden-online-de".
[622] BVerwGE 44, S. 551 (353); Pappermann, JuS 1976, S. 305 (306).
[623] Siehe nur Prell, Das Namensrecht der Gemeinden, S. 250 – m.w.N.

Die heute vorherrschende Ansicht in Rechtsprechung und Literatur stützt den öffentlich-rechtlichen Namensschutz auf die namensrechtlichen Bestimmungen in den einzelnen Gemeindeordnungen in Verbindung mit § 12 BGB analog.[624] Diese Analogie ist auch bei der gebotenen Zurückhaltung hinsichtlich der Übernahme zivilrechtlicher Vorschriften im öffentlichen Recht unbedenklich, weil § 12 BGB nur zur Ergänzung des in den Gemeindeordnungen der jeweiligen Ländern verbürgten Namensrechts herangezogen wird. Die Gemeindeordnungen gewähren zwar das Recht zur Namensführung, enthalten aber keine Regelung zur Durchsetzung desselben.[625]

E. Schutz des bekannten Kennzeichens gegen die Benutzung als Second-Level-Domain

Berühmte bzw. bekannte Kennzeichen anderer Unternehmen werden häufig als Second-Level-Domain im Internet verwendet. Teilweise geschieht dieses, um den großen Bekanntheitsgrad des Kennzeichens im traditionellen Geschäftsverkehr für eigene Zwecke auszunutzen. Andererseits existieren aber auch Fallgestaltungen, bei denen die Registrierung eines anderen Kennzeichens nicht mißbräuchlich erscheint, Konflikte aber, bedingt durch die weltweite Einmaligkeit einer Second-Level-Domain, im Grunde vorprogrammiert sind. Häufig sind dabei Konflikte, die sich daraus ergeben, daß der eigene bürgerliche Name – welcher als Second-Level-Domain registriert wird – zufällig mit einem bekannten Kennzeichen übereinstimmt.[626]

---

[624] OVG Lüneburg DVBl. 1971, S. 515 (516); hess. VGH DVBl 1977 (s. 49 (50); BVerwGE 44, S. 351 (354); OLG Brandenburg, MMR 2001, S. 174 (175) – „luckau.de"; Pappermann, JuS 1976, S. 305 (307); v. Mutius, JuS 1977, S. 99 (102); Winkelmann, Namen und Bezeichnungen, S. 253; Anderer Ansicht wohl nur Erichsen, Kommunalrecht, S. 45, der Abwehr- und Beseitigungsansprüche direkt aus Art. 28 II GG, Art. 78 I und II VerfNW herleiten will, ohne daß es hierzu eines Rückgriffs auf § 12 BGB bedarf.

[625] Bethge, JURA 1985, S. 44 (46); Pappermann, JuS 1976, S. 305 (307).

[626] OLG Hamm CR 1998, S. 241 – "krupp.de".

Problematisch ist bei diesen Konstellationen, daß die geforderte Identität oder Ähnlichkeit der Waren und Dienstleistungen (*§ 14 II Nr. 1, 2 MarkenG*) bzw. die erforderliche Branchennähe (*§ 15 II MarkenG*) häufig nicht gegeben sein werden. Auch die für den Schutz nach § 12 BGB geforderte Zuordnungsverwirrung, die ihrerseits eine Verwendung der kollidierenden Zeichen in verwandten Branchen voraussetzt, wird häufig nicht vorliegen. Aufgrund der Tatsache, daß berühmte bzw. bekannte Kennzeichen eine besondere Aufmerksamkeit bei den Verkehrsteilnehmern wecken, ist seit langer Zeit anerkannt, daß diesen ein besondere Schutz zukommen muß, der über den gewöhnlicher Kennzeichen hinausgeht. Dieser besondere Schutz ist auch in internationaler Hinsicht weit verbreitet und wird gemeinhin akzeptiert.[627] Für den Bereich der Domain-Namen wird von der **W**orld **I**ntellectual **P**roperty **O**rganization (*WIPO*) sogar gefordert, daß berühmte und weltweit verbreitete Kennzeichen einen Exklusivschutz unter sämtlichen Top-Level-Domains erhalten sollen.[628]
Die Schutzmöglichkeiten des bekannten bzw. berühmten Kennzeichens gegen die Benutzung desselben als Second-Level-Domain außerhalb des Ähnlichkeitsbereichs sind nachfolgend näher zu untersuchen.

I. Schutz nach dem MarkenG – „*Bekanntheitsschutz*"

1. Bekannte Marken – § 14 II Nr. 3 MarkenG

Der Verletzungstatbestand des § 14 II Nr. 3 MarkenG erstreckt den Markenschutz für bekannte Marken über die Waren/Dienstleistungsähnlichkeit und damit die markenrechtliche Verwechslungsgefahr hinaus.[629] Der erweiterte Schutz bekannter Marken ist wettbewerbsrechtlicher Leistungsschutz. Geschützt werden soll die in den Schutzobjekten „*Wertschätzung*" und „*Unterscheidungskraft*" einer bekannten Marke verkörperte wettbewerbliche Leistung.

[627] WIPO, Final Report, S. 78 – m.w.N.
[628] WIPO, Final Report, S. 79.
[629] Ingerl/Rohnke, Markengesetz, § 14 Rdnr. 453; Rößler, GRUR 1994, S. 559 (561).

Geschützt wird aber nicht nur die wettbewerbliche Leistung als solche, sondern auch der bisweilen enorme wirtschaftliche Wert, den eine bekannte Marke als Vermögensgegenstand darstellt.[630] Dem WZG war ein derartiger Schutz fremd.[631] Allerdings hatte die Rechtsprechung einen Schutz bekannter Marken auch ohne das Vorliegen von Verwechslungsgefahr unter wettbewerbsrechtlichen Gesichtspunkten entwickelt. Die Verwendung von Bezeichnungen, die mit bekannten Marken identisch oder ähnlich waren, wurden bei Vorliegen besonderer wettbewerbsrechtlicher Umstände von § 1 UWG erfaßt.[632]

a) Bekannte Marke

In der Bundesrepublik Deutschland hat es vor dem MarkenG die „*bekannte*" Marke zwar als Beschreibung, nicht aber als Rechtsbegriff gegeben. Einschlägig für den Kennzeichenschutz außerhalb des Ähnlichkeitsbereichs war die „*berühmte*" Marke.[633] Weder das MarkenG noch die MRRL enthalten nähere Anforderungen an die „*Bekanntheit*" der den erweiterten Schutz beanspruchenden Marke. Aus der Entstehungsgeschichte der MRRL ist zu entnehmen, daß keine „*Berühmtheit*" im Sinne des bisherigen deutschen Rechtsprechung notwendig ist, zumal der in früheren Vorschlägen verwendete Begriff der „*Berühmtheit*" bewußt durch den der „*Bekanntheit*" ersetzt wurde, um den Markenschutz außerhalb des Ähnlichkeitsbereichs zu verbessern.[634] Insofern sind die Anforderungen an das Vorliegen einer bekannten Marke deutlich geringer.

---

630 Ingerl/Rohnke, Markengesetz, § 14 Rdnr. 458.
631 Die Umsetzung des in der MRRL vorgesehenen Bekanntheitsschutzes in nationales Recht war nicht verpflichtend. Die gemeinschaftsrechtliche Grundlage des Bekanntheitsschutzes für Inlandsmarken führt aber dazu, daß dessen Auslegung vom EuGH überwacht wird (*siehe hierzu Eichmann, FS Krieger GRUR 1998, S. 201 (201) – m.w.N.*).
632 Starck, MarkenR 2000, S. 73 (73) – m.w.N.
633 Eichmann, FS Krieger GRUR 1998, S. 201 (205).
634 Althammer/Ströbele/Klaka, Markengesetz, § 14 Rdnr. 7 – m.w.N.

Die wirtschaftliche Verwertbarkeit des Rufes einer Warenkennzeichnung hänge nicht allein von einem bestimmten Grad ihrer allgemeinen Bekannheit im Verkehr ab. Sie werde vielmehr auch durch andere Umstände beeinflußt, zu denen – neben der Eigenart der Bezeichnung selbst – insbesondere die Art der unter der Kennzeichnung vertriebenen Waren, deren Qualität und Ansehen, ei etwa damit verbundener Prestigewert und vor allem das verhältnis dieser Waren zu denjeigen Waren gehören könnten, für die der Ruf der Kennzeichnung genutzt werden solle.[635]
Von festen Quoten kann nicht (*mehr*) ausgegangen werden. Vielmehr sind jeweils die Umstände des Einzelfalls zu berücksichtigen.[636] Dabei kann auf exakte, durch ein demoskopisches Gutachten ermittelte Zahlen im Einzelfall auch verzichtet werden, soweit die Bekanntheit durch das Gericht auch nach eigener Sachkunde und Lebenserfahrung festgestellt werden kann.[637] Der Bundesgerichtshof hat in der „DIMPLE"-Entscheidung[638] betont, daß die dort zugrunde zu legende Bekanntheit der „DIMPLE"-Marke bei etwa einem Drittel des allgemeinen Verkehrs nicht das allein maßgebende Kriterium sei. Die wirtschaftliche
Als Indizien für die Feststellung der Bekanntheit einer Marken können demnach unter anderem herangezogen werden: Schutz- und Benutzungsdauer, mit der Marke erzielte Umsätze, Werbeumfang, öffentliche Erwähnung der Marke durch Dritte, insbesondere in den Medien.[639] Im Ergebnis können also sowohl quantitative als auch qualitative Merkmale eine Rolle spielen.[640]

---

635 BGH GRUR 1985, S. 550 (552) – „DIMPLE"; Starck, MarkenR 2000, S 73 (75).
636 OLG München NJW – RR 1998, S. 984 (985) – „freundin.de"; LG Mannheim WRO 1998, S. 920 (922) – „zwilling.de".
637 OLG München NJW – RR 1998, S. 984 (985) – „freundin.de"; OLG München MMR 2000, S. 104 (105) – „rolls-royce.de"; Ingerl/Rohnke, Markengesetz, § 14 Rdnr. 483; Eichmann, FS Krieger GRUR 1998, S. 201 (205) – m.w.N.
638 BGH GRUR 1985, S. 550 (552) – „DIMPLE".
639 Ingerl/Rohnke, Markengesetz, § 14 Rdnr. 484.
640 Eichmann, FS Krieger GRUR 1998, S. 201 (205).

b) Eingriffstatbestände

Die Regelung des § 14 II Nr. 3 MarkenG kombiniert zwei Schutzobjekte (*Unterscheidungskraft und Wertschätzung*) mit zwei Verletzungswirkungen (*Ausnutzung und Beeinträchtigung*). Dieses ergibt vier Eingriffstatbestände, denen trotz Überschneidungen selbständige Bedeutung zukommt:

- **Rufausbeutung** (*Ausnutzung der Wertschätzung*)
- **Aufmerksamkeitsausbeutung** (*Ausnutzung der Unterscheidungskraft*)
- **Rufschädigung** (*Beeinträchtigung der Wertschätzung*)
- **Verwässerung** (*Beeinträchtigung der Unterscheidungskraft*)

Überschneidungen dieser Eingriffstatbestände sind häufig, weil Rufausbeutung, Aufmerksamkeitsausbeutung und Rufschädigung nicht selten auch Verwässerungswirkungen haben können.[641]

Für alle vier Eingriffstatbestände ist der Unterlassungsanspruch unter die zusätzliche Voraussetzung gestellt, daß die unautorisierte Benutzung ohne rechtfertigenden Grund in unlauterer Weise erfolgt *(§ 14 II Nr. 3 a.E MarkenG)*. Das Tatbestandsmerkmal der Unlauterkeit ermöglicht eine interessengerechte Abwägung im Einzelfall anhand eines beweglichen Systems. Der Begriff der Unlauterkeit stimmt hierbei nicht überein mit der Sittenwidrigkeit im Sinne des § 1 UWG, sondern steht dem Begriff des Verstoßes gegen die guten Sitten im Sinne des § 23 MarkenG nahe. Für die Bejahung einer Unlauterkeit ist auch kein Wettbewerbsverhältnis im Sinne des UWG erforderlich. Bei identischer Verwendung des bekannten Kennzeichens wird die Unlauterkeit regelmäßig zu vermuten sein.[642]

---

641 Ingerl/Rohnke, Markengesetz, §14 Rdnr. 493.
642 Ingerl/Rohnke, Markengesetz, § 14 Rdnr. 496.

Eng mit dem Kriterium der Unlauterbarkeit verbunden ist der für das deutsche Recht selbstverständliche Vorbehalt fehlender Rechtfertigungsgründe für das Verletzerhandeln. Im Vordergrund stehen nicht spezifisch kennzeichen- oder wettbewerbsrechtliche, sondern aus anderen Bereichen der Rechtsordnung folgende und dem Kennzeichenschutz aufgrund Abwägung im konkreten Fall übergeordnete Rechtfertigungsgründe.[643]

Durch das Tatbestandsmerkmal „*ohne rechtfertigenden Grund in unlauterer Weise*“ stellt § 14 MarkenG klar, daß nicht jede Rufausbeutung, Rufschädigung, Aufmerksamkeitsausbeutung oder Verwässerung einer fremden Marke ohne weiteres rechtswidrig ist. Andererseits erlaubt jedoch die Reihenfolge der Worte „*ohne rechtfertigenden Grund in unlauterer Weise*“ den Schluß, daß das Vorliegen einer der vier Eingriffstatbestände grundsätzlich die Rechtswidrigkeit indiziert und daß diese nur entfällt, wenn durch den Verwender besondere Umstände geltend gemacht werden, die sein Verhalten rechtfertigen.[644]

aa) Rufausbeutung/Aufmerksamkeitsausbeutung

Die Ausnutzung der Wertschätzung, die eine Marke außerhalb des Ähnlichkeitsbereichs genießt, ist ein Vorgang, der in der deutschen Rechtspraxis als Rufausbeutung geläufig ist.[645]

Für die Nachfrage nach einem neuen oder umsatzschwachen Angebot kann es bereits förderlich sein, wenn die durch Bekanntheit gesteigerte Unterscheidungskraft einer Marke für eigene Zwecke ausgenutzt wird. Noch deutlich vorteilhafter ist es, wenn darüber hinaus auch noch von der Wertschätzung profitiert werden kann, welche von den beteiligten Verkehrskreisen einer bekannten Marke entgegengebracht wird.

---

643 Piper GRUR 1996, S. 429 (435); Ingerl/Rohnke, Markengesetz, § 14 Rdnr. 497.

644 Sack, GRUR 1995, S. 81 (82).

645 Vgl. zu dieser Fallgruppe: BGH GRUR 1983, S. 247 (248) – „Rolls – Royce“; BGH GRUR 1994, S. 635 (636) – „Pulloverbeschriftung“; BGH GRUR 1990, S. 68 (68) – „VOGUE – Ski“; OLG Hamburg WRP 1986, S. 221 (221) – „QUATTRO – Ski“.

Was im Normalfall mühsam und kostspielig durch Werbung vermittelt werden muß, kann so einfach durch Ableitung erzeugt werden.[646] Ziel der Rufausbeutung ist damit ein Imagetransfer.

Die Verwendung eines bekannten Kennzeichens als Second-Level-Domain ist bestens geeignet, um die Neugierde der Internetnutzer zu wecken und auf diese Weise auf die Website zu locken. Allein der durch diese Vorgehensweise erhöhte „*traffic*“ auf der Website führt dazu, daß sich die Website vorzüglich durch die Schaltung von Werbebannern vermarkten läßt.[647]

Ähnlich entschied auch das OLG Karlsruhe in der „*zwilling.de*“ Entscheidung.[648] Danach nutzte der Beklagte durch die Verwendung der Kennzeichnung „*zwilling.de*“ als Domain-Name die mit dem Kennzeicheninhaber und seinen Produkten verbundenen Gütevorstellungen aus, um Kunden anzulocken und zu veranlassen, sich näher mit ihrem Angebot zu befassen. Leider fehlen in den Entscheidungsgründen des OLG Karlsruhe jegliche Ausführungen zum zusätzlich erforderlichen Imagetransfer. Allein die Ausnutzung der Bekanntheit des Kennzeichens zur Erhöhung der Aufmerksamkeit der Internetnutzer bzgl. der eigenen Website ist unter Zugrundelegung der bisherigen Rechtsprechung nicht ausreichend, um auch den Vorwurf der Unlauterbarkeit begründen zu können. Erforderlich ist darüber hinaus, daß die Rufausbeutung zur Erhöhung der Wertschätzung der eigenen Produkte bei den Internetnutzern dient. Dieses ist in der Regel erst dann der Fall, wenn der Inhaber des Domain-Namens versucht, das Image der unter der bekannten Marke gekennzeichneten Waren bzw. Dienstleistungen auf die eigenen Produkte zu übertragen.

---

[646] Eichmann, FS Krieger GRUR 1998, S. 201 (203).

[647] Dabei kommen für den Betreiber der Website mehrere Modelle in Frage. Zum einen können Werbebanner geschaltet werden, die dem Betreiber pro „Klick“ bzw. „Hit“ einen bestimmten Betrag (*in der Regel ca. 0,10 $ - vgl. hierzu die Angebote von „www.valueclick.com“ oder „www.doubleclick.com“*) einbringen. Zum anderen können Werbebanner geschaltet werden, die dem Betreiber immer dann eine Verkaufsprovison einbringen, wenn der Besucher seiner Website auf das Werbebanner „klickt“ und dann auf der Website des Werbenden Produkte erwirbt (*vgl. hierzu die Partnerprogramme von: „www.amazon.com“; „www.bol.de“; „www.barnesandnoble.com“; „www.strato.de“; „www.booksamillion.com“ usw.*).

[648] OLG Karlsruhe WRP 1998, S. 900 (901) – „zwilling.de“.

Dabei erfolgt die Ausnutzung der Wertschätzung typischerweise durch Übertragung der positiven Assoziation auf die unter dem ähnlichen Zeichen angebotenen Produkte.[649] Grundvoraussetzung für einen solchen Imagetransfer ist, daß Übertragbarkeit des *„guten Rufs"* überhaupt möglich ist bzw. sich die gegenüberstehenden Waren/Dienstleistungen für einen Imagetransfer überhaupt eignen.[650] Damit hängt also das Vorliegen einer unlauteren Rufschädigung von dem Typus der Website bzw. von den auf ihr beworbenen oder angebotenen Waren oder Dienstleistungen ab.

Das OLG Karlsruhe sieht hierbei die maßgebliche Dienstleistung in der unter dem Domain-Namen *„www.zwilling.de"* geplanten Schaltung von Werbebannern und Hyperlinks. Gegen diese Ansicht wird vorgebracht, die Schaltung von Werbebannern und Hyperlinks werde nicht den Internetnutzern angeboten, welche die Website *„www.zwilling.de"* aufrufen. Vielmehr werde die Dienstleistung *„Schaltung von Werbebannern bzw. Hyperlinks"* den Unternehmen angeboten, die dann mit dem Werbebanner bzw. Hyperlink auf der Website aufträten. Dieses Angebot erfolgt dann aber durch den Domain-Inhaber unter seinem Namen und u.U. außerhalb des Internets.[651] Diesem Einwand kann so pauschal nicht gefolgt werden. Die Schaltung von Werbebannern auf der Website ist selbstverständlich keine Dienstleistung für den Internetnutzer. Die Werbebanner dienen dazu, die Dienstleistung für den Internetnutzer – das Anbieten von Hyperlinks – zu finanzieren. Das Angebot von Hyperlinks kann aber nur wenigen Fällen als Angebot für Unternehmen angesehen werden. Websites, die ausschließlich Hyperlinks auf andere Websites enthalten, sind keine Seltenheit. Im Grunde besteht jede Suchmaschine lediglich aus einer Ansammlung von Hyperlinks. Gerade diese Ansammlung stellt jedoch für den Internetnutzer eine Navigationshilfe und damit eine Dienstleistung dar. Den Unternehmen wird in der Regel lediglich angeboten, auf diesen Websites Werbebanner zu schalten.[652]

---

[649] Ingerl/Rohnke, Markengesetz, § 14 Rdnr. 501.
[650] Viefhues, MMR 1999, S. 123 (125).
[651] Viefhues, MMR 1999, S. 123 (125).
[652] Auch wenn es in der *„zwilling.de"* – Entscheidung ausnahmsweise einmal so war, daß die Unternehmen auch die Einrichtung eines Hyperlinks bezahlen sollten.

Es ist also scharf zwischen dem „*content*" der Website – der oftmals eine Dienstleistung darstellt – und der Finanzierung desselben durch Werbebanner zu unterscheiden. Insofern ist dem OLG Karlsruhe durchaus darin zuzustimmen, daß in der Website des Domain-Inhabers eine Dienstleistung zu sehen sein kann.[653]

Trotzdem ist der Entscheidung im Ergebnis nicht zu folgen. Allein aus der Dienstleistungseigenschaft ergibt sich noch kein Imagetransfer in Bezug auf die Waren, für welche die Marke „*Zwilling*" bekannt ist. Ein solcher Imagetransfer wird in den meisten Fällen aber auch gar nicht beabsichtigt sein. Im Vordergrund steht vielmehr die Absicht, durch die Verwendung einer bekannten Marke als Second-Level-Domain den „*traffic*" auf der eigenen Website und damit die Höhe der Werbeeinnahmen zu erhöhen. Dementsprechend fallen diese Fallgestaltungen entgegen der Ansicht des OLG Karlsruhe in der Regel in die Fallgruppe der Aufmerksamkeitsausbeutung.

Die Ausnutzung der Unterscheidungskraft (*Aufmerksamkeitsausbeutung*) bildet einen Auffangtatbestand für die Fälle, in denen die Ausnutzung der Wertschätzung (*Rufausbeutung*) nicht mit Sicherheit festgestellt werden kann.[654] Eine Aufmerksamkeitsausbeutung ist bereits dann gegeben, wenn aufgrund der Bekanntheit der Marke die Aufmerksamkeit des Publikums erreicht und dadurch die werbliche Kommunikation erleichtert, also ein Kommunikationsvorsprung erreicht werden kann.[655] Allein auf das Erzielen eines Aufmerksamkeitseffektes abzustellen reicht jedoch nicht aus.[656] Andernfalls müßte die Nachahmung einer bekannten Marke als solche ohne weitere besondere Umstände als unlauter anzusehen sein. Dies hätte zur Folge, daß der Schutz der bekannten Marke demjenigen der berühmten Marke angeglichen wird.

---

653 Siehe hierzu oben 3. Kapitel B. I. 5. c).

654 Eichmann, FS Krieger GRUR 1998, S. 201 (204).

655 Ingerl/Rohnke, Markengesetz, § 14 Rdnr. 520.

656 Anders jedoch BGH GRUR 1981, S. 142 (144) – „Kräutermeister", wonach schon in dem bloßen Erzielen eines besonderen Maßes an Aufmerksamkeit eine unlautere Rufausbeutung zu sehen sein soll. Diese Entscheidung gilt jedoch zu Recht als Einzelfallentscheidung.

Dem steht jedoch die eindeutige Wertung des § 14 II Nr. 3 MarkenG entgegen, wonach die Benutzung einer bekannten Marke nur bei Vorliegen weitere unlauterer Umstände unzulässig sein soll.[657] Für die Fälle, daß ein bekanntes Kennzeichen als Second-Level-Domain registriert wird, ist es nahezu typisch, daß darüber hinaus noch eine Vielzahl weiterer Kennzeichen anderer Unternehmen registriert werden. Diese systematische Ausnutzung einer Vielzahl bekannter Kennzeichen zu eigenem Vorteil begründet dann den durch § 14 II Nr. 3 MarkenG geforderten Vorwurf der Unlauterkeit.[658]

bb) Rufschädigung

Die Beeinträchtigung der Wertschätzung einer Marke kann sich insbesondere aus einer Markenverunglimpfung, d.h. der Verursachung unerwünschter Assoziationen, ergeben.[659] Dadurch wird der Werbewert der Marke beeinträchtigt und der Marke darüber hinaus ein negatives Image verschafft.[660] Dabei ist die Wertschätzung einer bekannten Marke immer dann beeinträchtigt, wenn sie zur Kennzeichnung von Waren oder Dienstleistungen benutzt wird, die sich auf das Image der bekannten Marke negativ auswirken können.[661] Folge der Rufschädigung ist also die Übertragung eines negativen Images.

Im Bereich der Domain-Namen sind häufig Fallgestaltungen anzutreffen, in denen das „*bekannte*" Kennzeichen als Second-Level-Domain benutzt wird, um so Internetnutzer auf die eigene Website zu locken. Anstelle der Waren oder Dienstleistungen des Kennzeicheninhabers werden jedoch völlig andere Inhalte präsentiert. Zu einer Rufschädigung kommt es in diesen Fällen insbesondere dann, wenn es sich um Angebote mit pornographischem Inhalt handelt.

---

657 Viefhues, MMR 1999, S. 123 (126).
658 Viefhues, MMR 1999, S. 123 (127).
659 BGH GRUR 1994, S. 808 – „Markenverunglimpfung I (Mars)"; BGH GRUR 1995, S. 57 – „Markenverunglimpfung II (NIVEA)"; BGH GRUR 1991, S. 609 (612) „SL"; BGH GRUR 1985, S. 550 (553) – „Dimple"; Sack, GRUR 1995, S. 81 (83).
660 Vgl. zu dieser Fallgruppe: BGH GRUR 1994, S. 808 (811) – „Mars"; BGH GRUR 1995, S. 57 (59) – „Nivea".
661 Eichmann, FS Krieger GRUR 1998, S. 201 (204).

cc) Verwässerung

Als weitere Fallgruppe des Schutzes bekannter Marken außerhalb des Ähnlichkeitsbereichs nennt § 14 II Nr. 3 MarkenG den Schutz gegen die Beeinträchtigung der Unterscheidungskraft. Diese Form der Markenverletzung ist besser bekannt unter dem Begriff der „*Verwässerung*".[662]

Die Verwendung eines bekannten Kennzeichens als Second-Level-Domain ist auch außerhalb des Ähnlichkeitsbereichs durchaus dazu geeignet, die Vorstellung des Publikums über den Gegenstand des bekannten Kennzeichens verblassen zu lassen, d.h. die Unterscheidungskraft zu verwässern. Die Besonderheit der Verwässerung liegt darin, daß keinerlei Waren- oder Dienstleistungsähnlichkeit vorausgesetzt wird. Auf den Typus bzw. den Inhalt der unter dem Domain-Namen aufrufbaren Website kann es insofern nicht ankommen. Anknüpfungspunkt ist allein die bloße Verwendung eines Kennzeichens als Second-Level-Domain im Internet.

Eine Verwässerungsgefahr hervorzurufen, ist jedoch nicht von sich aus unlauter.[663] Vielmehr muß die Unlauterkeit gesondert festgestellt werden, denn solange keine Verwechslungsgefahr besteht, wird dem Kennzeicheninhaber grundsätzlich zuzumuten sein, eine Schwächung seines Kennzeichens durch das Aufkommen identischer oder ähnlicher Kennzeichen hinzunehmen.[664]

---

[662] Sack, GRUR 1995, S. 81 (84).
[663] BGH GRUR 1968, S. 581 (585) – „Blunazit". Anders ist es jedoch beim sog. „*berühmten*" Kennzeichen. Hier kommt es auf den Vorwurf der Unlauterkeit nicht an (*siehe hierzu unten 3. Kapitel E II*).
[664] BGH GRUR 1997, S. 754 (755) – „grau/magenta".

2. Bekannte Unternehmenskennzeichen (*§ 15 III MarkenG*)

Für Unternehmenskennzeichen hat der deutsche Gesetzgeber denselben Bekanntheitsschutz wie für Marken eröffnet *(§ 15 III MarkenG)*.

Anders als bei gewöhnlichen Unternehmenskennzeichen gemäß § 15 II MarkenG macht § 15 III MarkenG den Schutz der bekannten geschäftlichen Bezeichnung nicht davon abhängig, daß die Nutzung des Zeichens geeignet ist, Verwechslungen hervorzurufen. Vielmehr reicht es aus, wenn die Unterscheidungskraft oder die Wertschätzung der geschäftlichen Bezeichnung ausgenutzt oder beeinträchtigt wird. Damit kodifiziert der Gesetzgeber die auf der Grundlage der §§ 1 UWG, 12 BGB, 823 I, 1004 BGB ergangene Rechtssprechung, die berühmten Marken und Unternehmenskennzeichen Schutz sowohl gegen die Verwässerung ihrer Unterscheidungskraft als auch gegen Rufausbeutung im Wege der Vorspannwerbung gewährt hatte.[665]

Die Anwendung des § 15 III MarkenG setzt voraus, daß es sich um ein im Inland bekanntes Unternehmenskennzeichen handelt. Dabei muß das Zeichen gerade als Unternehmenskennzeichen bekannt sein. Die Bekanntheit lediglich als Marke im Sinne des § 14 II Nr. 3 MarkenG reicht nicht aus.[666] Der Bekanntheitsbegriff ist ebenso auszulegen wie in § 14 II Nr.3 MarkenG.[667] Auch hinsichtlich der Eingriffstatbestände stimmt § 15 III MarkenG mit der Parallelvorschrift des § 14 II Nr. 3 MarkenG überein. Abweichungen ergeben sich auch für den Bereich der Domain-Namen nicht, so daß die oben gewonnen Ergebnisse in vollem Umfang zu übertragen sind.[668]

---

[665] Ingerl/Rohnke, Markengesetz, § 14 Rdnr. 459 ff.
[666] Ingerl/Rohnke, Markengesetz, § 15 Rdnr. 66.
[667] Fezer, Markenrecht, § 15 Rdnr. 19.
[668] Ingerl/Rohnke, Markengesetz, § 15 Rdnr. 70; Fezer, Markenrecht, § 15 Rdnr. 19.

II. Schutz nach § 12 BGB – „*Berühmtheitsschutz*"

Der Namensschutz des § 12 BGB ist nicht an den Begriff der Verwechslungsgefahr gebunden. Insofern kann aus ihm bei den sogenannten „*berühmten*" Unternehmenskennzeichen ein Schutz gegen Verwässerungsgefahr durch ähnliche oder gleichlautende Bezeichnungen hergeleitet werden, wenn hierdurch die außergewöhnliche Ausstrahlungs- und Werbekraft eines weithin bekannten Unternehmenskennzeichens beeinträchtigt wird. Dieses gilt selbst dann, wenn wegen völliger Branchenverschiedenheit die Annahme irgendwelcher Verbindungen zwischen den Unternehmen ausscheidet, ein Identifizierungsinteresse somit nicht ernsthaft verletzt sein kann.[669] Ein derart umfassender Schutz besteht aber nur für Kennzeichen, die durch lange Benutzung und intensive Werbung eine überragende Verkehrsgeltung erlangt haben. Früher hatte die Rechtsprechung den Schutz gegen Verwässerungsgefahr nur Kennzeichen von Weltruf zuerkannt. Für den inländischen Schutz kann es darauf aber nicht ankommen. Es genügt, wenn die überragende Verkehrsgeltung im gesamten Inland besteht.[670] Erforderlich ist daher ein entsprechender Bekanntheitsgrad in der Bevölkerung, der in der Regel erreicht ist, wenn über 80 %[671] des Publikums das Kennzeichen kennen.[672] Die überragende Verkehrsgeltung allein kann den Schutz gegen Verwässerungsgefahr noch nicht rechtfertigen. Das Kennzeichen muß darüber hinaus auf dem Markt eine Alleinstellung einnehmen. Eine Verwässerung durch gleiche oder doch in typischen Merkmalen übereinstimmende Kennzeichen darf nicht gegeben sein. Nur dann können sich, wenn das Kennzeichen außerhalb des Ähnlichkeitsbereichs verwendet wird, beim Publikum Assoziationen einstellen, welche die Kennzeichnungs- und Werbekraft des berühmten Kennzeichens beeinträchtigen.[673] Daß ein Kennzeichen diese hohen Anforderungen erfüllt, ist also nur in besonderen Ausnahmefällen anzunehmen.[674]

---

[669] RGZ 115, S. 401 – „Salamander"; RGZ 170, S. 137 – „Bayerkreuz"; BGH GRUR 19961, S. 282 – „Tosca"; BGHZ 19, S. 23 – „Magirus"; BGH GRUR 1959, S. 25 – „Triumph"; BGHZ 28, S. 320 – „Quick"; OLG München MMR 2000, S. 104 (105) – „rolls-royce.de".

[670] Baumbach/Hefermehl, Wettbewerbsrecht, Allg Rdnr. 139a.

[671] Die Anforderungen an den Bekanntheitsgrad lassen sich nicht allgemeingültig festlegen, sondern nur mit Rücksicht auf die besonderen Umstände des Einzelfalls bestimmen (*Soergel-Heinrich, § 12 Rdnr. 194*).

[672] Palandt-Heinrichs, § 12 Rdnr. 31.

[673] Baumbach/Hefermehl, Wettbewerbsrecht, Allg. Rdnr. 139b.

[674] BGHZ 19, S. 23 (27) – „Magirus".

1. Verwässerungsgefahr

Der Verwässerungsschutz des berühmten Kennzeichens setzt im Gegensatz zu den Regelungen des MarkenG nicht das Vorliegen unlauterer Umstände voraus. Der Grund hierfür ist darin zu sehen, daß das berühmte Kennzeichen aufgrund seiner überragenden Verkehrsgeltung, seiner besonderen Wertschätzung und seiner Alleinstellung bereits durch das bloße Vorhandensein identischer oder ähnlicher Kennzeichen in seiner Einzigartigkeit gefährdet ist. Aber nicht schon jede Beeinträchtigung eines berühmten Kennzeichens rechtfertigt auch einen Schutz gegen Verwässerungsgefahr. Rechtlich relevant ist eine solche Beeinträchtigung nur, wenn sie den erworbenen Besitzstand der berühmten Kennzeichnung durch eine Verminderung ihres Werbewertes gefährdet.[675] Darauf aufbauend wird für den Bereich der Domain-Namen vereinzelt vertreten, daß die Verwendung derselben grundsätzlich nicht dazu geeignet sei, berühmte Kennzeichen zu verwässern.

Diese Erwägung wird darauf gestützt, daß die Assoziation des Domain-Namens mit dem berühmten Kennzeichen, die durch das Erscheinen des Domain-Namens im URL-Eingabefeld des Web-Browsers am oberen Rand der ausgedruckten Web-Seiten oder im Briefkopf des Domain-Inhabers hervorgerufen wird, nur einen beiläufigen Charakter habe. Die vorhandene Kennzeichenfunktion des Domain-Namens stehe im Hintergrund. Im Vordergrund stehe vielmehr die Verwendung des Domain-Namens als Zieladresse. [676] Auf der Grundlage des hier gewonnen Ergebnisses zur kennzeichenmäßigen Benutzung eines Domain-Namens ist diese Erwägung nicht überzeugend.[677]

Dagegen spricht schon, daß gerade bei berühmten Kennzeichen der Domain-Name gezielt als Hinweis auf das Unternehmen gewählt wird, und gerade diese gezielte Wahl ist es, welche die Benutzung des Domain-Namens als kennzeichenmäßig erscheinen läßt.[678]

---

[675] Baumbach/Hefermehl, Wettbewerbsrecht, Allg. Rdnr. 139e unter Bezugnahme auf die *„Camel Tours"* – Entscheidung des BGH (*BGH GRUR 1987, S. 711 ff.*).
[676] Bettinger, GRUR Int. 1997, S. 402 (412).
[677] Siehe hierzu oben 3. Kapitel B I 4.
[678] Viefhues, MMR 1998, S. 123 (124); derselbe: Hoeren/Sieber/Viefhues, Teil 6 Rdnr. 147.

Der durchschnittliche Internetnutzer wird den Domain-Namen also regelmäßig als Hinweis auf den Websitebetreiber ansehen.[679] Das ist schon deshalb der Fall, weil es sich für den Internetnutzer insbesondere bei Unternehmen mit überragende Verkehrsgeltung anbietet, die Unternehmenskennzeichen direkt als Second-Level-Domain bei der Suche nach der gewünschten Website zu verwenden. Bereits hierdurch tritt die Verwendung des Domain-Namens als bloße Zieladresse bei berühmten Kennzeichen in den Hintergrund. Von einer nur beiläufigen Assoziation kann in diesen Fällen keine Rede sein. Dementsprechend wird die Alleinstellung des berühmten Kennzeichens bereits durch die Registrierung und Benutzung eines Domain-Namens in Frage gestellt. Damit ist eine Verwässerungsgefahr durch die Verwendung eines berühmten Kennzeichens als Second-Level-Domain im Internet grundsätzlich zu bejahen.[680]

2. „*krupp.de*" – Gleichnamigkeit

Die in diesem Zusammenhang bekannteste Entscheidung ist die des 4. Zivilsenats des OLG Hamm, welches die Berühmtheit des Firmenschlagwortes „*Krupp*" in dem Domain – Namen „*www.krupp.de*" festgestellt hat und damit diesem den absoluten Schutz des berühmten Namens nach § 12 BGB gegen jegliche – lautere oder unlautere – Verwässerung zugestanden hat.[681]

Der Sachverhalt, welcher der Entscheidung zugrunde liegt, spiegelt die spezielle Problematik der Fallgruppe des berühmten Kennzeichens besonders deutlich wieder. Die Krupp-Hoesch AG[682] (*Klägerin*) beabsichtigte, sich unter dem Domain-Namen „*www.krupp.de*" im Internet zu präsentieren. Der Beklagte, eine natürliche Person gleichlautenden Familiennamens, war seit 1995 mit diesem Domain-Namen bei DENIC registriert.

---

679 OLG Dresden CR 1999, S. 589 (590) – „cyberspace.de"

680 OLG München CR 1999, S. 382 (383) – „shell.de"; OLG München, CR 1999, S. 104 (105) – „rolls-royce.de" OLG Hamm, MMR 1998, 214 ff. – „krupp.de".

681 OLG Hamm MMR 1998, 214 ff. – „krupp.de".

682 Nunmehr Thyssen-Krupp Stahl AG.

Er betrieb unter diesem Domain-Namen eine Online-Agentur und bot Dienstleistungen im Bereich des Internets an. Im Geschäftsverkehr außerhalb des Internets wirft dieser Fall keine besonderen Probleme auf. Eine Koexistenz der Krupp-Hoesch AG und der natürlichen Person mit dem Nachnamen Krupp wäre ohne weiteres denkbar. Im Internet kommt es jedoch zu einer Kollision der Kennzeichen.

Auf der einen Seite steht die natürliche Person mit dem durchaus berechtigten Interesse daran, im Internet einen Domain-Namen zu benutzen, welcher aus ihrem Familiennamen abgeleitet ist. Dieses ist schon deshalb wünschenswert, um über eine aussagekräftige Email-Adresse zu verfügen. So wird der Inhaber eines solchen Domain-Namens in der Regel auch über die Email-Adresse im Format „*Vorname@Nachname.de*" verfügen. Dieses ist selbstverständlich erstrebenswerter als eine nur schwer merkbare Email-Adresse im Format „*xyz1234@hotmail.com*", „*Nachname1234@aol.com*", „*Nachname1234@compuserve.com*" oder „*VornameNachname@t-online.de*" usw.

Auf der anderen Seite steht jedoch das ebenso berechtigte Interesse eines Unternehmens, unter dem aus den Unternehmenskennzeichen abgeleiteten Domain-Namen im Internet erreichbar zu sein. Bei „*berühmten*" Unternehmen bzw. Kennzeichen ist dieses Interesse selbstverständlich noch deutlich ausgeprägter.

Zu beachten ist in diesem Zusammenhang jedoch, daß für juristische Personen im Rahmen des § 12 BGB nur ein geschäftliches Interesse schutzwürdig ist. Schutzwürdig ist dabei vor allem das Interesse, nicht mit anderen Unternehmen verwechselt zu werden, bei berühmten Kennzeichen auch das Interesse, eine Verwässerung zu verhindern und das Interesse an der Aufrechterhaltung des guten Rufs.[683]

[683] Palandt-Heinrichs, § 12 Rdnr. 30 – m.w.N.

a) Ausschließlich privates Handeln

In den bislang ergangenen Entscheidungen war dieses unproblematisch, da die Websites auch für geschäftliche Zwecke verwendet wurden und dieses auch auf den entsprechenden Websites deutlich wurde[684] Dementsprechend konnte zumindest eine Verwässerungsgefahr unproblematisch angenommen werden.

Problematisch erweist sich jedoch der Fall, in dem ein ausschließlich privates Handeln vorliegt, der Träger des mit dem berühmten Kennzeichen identischen Familiennamens also auf der Website z.B. lediglich private Urlaubsfotos darbietet. Eine Lösung hierzu findet sich in Rechtsprechung und Literatur bislang nicht.

Außerhalb des Internets ist allein durch die Existenz eines identischen Familiennamens selbst das berühmte Kennzeichen nicht ohne weiteres beeinträchtigt. In der Regel treffen diese nicht einmal aufeinander. Selbst wenn z.B. der Familienname und das berühmte Kennzeichen in unmittelbarer Nähe zusammen im Telefonbuch eingetragen sind, kann man dadurch kaum von einer Verwässerung des berühmten Kennzeichens sprechen.

Für die beteiligten Verkehrskreise ist es offensichtlich, daß kein Zusammenhang zwischen dem Familiennamen und dem Kennzeichen besteht. Die Alleinstellung des berühmten Kennzeichens wird nicht beeinträchtigt. Andere Kollisionsfälle sind kaum denkbar.

Im Internet ist die Ausgangslage jedoch eine andere. Dadurch, daß der Inhaber des mit dem berühmten Kennzeichens identischen Familiennamens diesen als Second-Level-Domain registriert, nimmt er dem Inhaber des berühmten Kennzeichens die Möglichkeit, sich wirkungsvoll im Internet zu präsentieren. Ein Ausweichen auf einen Domain-Namen, welcher das berühmte Kennzeichen in modifizierter Form enthält, ist dem Unternehmen aber nicht zumutbar, da dieses bereits eine Beeinträchtigung der Alleinstellung bedeuten würde.

---

[684] OLG München ZIP 1999, S. 895 (896) – „shell.de"; OLG Hamm MMR 1998, S. 214 (215) – „krupp.de".

Der Werbewert des berühmten Kennzeichens wäre darüber hinaus erheblich geschwächt, wenn dem Unternehmen nicht die Möglichkeit offen steht, dieses auch im Internet zu verwenden. Insofern ist im Internet auch dann von einer Verwässerung des berühmten Kennzeichens auszugehen, wenn ein berühmtes Kennzeichen lediglich zu rein privaten Zwecken als Second-Level-Domain bei DENIC registriert wird. Anders als im Geschäftsverkehr außerhalb des Internets kann nämlich auch durch die Registrierung einer Second-Level-Domain zu rein privaten Zwecken die Alleinstellung und die Werbekraft eines berühmten Kennzeichen beeinträchtigt und damit nach § 12 BGB verwässert werden.

b) Interessenabwägung

Die in den Fällen der Gleichnamigkeit vorzunehmende Abwägung der widerstreitenden Interessen geht im Falle einer Kollision mit einem berühmten Kennzeichen in der Regel zugunsten des Unternehmens aus.[685] Eine abweichende Betrachtung ist in diesen Fällen kaum denkbar. Im Gegensatz zum Geschäftsverkehr außerhalb des Internets muß der Schutz des berühmten Kennzeichens im Internet zwingend als absoluter Schutz ausgestaltet sein. Dieses ergibt sich bereits aus der weltweiten Einmaligkeit eines Domain-Namens. Die beteiligten Verkehrskreise werden insbesondere bei berühmten Kennzeichen berechtigterweise versuchen, den Domain-Namen aus den Kennzeichen des Unternehmens abzuleiten.[686] Derjenige, der den Domain-Namen „*www.krupp.de*“ eingibt, erwartet, mit dem gleichnamigen, berühmten Unternehmen in Kontakt zu treten und nicht mit einer natürlichen Person gleichen Familiennamens.

---

[685] OLG München ZIP 1999, S. 895 (896) – „shell.de“; OLG Hamm MMR 1998, 214 ff. – „krupp.de“; Mü/Ko-Schwerdtner, § 12 Rdnr. 202.

[686] OLG München ZIP 1999, S. 895 (896) – „shell.de“; OLG Dresden CR 1999, S. 589 (590) – „cyberspace.de“; OLG Köln, CR 1999, S. 385 (385) – „herzogenrath.de“; OLG Hamburg CR 1999, S. 779 (781) – „mitwohnzentrale.de“; LG Braunschweig CR 1998, S. 364 (365) – „deta.com“; LG Bonn MMR 1998, S.110 (111) – „detag.de“; LG München I NJW – RR 1998, S. 973 (974) – „juris.de“; LG Düsseldorf NJW-RR 1999, S. 841 (841) – „alltours.de“; Bücking, NJW 1997, S. 1886 (1887); Bettinger, GRUR Int. 1997, S. 402 (404); Nordemann, NJW 1997, S. 1891 (1892); Kilian, DZWir 1997, S. 381 (382); Völker/Weidert, WRP 1997, S. 652 (657); a.A. Wilmer, CR 1997, S. 562 (564).

Stößt der Internetnutzer unter dem eingegeben Domain-Namen tatsächlich auf eine entsprechende Website, so wird er (*jedenfalls zunächst*) annehmen, die gesuchte Website gefunden zu haben.[687] Mithin besteht ein Interesse der Allgemeinheit daran, nicht irrtümlicherweise Kontakt mit der unter dem Domain-Namen auffindbaren natürlichen Person aufzunehmen, sondern mit dem berechtigterweise erwarteten berühmten Unternehmen.[688]

Das Interesse der beteiligten Verkehrskreise, nicht irrtümlich auf eine andere Website geleitet zu werden als beabsichtigt, ist im Hinblick auf berühmte Kennzeichen durchaus als schutzwürdig anzusehen.

Darüber hinaus ist bei der Interessenabwägung zu beachten, daß im Geschäftsverkehr außerhalb des Internets der Schwerpunkt des Schutzes berühmter Kennzeichen auf der Erhaltung der Alleinstellung und der Werbekraft liegt. Im Internet sind aber darüber hinaus noch die angesprochenen Aspekte des Verkehrsschutzes zu berücksichtigten. Insofern ist es erforderlich, daß das Kennzeichens auch in jedem Falle der Gleichnamigkeit Schutz genießt. Dieses führt dazu, daß berühmte Kennzeichen eine Monopolstellung inne haben. Das berühmte Kennzeichen kann aber nur dann wirkungsvoll geschützt werden, wenn es unter jeder verfügbaren Top-Level-Domain den gleichen Schutz genießt.[689] Insofern ist die Monopolstellung des berühmten Kennzeichens auch nicht auf eine oder wenige Top-Level-Domains zu beschränken, sondern auf alle verfügbaren Top-Level-Domains auszudehnen.

Weiterhin spricht dafür, den Interessen des berühmten Unternehmens den Vorzug vor der natürlichen Person zu geben, daß es der natürlichen Person auch durchaus eher zuzumuten ist, einen Domain-Namen zu wählen, der sich beispielsweise aus dem Vor- und Familiennamen zusammensetzt.

---

687 LG Düsseldorf, NJW-RR 1999, S. 841 (841) – „alltours.de".
688 OLG München CR 1999, S. 382 (383) – „shell.de".
689 Dieses ist im Ergebnis auch die Forderung der WIPO (*Final Report, S. 78 ff.*).

Die so erreichbare Abgrenzung von dem berühmten Unternehmen ist der natürlichen Person eher zuzumuten, als dieses umgekehrt von dem berühmten Unternehmen zu verlangen.[690] Ein auf diese Weise gewählter Domain-Name erfüllt für die natürliche Person den gleichen Zweck, ohne Rechte Dritter zu verletzten. Für das berühmte Unternehmen würde dagegen jeder weitere Zusatz die Second-Level-Domain verlängern, wodurch die Merkfähigkeit und damit zugleich die Werbekraft vermindert wird. Des weiteren wäre auch die durch § 12 BGB garantierte Alleinstellung des berühmten Kennzeichens nicht mehr gewährleistet, wenn neben diesem noch ein weiteres, möglicherweise sogar kürzeres Kennzeichen als Second-Level-Domain im Internet besteht.

3. Ergebnis

Der Schutz vor Verwässerung berühmter Kennzeichen durch die Verwendung derselben als Second-Level-Domain besteht auch ohne Unlauterkeitsvorwurf, ohne Branchennähe oder Waren- bzw. Dienstleistungsähnlichkeit und auch außerhalb des Geschäftsverkehrs. § 12 BGB bietet als einziger Schutztatbestand einen absoluten Schutz gegen jedwede Verwendung des berühmten Kennzeichens als Second-Level-Domain im Internet. Entsprechend hoch sind die Anforderungen, welche an die Berühmtheit des Kennzeichen gestellt werden.

---

[690] OLG München CR 1999, S. 382 (383) – „shell.de".

III. Außerkennzeichenrechtlicher Schutz

Problematisch ist, ob neben dem MarkenG oder § 12 BGB für berühmte Kennzeichen auch noch auf die wettbewerbsrechtlichen Anspruchsgrundlagen zum Schutz bekannter Kennzeichen zurückgegriffen werden kann. Nachdem die Rechtsprechung dieses früher bejahte[691], soll ein ergänzender außerkennzeichenrechtlicher Schutz nunmehr ausscheiden.[692]

Begründet wird dies damit, daß seit dem Inkrafttreten des MarkenG am 01.01.1995 sich der Schutz bekannter Kennzeichen in erster Linie aus § 9 I Nr. 3 und § 14 II Nr. 3 sowie § 15 III MarkenG ergibt. Der Schutz der bekannten Marke im MarkenG stellt sich als eine umfassende, spezialgesetzliche Regelung dar, mit welcher der bislang in der Rechtsprechung entwickelte Schutz fixiert und ausgebaut werden sollte.[693] Diese Regelung ist an die Stelle des bisherigen von der Rechtsprechung entwickelten Schutzes getreten und läßt in ihrem Anwendungsbereich für eine gleichzeitige Anwendung des § 1 UWG oder des § 823 BGB grundsätzlich keinen Raum.[694] Des weiteren ist angesichts der Weite und Flexibilität der Voraussetzungen des Schutzes bekannter Kennzeichen nach §§ 14, 15 MarkenG auch kein zwingender Bedarf für eine solche generelle Anspruchskonkurrenz erkennbar. Insofern sind wettbewerbsrechtliche und bürgerlich-rechtliche Schutzvorschriften nur als Auffangtatbestände der als leges speciales anzusehenden Vorschriften der §§ 14, 15 MarkenG anzuwenden.[695]

Die Bestimmung des § 2 MarkenG, wonach der Schutz nach dem MarkenG die Anwendung anderer Vorschriften zum Schutz dieser Kennzeichen nicht ausschließt, steht dem nicht entgegen.

---

691 BGH GRUR 1995 S. 697 (700) – „FUNNY PAPER"; OLG Köln MD 1997, S. 1014 (1014) – „BOSS!"; OLG Düsseldorf WRP 1997, S. 588 (592) – „McPaint".

692 BGH NJW 1998, S. 3781 (3781) – „Big Mäc versus Mac Dog"; so schon Piper, GRUR 1996, S. 429 (435).

693 BT-Drucks. 12/6581 S. 72.

694 Sack, GRUR 1995, S. 81 (93); Piper GRUR 1996, S. 429 (435); Ingerl/Rohnke, Markengesetz, § 14 Rdnr. 523; BGH NJW 1998, S. 3781 (3781) – „Big Mäc versus Mac Dog".

695 Ingerl/Rohnke, Markengesetz, § 14 Rdnr. 523.

Die Regelung des § 1 UWG kann für einen ergänzenden Schutz herangezogen werden, wenn der Schutz nach dem MarkenG versagt.[696] Für den Schutz des Kennzeichens gegen die Benutzung als Second-Level-Domain kommen dabei folgende Fallgruppen in Betracht:

- Die vorsätzliche Rufschädigung nicht bekannter Marken als Behinderungswettbewerb (*§ 1 UWG*).
- Eingriff in den eingerichteten und ausgeübten Gewerbebetrieb (*§ 823 I BGB*).
- Vorsätzliche sittenwidrige Schädigung (*§ 826 BGB*). Hierbei handelt es sich um eine echte Schutzlücke des MarkenG jenseits des Verwechslungstatbestandes, denn Schutzwürdigkeit und Schutzbedürftigkeit bestehen im Falle gezielter Rufschädigungen nicht nur bei Bekanntheit, sondern sowohl für normale als auch solche Marken, deren Verwendung gerade erst begonnen hat, und in Extremfällen auch gegenüber außergeschäftlichen Schädigungshandlungen.[697]

[696] BGH NJW 1998, S. 3781 (3781) – „Big Mäc versus Mac Dog".
[697] Ingerl/Rohnke, MarkenG, § 14 Rdnr. 524.

4. Kapitel: Schutz des Domain-Namens

A. Einführung

Im vorherigen Kapitel ging es ausschließlich darum, inwieweit durch die Registrierung eines Domain-Namens fremde Kennzeichenrechte beeinträchtigt werden. Auf die rechtliche Qualifikation des Domain-Namens selbst kam es dabei nicht an.

Oftmals wird es auf einen selbständigen Schutz des Domain-Namens als solchen aber auch nicht ankommen. Ist der Domain-Name aus der Firma oder dem Namen des Domain-Inhabers abgeleitet, wird dieser gegen die Benutzung eines prioritätsjüngeren Zeichens in der Regel bereits Firmen- bzw. Namensrechte geltend machen können. Ist er jedoch aus einer eingetragenen Marke abgeleitet, können Rechte gegenüber prioritätsjüngeren Kennzeichen unmittelbar aus der eingetragenen Marke geltend gemacht werden. Die Verwendung der Marke als Domain-Name stellt dabei lediglich eine besondere Anwendungsform der Marke dar.

Die Frage nach einem selbständigen Schutz des Domain-Namens kann aber dann relevant werden, wenn ein Unternehmen, das unter einem selbstgewählten, nicht abgeleiteten und zunächst unbestrittenen Domain-Namen tätig wird, plötzlich in Konflikt mit anderen später begründeten Kennzeichen gerät. Dann stellt sich für das Unternehmen die Frage, ob durch die Verwendung des Domain-Namens Kennzeichenrechte begründet wurden, die nunmehr Schutz gegen eine Verwendung desselben durch ein Konkurrenzunternehmen bieten.

Besonders relevant wird diese Fallgruppe immer dann, wenn ein Unternehmen unter dem selbstgewählten und bislang kennzeichenrechtlich nicht zu beanstandenen Domain-Namen ausschließlich im Internet tätig wird. Unternehmen dieser Art sind seit langem keine Seltenheit. Zu den bekanntesten gehört u.a. das Unternehmen „*Amazon.com*", welches sich ausschließlich auf den Verkauf von Büchern, Musik CDs, Videos und ähnlichem über das Internet beschränkt.

B. Domain-Name als Marke

Der Domain-Name könnte als Marke gemäß § 4 MarkenG geschützt sein. Voraussetzung für die Erlangung von Markenschutz ist nach § 4 Nr. 1 MarkenG die Eintragung, gemäß § 4 Nr. 2 MarkenG Verkehrsgeltung oder gemäß § 4 Nr. 3 notorische Bekanntheit. Eine Eintragung der gesamten URL (*z.B. www.marke.de*) wird nicht möglich sein, weil es sich bei den Kürzeln „*www.*" und „*.de*" lediglich um technisch bedingte Kürzel ohne kennzeichenrechtliche Bedeutung handelt. Eine solche Eintragung ist aber auch nicht notwendig. Wie bereits dargestellt, kommt kennzeichenrechtliche Relevanz allein der Seond-Level-Domain zu.[698] Die Eintragung der Second-Level-Domain ist demnach vollkommen ausreichend, um einen umfassenden Schutz des Domain-Namens gemäß § 14 MarkenG zu gewährleisten. Wird die Second-Level-Domain nicht als Marke eingetragen, kommt ein Schutz derselben nur bei Verkehrsgeltung in Betracht.

Ist der Domain-Name aus einer nicht eingetragenen Marke abgeleitet, so kann diesem wie der Marke selbst nur dann der Schutz des § 4 Nr. 2 MarkenG zuteil werden, wenn der Domain-Name Verkehrsgeltung erlangt hat. In diesem Fall wird aber auch die Marke selbst wegen Verkehrsgeltung geschützt sein, so daß es auf den eigenständigen Schutz des Domain-Namens nicht mehr ankommt.[699] Gleiches gilt für notorisch bekannte Marken.

---

[698] Siehe hierzu oben 3. Kapitel B I 5 a).
[699] Hoeren/Sieber/Viefhues, Teil 6 Rdnr. 52.

C. Domain-Name als besondere Bezeichnung eines Unternehmens nach § 5 II 1 MarkenG

Ein Domain-Name könnte als besondere Bezeichnung eines Unternehmens im Sinne des § 5 II 1 MarkenG geschützt sein. Stimmt der Domain-Name mit der besonderen Bezeichnung eines Unternehmens des Domain-Namen- Inhabers im Geschäftsverkehr außerhalb des Internets überein, stellt der Domain-Name lediglich eine Anwendungsform dar. Eines eigenständigen Schutzes bedarf es dann nicht.[700] Wird im Geschäftsverkehr außerhalb des Internets aber bislang keine Bezeichnung im Sinne des § 5 II 1 MarkenG verwendet, stellt sich die Frage, inwieweit Kennzeichenrechte im Sinne des § 5 II 1 MarkenG auch an dem Domain-Namen selbst möglich sind. Dieses ist in Rechtsprechung und Literatur umstritten.

Die Vorschrift des § 5 MarkenG unterscheidet in Absatz II zum einen die namensmäßigen Kennzeichen (*Name, Firma, besondere Bezeichnung eines Geschäftsbetriebs, § 5 II 1 MarkenG*), zum anderen die sonstigen Kennzeichen (*Geschäftsabzeichen, § 5 II 2 MarkenG*). Das Recht an den Kennzeichen gemäß § 5 II 1 MarkenG entsteht durch die Ingebrauchnahme des Kennzeichens im geschäftlichen Verkehr. Die Anforderungen an diese Ingebrauchnahme sind gering. Der Gebrauch muß aber namensmäßig sein. Im übrigen genügen alle nach außen in Erscheinung tretenden Benutzungsformen, welche auf den Beginn einer dauernden wirtschaftlichen Betätigung unter diesem Namen schließen lassen.[701] Die sonstigen Kennzeichen gemäß § 5 II Satz 2 MarkenG setzen darüber hinaus Verkehrsgeltung voraus.

---

[700] Hoeren/Sieber/Viefhues, Teil 6 Rdnr. 51; Welzel, MMR 2001, S. 131 (133).
[701] Omsels, GRUR 1997, S. 328 (331).

In Teilen der Literatur wird die Ansicht vertreten, daß derjenige, der eine Bezeichnung ausschließlich als Domain-Name benutze, um darunter Informationen im Internet anzubieten, diesen aber nicht allgemein im Geschäftsverkehr als Unternehmenskennzeichen verwende, damit unmöglich weltweit ein prioritätsbegründendes Kennzeichenrecht erwerben könne.[702] Gegen diesen Einwand wendet sich nunmehr die neuere Rechtsprechung.[703] Dadurch, daß durch die Anmeldung eines Domain-Namens ein dem Markenrecht vergleichbares Schutzrecht geschaffen werden könne, sei kein Bruch in der Systematik des Kennzeichenrechts zu sehen. Die Vorschrift des § 6 MarkenG differenziere nicht zwischen Rechten aus eingetragenen Marken und sonstigen Rechten. Für die Bestimmung des Vorrangs sei gemäß § 6 I MarkenG auch bei Kollision der Rechte aus einer eingetragenen Marke und der Rechte aus einer geschäftlichen Bezeichnung im Sinne des § 5 MarkenG der Zeitrang maßgeblich. Die Vorschrift des § 6 I MarkenG nehme damit die in § 12 MarkenG geregelte Gleichwertigkeit aller Kennzeichenrechte auf. Der Intention des Gesetzes stehe es somit nicht entgegen, wenn ein Kennzeichenrecht aus § 5 MarkenG zur Löschung einer eingetragenen Marke mit jüngerem Zeitrang führe.[704] Der Literatur ist durchaus zuzugeben, daß es auf den ersten Blick unverständlich erscheint, daß allein durch die verhältnismäßig einfache Registrierung eines Domain-Namens Schutzrechte begründet werden können, die sich aus Gründen der Priorität auch gegenüber später eingetragenen Marken durchsetzen können. Auf der anderen Seite steht aber die eindeutige Regelung des § 12 MarkenG. Diese Regelung verschafft den nicht eingetragenen „*sachlichen*“ Kennzeichenrechten grundsätzliche Gleichwertigkeit der Art nach gegenüber den eingetragenen Marken und ordnet in ihrem Verhältnis zueinander die Maßgeblichkeit des Prioritätsprinzips an.[705] Insofern findet der in der Literatur erhobene Einwand keine Stütze im Gesetz, soweit der Domain-Name den Anforderungen des § 5 II 1 MarkenG genügt.

---

[702] Bettinger, GRUR Int. 1997, S. 402 (418); Strömer, Online-Recht, S. 62.
[703] OLG Hamburg CR 1999, S. 184 (184) – „emergency.de“; dem nahezu wörtlich folgend: LG München I Az.: 17 HKO 18453/98 – „fnet.de“; ähnlich auch: LG Frankfurt/M CR 1999, S.190 (190) – „warez.de“ jedoch ohne nähere Begründung.
[704] LG München I Az.: 17 HKO 18453/98 – „fnet.de“.
[705] Ingerl/Rohnke, Markengesetz, § 12 Rdnr. 5.

Im Hinblick auf die Regelung des § 5 II 1 MarkenG wird in der Literatur teilweise aber schon bestritten, daß der Domain-Name eine Namensfunktion hat. Dazu wird angeführt, daß kein Unternehmen behaupte, sein Name sei etwa „*http://www.x.com*". Das Unternehmen in dieser Adresse sei allenfalls „*x*". Als Bestandteil des vollständigen Domain-Namens wird „*x*" aber nicht als Name des unter dem Domain-Namen präsenten Anbieter verwendet. „*X*" sei nur ein Teil der gesamten Adresse, welche wie eine Telefonnummer oder Faxnummer funktioniere und in ihrem kennzeichnenden Teil allenfalls auf ein Kennzeichen des Websitebetreibers hinweise, nicht aber das Kennzeichen selbst sei.[706]

Dieser Einwand kann nicht überzeugen. Selbstverständlich wird kein Unternehmen behaupten, sein Name sei „*http://www.x.com*". Die beteiligten Verkehrskreise (*also die Internetnutzer*) würden dies aber auch nicht annehmen. Wie bereits mehrfach dargestellt, ist den beteiligten Verkehrskreisen durchaus bekannt, welche Bedeutung die verschiedenen Kürzel (*„www." oder „.de"*) eines Domain-Namens haben. Insofern wird allein der entscheidenden Second-Level- Domain Bedeutung zugemessen. Gegen diesen Einwand wendet nunmehr auch das OLG Hamburg[707] ein, daß die Funktion des Domain-Namens, ein Ansteuern zu ermöglichen, nicht ausschließt, daß der Domain-Name zugleich auch die Funktion eines Kennzeichens erfüllen soll. In diesem Bereich gebe es nicht nur ein „*entweder – oder*", sondern auch ein „*sowohl – als auch*". Daß der Websiteanbieter nicht mit seinem vollen Namen auftritt, liege nicht daran, daß er auf diese Möglichkeit verzichten möchte, sondern hat seinen Grund in dem Zwang, sich mit einer Kurzform begnügen zu müssen, weil die Gestaltungsmöglichkeit bei der Wahl eines Domain-Namens eingeschränkt sei.

[706] Omsels, GRUR 1997, S. 328 (331).
[707] OLG Hamburg CR 1999, S. 184 (186) – „emergency.de".

Ferner wird unter Heranziehung der bisherigen Rechtsprechung[708] zum Schutz von Telefonnummern und Telegrammadressen[709] eingewandt, daß Domain-Namen nur dann als schutzfähiges Kennzeichen im Sinne des § 5 II MarkenG angesehen werden können, wenn diese Verkehrsgeltung im Sinne des § 5 II 2 MarkenG erlangt haben.[710] Da diese jedoch nur schwer zu erlangen sei, werden Domain-Namen regelmäßig keinen eigenständigen Schutz genießen.[711]

Nach der Rechtsprechung[712] soll Kennzeichenschutz bereits mit der Aufnahme der Benutzung im geschäftlichen Verkehr entstehen, wenn die verwendete Second-Level-Domain Unterscheidungskraft besitzt.[713] Einer Verkehrsgeltung bedürfe es bei Unternehmen mit originärer Kennzeichnungskraft nicht. Dabei ist von Bedeutung, daß die insoweit zu stellenden Anforderungen nicht zu hoch angesetzt werden. Ausreichend für die Bejahung originärer Kennzeichnungskraft ist, daß keine glatt beschreibende Angabe vorliegt.[714] Nur dann, wenn es dem Kennzeichen an originärer Kennzeichnungskraft fehle, komme es auf die Frage an, ob Kennzeichnungskraft durch Verkehrsgeltung erworben worden sei.

Der Grundsatz, daß für Bezeichnungen mit Unterscheidungskraft der Kennzeichenschutz nach § 5 II MarkenG bereits mit der Aufnahme der Benutzung des Kennzeichens im geschäftlichen Verkehr beginnt, führt im Bereich von Domain-Namen dazu, daß diese mit erster Ingebrauchnahme schutzfähig sind.[715]

---

[708] Das WZG regelte den Schutz der geschäftlichen Bezeichnungen nicht. Dieser fand seine Grundlage in § 16 UWG. Diese Regelung und die hierzu ergangene Rechtsprechung sollten durch §§ 5, 15 in das MarkenG integriert werden, ohne daß dabei eine inhaltliche Änderung eintreten sollte (*Amtliche Begründung Absatz 3 zu § 5 MarkenG*). Dementsprechend kann auf die bisherige Rechtsprechung in vollem Umfang zurückgegriffen werden.

[709] BGH GRUR 1953, S. 529 (529) – „Dimas"; BGH GRUR 1955, S. 481 (483) – „Hamburger Kinderstube"; BGH GRUR 1957, S. 87 (88) – „Meisterbrand"; anders noch RGZ 102, S. 89 (90). – „Eka-Werk".

[710] Bettinger, GRUR Int. 1997, S. 402 (418); Omsels, GRUR 1997, S. 328 (331); ähnlich auch: Nordemann, NJW 1997, S. 1891 (1892) – m.w.N.

[711] Hoeren/Sieber/Viefhues, Teil 6 Rdnr. 53.

[712] OLG München CR 1999, S. 778 (778) – „tnet"; OLG Hamburg CR 1999, S. 184 (184) – „emergency.de"; dem nahezu wörtlich folgend: LG München I CR 1999, S. 451 (452) – „fnet.de"; ähnlich auch: LG Frankfurt/M CR 1999, S.190 (190) – „warez.de" jedoch ohne nähere Begründung.

[713] So auch schon ohne nähere Begründung: Ingerl/Rohnke, Markengesetz, § 5 Rdnr. 19.

[714] BGH GRUR 1997, S. 468 (469) – „NetCom"; OLG München CR 1999, S. 778 (778) – „tnet; Ingerl/Rohnke, Markengesetz, § 5 Rdnr. 24.

[715] LG München I CR 1999, S. 451 (451) – „fnet".

Die Schutzfähigkeit eines Domain-Namens als geschäftliche Bezeichnung im Sinne des § 5 II MarkenG setze nicht voraus, daß der Domain-Name aus der Firma des hinter dem Domain-Namen stehenden Unternehmens hervorgegangen ist oder mit einem unterscheidungskräftigen Firmenbestandteil übereinstimmt. Es reiche vielmehr aus, wenn die Bezeichnung als solche geeignet ist, einem Unternehmen als individueller Herkunftsnachweis zu dienen. Dieses ergebe sich bereits aus dem Wortlaut des § 5 II 1 MarkenG. Könnte ein Unternehmen lediglich für seine Firma oder Bestandteile seiner Firmierung Kennzeichenschutz nach § 5 II MarkenG beanspruchen, wäre es entbehrlich gewesen, in § 5 II 1 MarkenG neben den Zeichen, die "*als Firma*" benutzt werden, die Zeichen, die "*als besondere Bezeichnung eines Geschäftsbetriebes oder eines Unternehmens*" benutzt werden, gesondert zu erwähnen.[716]

Einen Vergleich mit der Rechtsprechung des BGH zu Telegrammadressen[717] mit der Konsequenz, daß Domain-Namen ebenso wie Telegrammadressen Kennzeichenschutz nur aufgrund des Erwerbs von Verkehrsgeltung zukomme, wird abgelehnt. Die Gegebenheiten im Bereich der Telekommunikation hätten sich seit den 50er Jahren nachhaltig geändert. Die tatsächlichen Verhältnisse bei Telegrammadressen und Domain-Namen seien nicht vergleichbar. Eine Telegrammadresse biete eine kostengünstige Möglichkeit, den Empfänger per Telegramm zu erreichen. Für den Absender des Telegramms bestehe aber nicht die Notwendigkeit, von dieser Telegrammadresse Gebrauch zu machen, denn er könne den Empfänger auch unter seinem vollen Namen oder seiner Firma telegrafisch erreichen. Eine solche der schieren Nachrichtenübermittlung dienende Vereinfachung bedarf des Kennzeichenschutzes nicht. Bei Domain-Namen stellen sich die Dinge aber grundsätzlich anders dar.

---

716 LG München I CR 1999, S. 451 (452) – „fnet“.
717 BGH GRUR 1955, S. 481 (484) – „Hamburger Kinderstube“.

Es liege in dem Wesen des Domain-Namens, daß er einmalig ist und einmalig sein muß, um ein bestimmtes Subjekt im Internet erreichbar zu machen. Der Domain-Name sei die einzige Möglichkeit, den Teilnehmer als Subjekt anzusteuern und ihn in seiner Identität zu fassen, insoweit stehen keine Alternativen zur Verfügung. Es liege deshalb in der Natur der Sache, daß dem Domain-Namen eine kennzeichnende Funktion immanent ist.[718]

Der Rechtsprechung ist in vollem Umfang zuzustimmen. Der sich auf den ersten Blick anbietende Vergleich des Domain-Namens mit der Telegrammadresse kann nicht überzeugen. Es dürfte nahezu ausgeschlossen sein, daß ein Unternehmen ausschließlich unter seiner Telegrammadresse im Verkehr auftritt. Telegrammadressen finden nur in einem sehr eng begrenzten Bereich des geschäftlichen Verkehrs Verwendung. Dieses ist auch der entscheidende Grund dafür, daß der BGH Telegrammadressen als Geschäftsabzeichen im Sinne des § 5 II 2 MarkenG einordnet und damit Verkehrsgeltung verlangt. Für den Bereich der Fernschreibkennung, welche im Vergleich zur Telegrammadresse schon in einem deutlich größeren Bereich Anwendung findet, hat der BGH[719] es insofern auch durchaus für möglich gehalten, daß diese Kennzeichenschutz genießen kann.[720] Bei Domain-Namen ist der Bereich, in dem diese verwendet werden, noch deutlich weiter. Im Gegensatz zur Telegrammadresse, welche in der Regel nur auf den Geschäftspapieren ausgewiesen ist, werden Domain-Namen bewußt in jeglicher Art von Werbung besonders herausgestellt. Der Aufmerksamkeitseffekt ist bei Domain-Namen also ungleich größer. Damit sind Domain-Namen von Unternehmen als „*besondere Bezeichnung eines Geschäftsbetriebs*" nach § 5 II 1 MarkenG anzusehen, wenn diese von Hause aus unterscheidungskräftig sind. Auf das Vorliegen von Verkehrsgeltung kommt es insoweit dann nicht an.

---

[718] OLG Hamburg CR 1999, S. 184 (185) – „emergency.de".
[719] BGH GRUR 1986, S. 475 (476) – „Fernschreibkennung".
[720] Letztlich konnte der BGH eine Entscheidung aber offen lassen.

D. Domain-Name als Name im Sinne des § 12 BGB

Der Domain-Name wird in der Regel nicht den Namen oder die Firma selbst darstellen. Regelmäßig wird der Domain-Name aus dem Namen oder der Firma abgeleitet sein. Dementsprechend wird der Inhaber des Domain-Namens gegen die Benutzung eines prioritätsjüngeren verwechslungsfähigen Zeichens in der Regel bereits Namens- bzw. Firmenrechte geltend machen können. Insofern bedarf es eines eigenständigen Schutzes des Domain-Namens nicht.[721] Die Regelung des § 12 BGB umfaßt aber auch alle namensartigen Kennzeichen, die unabhängig vom gesetzlichen Namen oder der gesetzlichen Firma geführt werden. Unter Zugrundelegung der oben gewonnen Ergebnisse zu § 5 II 1 MarkenG kann es nicht zweifelhaft sein, daß der unterscheidungskräftige Domain-Name in den Schutzbereich des § 12 BGB fällt.[722]

[721] Hoeren/Sieber/Viefhues, Teil 6 Rdnr. 50.
[722] Palandt-Heinrichs, § 12 Rdnr. 10 – m.w.N.

Zusammenfassung der wesentlichen Ergebnisse

Der Kennzeicheninhaber sieht sich im Internet oftmals vor komplexe rechtliche Probleme gestellt, deren Bewältigung durch sich ständig ändernde technische und organisatorische Gegebenheiten erschwert wird. Bis heute sind jedoch – zumindest für den Bereich des Kennzeichenrechts – keine Gesetze vorhanden, welche den Besonderheiten des Internets Rechnung tragen. Dabei handelt es sich beim Internet keinesfalls um einen rechtsfreien Raum. Auf der Grundlage der bestehenden Gesetze lassen sich durchaus interessengerechte Ergebnisse erzielen. Die Rechtsfragen, welche sich durch die Domain-Namen ergeben, lassen sich in das allgemeine Kennzeichenrecht integrieren. Voraussetzung dafür ist aber, daß die tatsächlichen – nicht zuletzt technischen – Gegebenheiten des Internets ausreichend berücksichtigt werden.

Die Konflikte von Domain-Namen mit Kennzeichen beruhen in erster Linie darauf, daß derselbe Domain-Name aufgrund der Struktur des **D**omain-**N**ame-**S**ystems weltweit nur ein einziges Mal vergeben werden kann.[723] Diese Problematik ist außerhalb des Internets weitestgehend unbekannt. Außerhalb des Internets ist die Benutzung identischer Kennzeichen aufgrund geographischer Entfernung oder durch mangelnde Branchennähe oftmals ohne Konflikte möglich. Aus dem in allen Rechtsordnungen anerkannten Territorialprinzip folgt, daß z.B. eine identische Marke für identische Waren oder Dienstleistungen in verschiedenen Ländern für verschiedene Inhaber geschützt sein kann. Im weltumfassenden Internet ist dieses unmöglich.

Für den Schutz des Kennzeichens gegen die Benutzung als Second-Level-Domain im Internet kommen für den Kennzeicheninhaber in erster Linie die Vorschriften des MarkenG in Betracht.[724] Dabei stellt sich für diesen bereits die Frage, ob deutsches Recht bei Konflikten im Internet zwischen Domain-Namen und Kennzeichen überhaupt anwendbar ist.[725] Nach der hier vertretenen Lösung ist eine gestufte Prüfung vorzunehmen.

---

[723] Siehe hierzu oben 2. Kapitel.
[724] Siehe hierzu oben 3. Kapitel B I.
[725] Siehe hierzu oben 3. Kapitel B I 2.

Zunächst ist danach zu fragen, ob sich der Standort des Servers, auf dem die unter dem Domain-Namen aufrufbare Website gespeichert ist oder der Ort, von dem aus die Website auf einen Server übertragen wurde (*upload*) auf dem Gebiet der Bundesrepublik Deutschland befinden. Ist das der Fall, liegt zumindest der kennzeichenrechtlich relevante Handlungsort in der Bundesrepublik Deutschland, womit deutsches Recht anwendbar ist. Liegt der Handlungsort danach nicht in der Bundesrepublik Deutschland, ist weiter zu fragen, ob der Erfolgsort in der Bundesrepublik Deutschland liegt. Das ist immer dann der Fall, wenn die unter dem Domain-Namen aufrufbare Website bestimmungsgemäß in die Bundesrepublik Deutschland verbreitet wird. Von einer bestimmungsgemäßen Verbreitung der Website ist grundsätzlich auszugehen, es sei denn, anhand der hier entwickelten objektiven Kriterien kann eine bestimmungsgemäße Verbreitung der unter dem Domain-Namen aufrufbaren Website in die Bundesrepublik Deutschland ausgeschlossen werden. Ist das der Fall, so liegen weder der Handlungsort noch der Erfolgsort in der Bundesrepublik Deutschland. Damit ist deutsches Recht nicht anwendbar.

Von grundlegender Bedeutung für die Reichweite des Markenschutzes ist die Frage, ob die Verwendung von Kennzeichen als Second-Level-Domain im Internet kennzeichenmäßig erfolgt.[726] Dieses ist zu bejahen. Dem Domain-Namen kommt durchaus die hierzu erforderliche Herkunftsfunktion im herkömmlichen Sinne zu, er ist nicht auf eine Adreßfunktion beschränkt. Eine Herkunftsfunktion ist immer dann anzunehmen, wenn der Domain-Name erkennbar aus Namen, Firmenbezeichnungen, Markenwörtern oder entsprechenden Abkürzungen besteht. In diesem Fall stellt die Wiedergabe des Domain-Namens auf dem Bildschirm oder in schriftlicher Form einen kennzeichenmäßigen Gebrauch im herkömmlichen Sinne dar. Die Internetnutzer als maßgeblicher Verkehrskreis verstehen dieses ohne weiteres als Bezeichnung des über den Domain-Namen erreichbaren Unternehmens.

Eine Beschränkung des Domain-Namens auf seine Adreßfunktion kommt nur dann in Betracht, soweit dieser nur aus zufälligen, sinnentleerten Zahlen- und Buchstabenkombinationen besteht. Dieses ist aber eine seltene Ausnahme.

---

[726] Siehe hierzu oben 3. Kapitel B I 4.

Bei der im Rahmen des § 14 II MarkenG erforderlichen Feststellung der maßgeblichen Ware oder Dienstleistung[727] ist zwischen zwei verschiedenen Arten von Websites zu differenzieren: Zum einen gibt es Websites, die vornehmlich Werbecharakter haben, also das Internet lediglich als Plattform nutzen, um Waren oder Dienstleistungen außerhalb des Internets zu präsentieren und zu vertreiben, zum anderen gibt es aber auch Websites, welche die Dienstleistung selbst darstellen. Außerhalb des Internets treten die Anbieter dieser Websites mit ihrem Angebot (*außer durch Werbung für dasselbe*) nicht in Erscheinung. Das Angebot ist in diesen Fällen also internetspezifisch. Für die erforderliche Abgrenzung der verschiedenen Websites ist zunächst danach zu fragen, ob eine Ware oder eine Dienstleistung angeboten wird. Werden Waren angeboten, ist immer auf die konkret beworbene oder angebotene Ware abzustellen, da grundsätzlich davon auszugehen ist, daß die Website in diesem Fall dazu dient, die Ware zu bewerben.

Werden Dienstleistungen angeboten, ist danach zu differenzieren, ob die Dienstleistung ausschließlich durch das Internet erbracht wird oder ob das Internet lediglich dazu dient, eine Dienstleistung, die auch außerhalb des Internets in gleicher Form verfügbar ist, anzupreisen. Ist auf die Website als maßgebliche Dienstleistung im Sinne des MarkenG abzustellen, sind in einem zweiten Schritt die einzelnen Websites miteinander, unter Zugrundelegung der herkömmlichen Maßstäbe des MarkenG, zu vergleichen. Erst dadurch kann das Vorliegen einer Waren- und/oder Dienstleistungsidentität bzw. Verwechslungsgefahr sinnvoll festgestellt werden. Wird die Dienstleistung außerhalb des Internets erbracht, so ist auf diese Dienstleistung abzustellen.

Besonderheiten bei der Anwendung des Prioritätsprinzips[728] gemäß § 6 I MarkenG ergeben sich, wenn von gleichnamigen, in abgegrenzten Geschäftsbereichen tätigen Unternehmen nunmehr zumindest ein Unternehmen sein Kennzeichen als Second-Level-Domain im Internet benutzen will.

---

[727] Siehe hierzu oben 3. Kapitel B I 5 c).
[728] Siehe hierzu oben 3. Kapitel B. I 8.

Diese Problematik beurteilt sich nach den von der Rechtsprechung entwickelten Grundsätzen zu der Ausdehnung des räumlichen oder sachlichen Geschäftsbereichs.[729] Danach hat das Unternehmen, welches unter Beibehaltung des regionalen Bezuges das Internet zuerst erschließt, das Recht, sein Kennzeichen ohne weitere Zusätze als Second-Level-Domain zu verwenden. In diesem Fall tritt das Prioritätsprinzip hinter das Interesse, sich im geschäftlichen Verkehr unter seinen eigenen Kennzeichen zu präsentieren, zurück. Ist mit dem Internetauftritt jedoch gleichsam die Ausweitung des Geschäftsbereichs in den räumlichen oder sachlichen Schutzbereich anderer gleichnamiger Unternehmen verbunden, muß das ausdehnende Unternehmen ungeachtet der zeitlichen Priorität seinen Kennzeichen Zusätze hinzufügen, wenn diese als Second-Level-Domain verwendet werden sollen. Neben dem MarkenG ergibt sich der Schutz des Kennzeichens gegen die Benutzung als Second-Level-Domain in der Regel auch aus § 12 BGB.[730]

Die Besonderheiten der Domain-Namen lassen sich auch im Rahmen der Vorschrift des § 12 BGB ausreichend berücksichtigen. Insgesamt kommt der Anwendung des § 12 BGB aber nur eine untergeordnete Bedeutung zu. Außerhalb des Anwendungsbereichs des MarkenG und § 12 BGB kann für den Schutz des Kennzeichens gegen die Benutzung als Second-Level-Domain im Internet ein Rückgriff auf die Regelungen der §§ 1 und 3 UWG, § 823 und § 826 BGB sowie § 37 II HGB geboten sein. Die grundsätzliche Anwendbarkeit dieser Anspruchsgrundlagen sind durch das Inkrafttreten des MarkenG nicht berührt worden. Der Anwendungsbereich ist jedoch sehr begrenzt.[731]

Für den Sonderfall des Domain-Grabbing[732] kommt ein Schutz des Kennzeichens gegen die Benutzung desselben als Domain-Namen im Internet zunächst nach dem MarkenG in Betracht. Dabei liegt stets ein Handeln im geschäftlichen Verkehr vor.

---

[729] Siehe hierzu oben 3. Kapitel B I 8. c) bb) (2) (bb).
[730] Siehe hierzu oben 3. Kapitel B. II.
[731] Siehe hierzu oben 3. Kapitel B. III.
[732] Siehe hierzu oben 3. Kapitel C.

Bei Gewerbetreibenden wird dieses ohnehin grundsätzlich vermutet, bei ansonsten nichtgewerbetreibenden Privatpersonen folgt das Handeln im geschäftlichen Verkehr im Fall des Domain-Grabbing aus der Verkaufsabsicht. Die Anwendbarkeit des § 14 II Nr. 1 und 2 sowie des 15 II MarkenG setzten aber des weiteren eine Identität bzw. Ähnlichkeit der Waren und/oder Dienstleistungen bzw. Branchennähe voraus. Hieran wird es im Fall des Domain-Grabbing regelmäßig fehlen. Die Fälle des Domain-Grabbing sind in der Regel dadurch gekennzeichnet, daß bei Aufruf des streitigen Domain-Namens in der Regel entweder eine leere bzw. inhaltslose Website erscheint oder ein Hinweis darauf, daß dieser Domain-Name zum Verkauf oder zur Vermietung steht. Eine Identität bzw. Ähnlichkeit der Waren und/oder Dienstleistungen des „*Domain-Grabbers*“ mit denjenigen des Betroffenen wird demnach im Normalfall des Domain-Grabbing nicht vorliegen.[733]

Neben dem MarkenG ist aber des weiteren die Vorschrift des § 12 BGB anwendbar.[734] Nach dem hier vertretenen Standpunkt[735] bereitet die Feststellung einer Namensbestreitung im Sinne des § 12 S. 1 1.Alt. BGB auch im Fall des Domain-Grabbing keine Probleme. Die Registrierung eines fremden Kennzeichens als Domain-Name stellt grundsätzlich das Bestreiten des Namensrechts dar, denn durch die Registrierung des Domain-Namens gibt der Registrierende gegenüber DENIC zu erkennen, daß er für sich das Recht in Anspruch nimmt, sich unter diesem Namen im Internet zu präsentieren.[736] Dieses Bestreiten gegenüber Dritten ist für eine Namensbestreitung im Sinne der Vorschrift des § 12 S. 1 1.Alt. BGB ausreichend. Dagegen scheidet eine Namensanmaßung im Sinne des § 12 S. 1 2. Alt. BGB in der Regel aus.[737]

Auf dieser Grundlage besteht ein sicheres rechtliches Fundament, um sich gegen Fälle des Domain-Grabbing wirksam zur Wehr zu setzen.

---

[733] Siehe hierzu oben 3. Kapitel C. I. 2.
[734] Siehe hierzu oben 3. Kapitel C. II.
[735] Siehe hierzu oben 3. Kapitel B II. 3 a).
[736] Siehe hierzu oben 3. Kapitel C II 1.
[737] Siehe hierzu oben 3. Kapitel C II 2.

Weiterhin wird regelmäßig die Vorschrift des § 1 UWG verletzt sein, wenn fremde Kennzeichen als Domain-Name im Internet verwendet werden mit dem Ziel, hierdurch Marktvorteile auf Kosten des Mitbewerbers zu erlangen, ohne daß sich der Inhaber eines solchen Domain-Namens auf ein berechtigtes Interesse an der Benutzung berufen könnte.[738] Die Registrierung eines Domain-Namens kann auch deshalb wettbewerbswidrig im Sinne des § 1 UWG sein, weil die Registrierung auf eine unzulässige Absatzbehinderung abzielt. Daneben kann eine Behinderung auch in der Errichtung von Vertriebshindernissen liegen. Wird darüber hinaus der Domain-Name tatsächlich und in wettbewerbsrechtlich relevanter Weise im Geschäftsleben genutzt, können des weiteren die Verbote der Irreführung gemäß § 3 UWG und der vermeidbaren Herkunftstäuschung gemäß § 1 UWG eingreifen, wenn eine Täuschung des Verkehrs im Hinblick auf den Inhalt oder Anbieter der Website oder in bezug auf den Hersteller bzw. Vertreiber der dort beworbenen Leistungen zu besorgen ist.

Besonderheiten sind bei Namenskonflikten mit Gemeindenamen zu berücksichtigen.[739] Die Konstellation dieser Konflikte ist in der Regel ähnlich: Zum einen ergeben sich Konflikte in der Regel dann, wenn ein Anbieter einen Gemeindenamen als Domain-Namen für sich registriert, um sich so die Zugkraft desselben zunutze zu machen, zum anderen ergibt sich ein weiteres Konfliktpotential dadurch, daß viele Gemeinden außerhalb des Internets den gleichen Namen tragen. In diesem Zusammenhang ist zunächst zu beachten, daß die Bezeichnungen von Städten und Gemeinden keinen Schutz nach dem MarkenG genießen.[740]

Darüber hinaus weisen Gemeindenamen im Hinblick auf die Top-Level-Domain eine Besonderheit auf. Ist es bei Unternehmen aus kennzeichenrechtlicher Sicht in der Regel ohne Bedeutung, unter welcher Top-Level-Domain der Domain-Name registriert wird, ergeben sich bei Gemeindenamen durchaus erhebliche Zweifel, ob der Schutzbereich des Gemeindenamens so weit reicht, daß sich die betreffende Gemeinde ihren Namen unter jeder verfügbaren Top-Level-Domain sichern kann.

[738] Siehe hierzu oben 3. Kapitel C III.
[739] Siehe hierzu oben 3. Kapitel D.
[740] Siehe hierzu oben 3. Kapitel D I.

Die Vorschrift des § 12 BGB schützt den Gemeindenamen nur soweit der Verkehr aus seiner Verwendung irrigerweise entnimmt, hinter dem Verwender des Gemeindenamens stehe die Verwaltung der Gemeinde, Stadt usw. Dieses trifft auf Gemeindenamen unter der Top-Level-Domain „*.com*“ gerade nicht zu, so daß Zuordnungsverwirrungen im Sinne des § 12 BGB nicht gegeben sind. Der Gemeindename ist also nur unterhalb der Top-Level-Domain „*.de*“ geschützt. Unterhalb der übrigen Top-Level-Domains kommt dem Gemeindenamen lediglich die Funktion einer geographischen Herkunftsangabe zu.[741]

Berühmte bzw. bekannte Kennzeichen[742] anderer Unternehmen werden häufig als Second-Level-Domain im Internet verwendet. Teilweise geschieht dieses, um den großen Bekanntheitsgrad des Kennzeichens im traditionellen Geschäftsverkehr für eigene Zwecke auszunutzen. Andererseits existieren aber auch Fallgestaltungen, bei denen die Registrierung eines anderen Kennzeichens nicht mißbräuchlich erscheint, Konflikte aber, bedingt durch die weltweite Einmaligkeit einer Second-Level-Domain, im Grunde vorprogrammiert sind. Häufig sind beispielsweise Konflikte, die sich daraus ergeben, daß der eigene bürgerliche Name – welcher als Second-Level-Domain registriert wird – zufällig mit einem bekannten Kennzeichen übereinstimmt. Der Verletzungstatbestand des § 14 II Nr. 3 MarkenG erstreckt den Markenschutz für bekannte Marken über die Waren/Dienstleistungsähnlichkeit und damit die markenrechtliche Verwechslungsgefahr hinaus.

Der erweiterte Schutz bekannter Marken ist wettbewerbsrechtlicher Leistungsschutz. Geschützt werden soll die in den Schutzobjekten „*Wertschätzung*“ und „*Unterscheidungskraft*“ einer bekannten Marke verkörperte wettbewerbliche Leistung.[743] Nach der Vorschrift des § 12 BGB besteht der Schutz vor Verwässerung berühmter Kennzeichen durch die Verwendung derselben als Second-Level-Domain auch ohne Unlauterkeitsvorwurf, ohne Branchennähe oder Waren- bzw. Dienstleistungsähnlichkeit und auch außerhalb des Geschäftsverkehrs.

---

741 Siehe hierzu oben 3. Kapitel D IV.
742 Siehe hierzu oben 3. Kapitel E.
743 Siehe hierzu oben 3. Kapitel E I.

Diese Vorschrift bietet als einziger Schutztatbestand einen absoluten Schutz gegen jedwede Verwendung des berühmten Kennzeichens als Second-Level-Domain im Internet. Entsprechend hoch sind aber auch die Anforderungen, welche an die Berühmtheit des Kennzeichen gestellt werden.[744]

Der Domain-Namen selbst ist als „*besondere Bezeichnung eines Geschäftsbetriebs*" im Sinne des § 5 II 1 MarkenG anzusehen, wenn dieser von Hause aus unterscheidungskräftig ist.[745] Auf das Vorliegen von Verkehrsgeltung kommt es insoweit dann nicht an.

[744] Siehe hierzu oben 3. Kapitel E II.
[745] Siehe hierzu oben 4. Kapitel C.

Anhang

A. NSI „*Domain Name Dispute Policy*“

NETWORK SOLUTIONS'

DOMAIN NAME DISPUTE POLICY

Revision 03

Effective February 25, 1998

1. Network Solutions, Inc. ("Network Solutions") is responsible for the registration of second-level Internet domain names in the top level COM, ORG, NET, and EDU domains. Network Solutions registers these second-level domain names on a "first come,
first served" basis. By registering a domain name, Network Solutions does not determine the legality of the domain name registration, or otherwise evaluate whether that registration or use may infringe upon the rights of a third party.

2. The entity applying for a domain name ("registrant") is solely responsible for selecting its own domain name ("domain name") and maintaining for the continued accuracy of the registration record. The registrant, by completing and submitting the Domain Name Registration Agreement ("Registration Agreement"), represents that the statements in its application are true and that the registration of the selected domain name, to the best of the registrant's knowledge, does not interfere with or infringe upon the rights of any third party. The registrant also represents that the domain name is not being registered for any unlawful purpose.

3. Network Solutions neither acts as arbiter nor provides resolution of disputes between registrants and third party complainants arising out of the registration or use of a domain name. This Domain Name Dispute Policy ("Policy") does not confer any rights, procedural or substantive, upon third party complainants. Likewise, complainants are not obligated to use this Policy.

4. This Policy does not limit the administrative or legal procedures Network Solutions may use when third party conflicts arise, or when Network Solutions is presented with information that a domain name violates the legal rights of a third party, including, but not limited to, information that the display or use of the domain name is expressly prohibited by a United States federal statute or regulation.

5. Modifications. The registrant acknowledges and agrees that Network Solutions may modify or amend this Policy from time to time, and that such changes are binding upon the registrant. Network Solutions will post the revised Policy at http://www.netsol.com/rs/dispute-policy.html at least thirty (30) calendar days before it becomes effective.

6. Indemnity. The registrant hereby agrees to defend, indemnify and hold harmless (i) Network Solutions, its officers, directors, employees and agents, and (ii) the National Science Foundation ("NSF"), its officers, directors, and employees (collectively, the "Indemnified Parties"), for any loss or damages awarded by a court of competent jurisdiction resulting from any claim, action, or demand arising out of or related to the registration or use of the domain name. Such claims shall include, without limitation, those based upon trademark or service mark infringement, tradename infringement, dilution, tortious interference with contract or prospective business advantage, unfair competition, defamation or injury to business reputation. Each Indemnified Party shall send written notice to the registrant of any such claim, action, or demand against that party within a reasonable time. The failure of any Indemnified Party to give the appropriate notice shall not affect the rights of the other Indemnified Party. Network Solutions recognizes that certain educational and governmental entities may not be able to provide complete indemnification. If the registrant is (i) a governmental or non-profit educational entity, and (ii) not permitted by law or under its organizational documents to provide indemnification, the registrant must notify Network Solutions in writing and, upon receiving appropriate proof of such restriction, Network Solutions may provide an alternative provision for such a registrant.

7. Revocation. The registrant agrees that Network Solutions shall have the right in its sole discretion to revoke, suspend, transfer or otherwise modify a domain name registration upon thirty (30) calendar days prior written notice, or at such time as Network
Solutions receives a properly authenticated order from a court of competent jurisdiction, or arbitration award, requiring the revocation, suspension, transfer or modification of the domain name registration.

8. Dispute Initiation. Registrant agrees that while Network Solutions can neither act as an arbiter nor provide resolution of disputes arising out of the registration and use of a domain name, Network Solutions may be presented with information that a domain name possibly violates the trademark rights of a trademark owner. Network Solutions may apply the procedures described in Section 9 when a third party complainant ("complainant") presents Network Solutions with satisfactory evidence of both trademark ownership and written notice to the domain name registrant describing the legal harm the trademark owner is incurring. The documents required in support of a complainant's written request that Network Solutions invoke Section 9, Dispute Procedures, must include:

(a) An original, certified copy, not more than six (6) months old, of a trademark registration ("certified registration"), which is in full force and effect and is identical to a second-level domain name (i.e., not including COM, NET, ORG, or EDU) on the principal or equivalent registry of any country (copies certified in accordance with 37 CFR 2.33(a)(1)(viii) or its successor will meet this standard for registrations in jurisdictions other than the United States). Trademark or service mark registrations from the supplemental or equivalent registry of any country, or from individual states or provinces of a nation, will not be accepted. Trademarks incorporating a design will not be accepted; and

(b) A copy of the written prior notice sent to the domain name registrant by the complainant, and a representation by the complainant indicating the mode of delivery of the notice (e.g., first class mail, overnight delivery) and the factual basis for believing that the domain name registrant received the notice. Notices must be sent to the mailing address of the domain name registrant as provided in Network Solutions' WHOIS database. The notice to the domain name registrant must clearly state that the complainant believes the registration and use of the disputed domain name violates the trademark rights of the complainant; the notice must also clearly allege the factual and legal bases for the belief. Network Solutions will not undertake any separate investigation of the statements in such notice.

9. Dispute Procedures. In those instances where a third party claim is based upon and complies with Section 8(a and b), Network Solutions may apply the following procedures, which recognize that trademark ownership does not automatically extend to the right to register a domain name and which reflect no opinion on the part of Network Solutions concerning the ultimate determination of the claim:

(a) Network Solutions shall determine the creation date of the registrant's domain name registration ("domain name creation date").

(b) If the registrant's domain name creation date precedes the effective date of the valid and subsisting certified registration owned by the complainant, Network Solutions will take no action on the complainant's request.

(c) If the domain name creation date is after the effective date of the valid and subsisting certified registration owned by the complainant, then Network Solutions shall request from the registrant proof of ownership of registrant's own registered trademark or service mark by submission of a certified registration, of the type and nature specified in Section 8(a) above. The certified registration must be owned by the registrant and the effective date must be prior to the date of any third party's notice of a dispute to the registrant. If the registrant satisfies the requirements of this Section 9(c), Network Solutions will take no further action on the complainant's request.

(d) If the domain name creation date is after the effective date of the valid and subsisting certified registration owned by the complainant, and the registrant fails to provide a certified registration as specified in Section 8(a) to Network Solutions within thirty (30) calendar days of receipt of Network Solutions' dispute notification letter, Network Solutions will assist the registrant with registration of a new domain name, and will allow the registrant to maintain both names simultaneously for up to ninety (90) calendar days to allow an orderly transition to the new domain name. Network Solutions will provide such assistance to a registrant if and only if, within thirty (30) calendar days of receipt of Network Solutions' dispute notification letter, the registrant (1) submits a Registration Agreement requesting the registration of a new domain name; and (2) submits an explicit written request to Network Solutions' Business Affairs Office, including an identification of the registrant's desired new domain name and the NIC tracking number (for example, NIC-981125.1234) assigned by Network Solutions in response to the new Registration Agreement. At the end of the ninety (90) calendar day period of simultaneous use, Network Solutions will place the disputed domain name on "Hold" status, pending resolution of the dispute. As long as a domain name is on "Hold" status, that domain name registered to the registrant shall not be available for use by any party.

(e) In the event the registrant fails to select one of the following options by a written response, received by Network Solutions' Business Affairs Office within thirty (30) calendar days of receipt of Network Solutions' dispute notification letter, Network Solutions will place the domain name on "Hold" (wherein the domain name will not be available for use by any party) pending resolution of the dispute:

(1) Provide the documentation required by Section 9(c) of this Policy,

(2) Relinquish the domain name and transfer it to the complainant,

(3) Register a new and different domain name pursuant to Section 9(d) of this Policy, or

(4) File a civil action and provide a copy of a file-stamped complaint pursuant to Section 10 of this Policy.

(f) Network Solutions will reinstate the domain name placed in "Hold" status, or will not place it in "Hold" status, (i) upon receiving a properly authenticated temporary or final order by a court of competent jurisdiction, or arbitration award, stating which party to the dispute is entitled to the domain name, (ii) if Network Solutions receives other satisfactory evidence from the parties of the resolution of the dispute, or (iii) the complainant requests that the domain name not be placed on "Hold.

(g) A domain name registrant involved in Dispute Procedures remains subject to the terms and conditions of the Registration Agreement, including fees.

10. Litigation. Independent of the provisions of Section 9 of the Policy, in the event that:

(a) The registrant files a civil action related to the registration and use of the domain name against the complainant in a court of competent jurisdiction, and provides Network Solutions with a copy of the file-stamped complaint, Network Solutions will maintain the status quo ante of the domain name record pending a temporary or final decision of the court. For example, if the domain name is not on "Hold," it will not be placed on "Hold;" if the domain name is already on "Hold," it will remain on "Hold." In such cases, Network Solutions will deposit control of the domain name into the registry of the court by supplying the registrant with the registry certificate for deposit. While the domain name is in the registry of the court, Network Solutions will not make any changes to the domain name record unless ordered by the court. The registrant also shall promptly provide copies of any and all pleadings filed in the action to Network Solutions upon Network Solutions' request.

(b) The complainant files a civil action related to the registration and use of the domain name against the registrant in a court of competent jurisdiction, and provides Network Solutions with a copy of the file-stamped complaint, Network Solutions will maintain the status quo ante of the domain name record pending a temporary or final decision of the court. For example, if the domain name is not on "Hold," it will not be placed on "Hold;" if the domain name is already on "Hold," it will remain on "Hold." Network Solutions will deposit control of the domain name into the registry of the court by supplying the complainant with the registry certificate for deposit. While the domain name is in the registry of the court, Network Solutions will not make any changes to the domain name record unless ordered by the court.

(c) In both instances, under Section 10(a and b), Network Solutions will abide by those provisions of temporary or final court orders, or arbitration awards, directing the disposition of the domain name, without being named as a party to the civil action. The civil action must include the domain name registrant as a party. If named as a party to a civil action, Network Solutions shall not be limited to the above actions, but reserves the right to raise any and all defenses deemed appropriate, and to take any other action necessary to defend itself.

(d) A domain name registrant involved in Litigation remains subject to the terms and conditions of the Registration Agreement, including fees.

11. DISCLAIMER. THE REGISTRANT AGREES THAT NETWORK SOLUTIONS WILL NOT BE LIABLE FOR ANY LOSS OF REGISTRATION AND USE OF REGISTRANT'S DOMAIN NAME, OR FOR INTERRUPTION OF BUSINESS, OR ANY INDIRECT, SPECIAL, INCIDENTAL, OR CONSEQUENTIAL DAMAGES OF ANY KIND (INCLUDING LOST PROFITS) REGARDLESS OF THE FORM OF ACTION WHETHER IN CONTRACT, TORT (INCLUDING NEGLIGENCE), OR OTHERWISE, EVEN IF NETWORK SOLUTIONS HAS BEEN ADVISED OF THE POSSIBILITY OF SUCH DAMAGES. IN NO EVENT SHALL NETWORK SOLUTIONS' MAXIMUM LIABILITY EXCEED FIVE HUNDRED ($500.00) DOLLARS.

12. Notices. All notices between Network Solutions and its registrants permitted or required under this Policy shall be in writing and shall be delivered by personal delivery, courier delivery, facsimile transmission, and/or by first class mail, and shall be deemed given upon delivery, transmission, or seven (7) calendar days after deposit in the mail, whichever occurs first. Initial notices shall be sent to the domain name registrant at the address of the domain name registrant listed in Network Solutions' WHOIS database.

13. Non-Agency. Nothing contained in this Policy shall be construed as creating any agency, partnership, or other form of joint enterprise between the parties.

14. Non-Waiver. The failure of Network Solutions to require performance by the registrant of any provision hereof shall not affect the full right to require such performance at any time thereafter; nor shall the waiver by Network Solutions of a breach of any provision hereof be taken or held to be a waiver of the provision itself.

15. Breach. The registrant's failure to abide by any provision under this Policy may be considered by Network Solutions to be a material breach and Network Solutions may provide a written notice, describing the breach, to the registrant. If, within thirty (30) calendar days of the date of such notice, the registrant fails to provide evidence, which is reasonably satisfactory to Network Solutions, that it has not breached its obligations, then Network Solutions may revoke registrant's registration of the domain name. Any such breach by a registrant shall not be deemed to have been excused simply because Network Solutions did not act earlier in response to that, or any other, breach by the registrant.

16. Invalidity. In the event that any provision of this Policy shall be unenforceable or invalid under any applicable law or be so held by applicable court decision, such unenforceability or invalidity shall not render this Policy unenforceable or invalid as a whole. Network Solutions will amend or replace such provision with one that is valid and enforceable and which achieves, to the extent possible, the original objectives and intent of Network Solutions as reflected in the original provision.

17. Entirety. This Policy, as amended, and the current Registration Agreement together constitute the complete and exclusive agreement between Network Solutions and the registrant, and supersede and govern all prior proposals, agreements, or other communications. The registrant agrees that registration of a domain name constitutes an agreement to be bound by this Policy, as amended from time to time.

B. DENIC Vergabebestimmungen (15.05.1997)

RICHTLINIE ZUR VERGABE VON DEUTSCHEN INTERNET-DOMAIN's

Stand: 15.05.1997,
überarbeitete Fassung vom 01.11.1997

Vergabebestimmungen

Alle hier beantragten Domains sind direkte Subdomains der deutschen Top Level Domain ".DE" (ISO 2-Zeichen-Kode für die Bundesrepublik). Sie werden zentral vom DENIC für alle deutschen Antragsteller vergeben, um die Eindeutigkeit im weltweiten Namensraum zu gewährleisten. Der Antragsteller erwirbt durch die Registrierung der Domain kein Eigentum an dieser; sie wird ihm lediglich zur Nutzung überlassen.

Eine Bearbeitung kann nur bei Vollständigkeit der notwendigen Angaben erfolgen. Weitere Bitten, Ergänzungen oder Hinweise können an jeder Stelle des Antrages durch eine oder mehrere Zeile(n) jeweils eingeleitet mit remarks: angebracht werden.

Der Antragsteller erklärt sein Einverständnis, daß die Daten in den Datenbanken des DENIC und den kooperierenden Institutionen des Internets (z.B. RIPE NCC oder InterNIC) in elektronischer oder schriftlicher Form veröffentlicht werden.

Antragsteller und Inhaber von Domains können nur natürliche und juristische Personen sein, die ihren allgemeinen Gerichtsstand (§§ 13, 17 ZPO) in Deutschland haben. Der administrative Kontakt (admin-c) muß eine natürliche Person sein, die ihren allgemeinen Gerichtsstand (§§ 13, 17 ZPO) in Deutschland hat.

Der Antragsteller ist verpflichtet, die als Domain zu registrierende Zeichenfolge auf ihre Vereinbarkeit mit den Rechten Dritter, z.B. mit Namens-, Marken-, Urheber- oder sonstigen Schutzrechten, sowie mit den allgemeinen Gesetzen zu prüfen. Mit der Antragstellung versichert der Antragsteller, daß er dieser Verpflichtung nachgekommen ist und daß sich bei dieser Prüfung keine Anhaltspunkte für die Verletzung von Rechten Dritter oder sonstiger Rechtsvorschriften ergeben haben. Das DENIC übernimmt insoweit keine Verpflichtungen.

Jede Haftung durch das DENIC, gleich aus welchem Rechtsgrund, die auf leichter Fahrlässigkeit beruht, ist ausgeschlossen. Im übrigen beschränkt sich die Haftung auf denjenigen Schaden, den das DENIC als mögliche Folge der Vertragsverletzung vorausgesehen hat oder hätte voraussehen müssen.

Wird das DENIC in Bezug auf die Domain oder ihre Nutzung von Dritten in Anspruch genommen, insbesondere wegen der tatsächlichen oder angeblichen Verletzung von Namens-, Marken-, Urheber- oder sonstigen Schutzrechten oder wegen einer - aus welchem Grund auch immer - tatsächlich oder angebliche unzulässigen Verwendung der Domain durch ihren Nutzer, so hat der Inhaber das DENIC von sämtlichen Kosten und sonstigen nachteiligen Folgen dieser Inanspruchnahme freizuhalten. Der Inhaber erklärt sich mit sämtlichen Maßnahmen einverstanden, die das DENIC zu treffen hat, um vollziehbaren Anordnungen oder vollstreckbaren Entscheidungen nachzukommen, und hält das DENIC auch insoweit von sämtlichen Kosten und nachteiligen Folgen frei.

Domains können nur mit Zustimmung des DENIC auf einen neuen Inhaber übertragen werden. Das DENIC kann die Zustimmung verweigern, wenn eine Registrierung zugunsten des neuen Inhabers abgelehnt werden könnte oder dies aus einem anderen wichtigen Grund gerechtfertigt ist. Der bisherige und der zukünftige Inhaber der Domain haften gesamtschuldnerisch für alle zum Zeitpunkt der Übertragung bestehenden Verpflichtungen des Inhabers.

Eine Domainüberlassung kann fristlos gekündigt werden, wenn der Inhaber die Vergaberichtlinie oder eine sonstige vertragliche Verpflichtung gröblich verletzt hat oder die Domain nach rechtskräftiger Feststellung eines Gerichts Rechte Dritter verletzt oder unter Verstoß gegen gesetzlichen Vorschriften genutzt worden und dieser Verstoß erheblich ist.

Begriffsbestimmungen:

- Domain-Name

Ein gültiger Domain-Name besteht aus Zahlen und Buchstaben und dem Zeichen "-" (Bindestrich), wobei er mit einer Zahl oder einem
Buchstaben beginnen und enden muß. Das Zeichen "-" (Bindestrich) ist weder am Anfang noch am Ende zulässig. Ein Domain-Name muß mindestens einen Buchstaben enthalten (ansonsten wäre Verwechslung mit IP – Adressen möglich). Beim Domain-Namen wird nicht zwischen Groß/Kleinschreibung unterschieden. Der Domain-Name endet mit einem Buchstaben oder einer Zahl. Die Mindestlänge des Domain – Namens beträgt 3 Zeichen. Die Namen bestehender TopLevelDomains (arpa, com, int, gov, mil, nato, net, org, edu ...), 1- und 2-buchstabige Abkürzungen sowie deutsche Kfz-Kennzeichen sind als Domain-Namen nicht zulässig. Eine weitere, eigene Unterteilung ist möglich (direkte Subdomain von uni-karlsruhe.de ist z.B. rz.uni-karlsruhe.de). Die antragstellende Organisation ist bei der Wahl des Domainnamens selbst für die Einhaltung des Namensrechts verantwortlich, evtl. auftretende Konflikte mit eingetragenen oder geschützten Namen sind zu beheben. Der Antragsteller VERSICHERT DURCH DEN ANTRAG, KEINE RECHTE DRITTER ZU VERLETZEN. Ansprechpartner, an den wir Dritte bei Problemen verweisen, ist der admin-c der Domain, deshalb muß dieser immer innerhalb der Organisation, für die die Domain beantragt wurde, angesiedelt sein. Das DENIC kann für Namenskonflikte NICHT verantwortlich gemacht werden. Weitere rechtliche Hinweise siehe unter den vorgenannten Vergabebestimmungen.

- Antragstellende Organisation (Antragsteller/Domain – Inhaber)

Beschreibung des zukünftigen Domain-Inhabers (z.B. eine Firma, ein Verein oder eine Behörde), dieses muß eine rechtsfähige (auch juristische) Person sein und wenn vorhanden, muß die Organisations/Rechtsform mit angegeben werden. Zusätzlich müssen Sie die vollständige postalische Adresse, evtl. separat für Adresse zur Straßenangabe und Adresse mit Postfachangabe, angeben. Antragsteller und Inhaber von Domains können nur natürliche und juristische Personen sein, die ihren allgemeinen Gerichtsstand (§§ 13, 17 ZPO) in Deutschland haben.

- admin-C / Administrativer Kontakt

Verantwortliche Autorität für die Domain, hier ist nur eine Person anzugeben, diese kann mit dem technischen Kontakt übereinstimmen, ist aber der allgemeine Ansprechpartner bei Rückfragen. Sie/Er ist 'BesitzerIn' der Domain und für die Einrichtung von Subdomains und die Einhaltung des Namensrechts verantwortlich. Als solcher MUSS sie/er in der Organisation angesiedelt sein, für die diese Domain eingetragen wird (siehe Abschnitt 2. 'descr:'). Der admin-c übernimmt die rechtliche Verantwortung, wenn die antragstellende Organisation nicht oder nicht mehr existiert oder keinen allgemeinen Gerichtsstand (§§ 13, 17 ZPO) in Deutschland hat oder sonst nicht oder nicht mehr erreichbar ist. Die Person muß mit dem nic-hdl angegeben werden und in der RIPE – Datenbasis eingetragen sein. Der admin-c muß eine natürliche Person sein, die ihren allgemeinen Gerichtsstand (§§ 13, 17 ZPO) in Deutschland hat.

- tech-c / Technischer Kontakt

Die Person(en), die die technische Abwicklung in der Organisation/für die Organisation vornehmen, dieses können mehrere sein oder auch mit dem administrativen Kontakt übereinstimmen. Die Person muß mit dem nic-hdl angegeben werden und in der RIPE-atenbasis eingetragen sein. (Oftmals ist hier der Provider eingetragen.)

- zone-c / Zonen-Kontakt

Die Person, die den Nameserver betreut. Diese Angabe ist nur notwendig sofern ein eigener Nameserver für die Domain delegiert ist/werden soll. Bitte unbedingt eine Person angeben, selbst wenn im 'start of authority' Ressource Record des Nameservers eine funktionale Mailadresse (z.B. hostmaster@domain.de, netadm@domain.de) angegeben wird. Die Person muß mit dem nic-hdl angegeben werden und in der RIPE-Datenbasis eingetragen sein. Der zone-c kann jedoch auch ein Roleobjekt sein.

C. DENIC Vergabebestimmungen (03.05.2000)

DENIC-Registrierungsrichtlinien

Die DENIC eG registriert Internet-Domains unterhalb der deutschen Top Level Domain (TLD) .de. Sie tut dies ohne Gewinnerzielungsabsicht zum Nutzen aller am Internet Interessierten und befindet sich darin in Übereinstimmung mit den international anerkannten Standards für den Betrieb einer Länder-TLD-Registrierungsstelle.

I. Registrierungsaufträge können entweder über einen Internet-Service-Provider, der DENIC-Mitglied ist (ISP), oder unmittelbar an die DENIC (DENICdirect) erteilt werden. Voraussetzung für die Bearbeitung ist in beiden Fällen, dass der Auftraggeber die nach diesen Richtlinien erforderlichen Angaben vollständig und zutreffend übermittelt und die gewünschte Domain den in diesen Richtlinien enthaltenen Vorgaben entspricht. Der Registrierungsvertrag kommt zwischen dem künftigen Domaininhaber und der DENIC erst durch die Registrierung zustande; für ihn gelten neben diesen Richtlinien die Registrierungsbedingungen der DENIC.

II. Eine Domain kann (neben der TLD .de) nur bestehen aus Ziffern (0 bis 9), Buchstaben des lateinischen Alphabets (A bis Z, also ohne Umlaute und andere Sonderbuchstaben) und Bindestrichen (-). Sie muss wenigstens einen Buchstaben enthalten und darf mit einem Bindestrich weder beginnen noch enden. Groß- und Kleinschreibung werden nicht unterschieden. Die Mindestlänge einer Domain beträgt drei, die Höchstlänge 63 Zeichen. Unzulässig als Domains sind die Namen anderer Top Level Domains (wie gegenwärtig z. B. arpa, com, edu, gov, int, net, nato, mil, org und sämtliche länderbezogenen TLDs) sowie deutsche Kfz-Kennzeichen. Die Einrichtung eigener Subdomains unterhalb der bei der DENIC registrierten Domain ist zulässig.

III.Der Domaininhaber (descr:) ist der Vertragspartner der DENIC und damit der an der Domain materiell Berechtigte. Sofern es sich nicht um eine natürliche Person handelt, ist bei Auftragserteilung die vollständige den gesetzlichen Vorschriften entsprechende Firmierung mit Rechtsformzusatz anzugeben. Ebenso muss die Anschrift mitgeteilt werden, wobei die Angabe einer Postfachadresse nicht ausreicht.

Der administrative Ansprechpartner (admin-c) ist die vom Domaininhaber benannte natürliche Person, die als sein Bevollmächtigter berechtigt und verpflichtet ist, sämtliche die Domain betreffenden Angelegenheiten verbindlich zu entscheiden, und die damit den Ansprechpartner der DENIC darstellt. Anzugeben sind Name und Adresse des admin-c. Sofern der Domaininhaber seinen Sitz nicht in Deutschland hat, ist der admin-c zugleich dessen Zustellungsbevollmächtigter i. S. v. §§ 174 f. ZPO; er muss in diesem Falle seinerseits seinen Sitz in Deutschland haben und seine Straßenanschrift angeben. Der technische Ansprechpartner (tech-c) betreut die Domain in technischer Hinsicht. Für ihn sind Name, Anschrift, Telefon- und Telefaxnummer sowie E-Mail-Adresse anzugeben. Der Zonenverwalter (zone-c) betreut den oder die eigenen Nameserver des Domaininhabers und ist mit Name, Anschrift, Telefon- und Telefaxnummer sowie E-Mail-Adresse anzugeben. Sofern der Domaininhaber keine eigenen Nameserver delegiert, ist ein zone-c nicht erforderlich.

IV. Die DENIC nimmt die nach Ziffer III. erforderlichen Daten in die öffentliche DENIC-Datenbank (whois) auf und gibt sie im Rahmen des DENIC-Abfrageservice weiter, da dies technisch und rechtlich erforderlich ist. Wünscht der Auftraggeber die Veröffentlichung weiterer Telefon- und Telefaxnummern sowie E-Mail-Adressen, hat er diese ebenfalls anzugeben und ausdrücklich seine Zustimmung zur Veröffentlichung zu erteilen.

DENIC-Registrierungsbedingungen

§ 1 Geltungsbereich

Die Allgemeinen Geschäftsbedingungen gelten für den Registrierungsvertrag zwischen der DENIC Domain Verwaltungs- und Betriebsgesellschaft eG, Frankfurt am Main, (nachfolgend "DENIC") und dem Auftraggeber (nachfolgend "Kunde"). Der Kunde sendet den Registrierungsauftrag direkt oder über einen Internet Service Provider, der DENIC-Genosse ist, (nachfolgend "ISP") an die DENIC. Die DENIC nimmt den Auftrag durch Bestätigung oder Durchführung der Registrierung an.

§ 2 Aufgaben von DENIC

(1) Die DENIC registriert die Domain unter dem Top-Level .de., wenn die Domain nicht bereits für einen Dritten registriert ist. Die DENIC ist nicht verpflichtet zu prüfen, ob die Nutzung durch den Anmelder rechtmäßig ist. Bei offensichtlichen Rechtsverletzungen kann die DENIC die Registrierung verweigern.

(2) Die DENIC nimmt die Domain und deren technischen Daten in ein öffentliches Register (whois) auf, das, ausgenommen der Wartungszeiten, mit dem Internet verbunden ist und in regelmäßigen Abständen zum Herunterladen zur Verfügung gestellt wird. Die Bereitstellung des Registers durch andere Betreiber ist nicht Bestandteil der DENIC-Leistung.

(3) Die DENIC versieht eine Domain mit einem Dispute-Eintrag, wenn ein Dritter glaubhaft macht, dass er ein Recht auf die Domain hat und dieses gegenüber dem Domain-Inhaber geltend macht, vorausgesetzt, er stellt die DENIC und den ISP von möglichen Ansprüchen des Domain-Inhabers und Dritter frei. Der Dispute-Eintrag hat Wirkung für ein Jahr. Die DENIC verlängert auf Antrag den Dispute-Eintrag, wenn der Dritte nachweist, dass die Auseinandersetzung noch nicht abgeschlossen ist. Eine Domain, die mit einem Dispute-Eintrag versehen ist, kann vom Inhaber weiter genutzt, jedoch nicht übertragen werden.

§ 3 Pflichten des Kunden

(1) Der Kunde versichert, dass seine Angaben richtig sind und er zur Nutzung der Domain berechtigt ist, insbesondere, dass die Domain keine Rechte Dritter verletzt und nicht gegen allgemeine Gesetze verstößt. Hat er keine(n) Wohnsitz/Niederlassung in Deutschland, benennt er einen in Deutschland ansässigen Zustellungsbevollmächtigten als "admin-c". Jeder "admin-c" ist mit Zustellanschrift anzugeben.

(2) Der Kunde stellt die technischen Voraussetzungen zur Konnektierung der Domain sicher, prüft sofort nach Registrierung die Funktionsfähigkeit des Zugriffs im Internet und die unter http://www.denic.de/servlet/Whois veröffentlichten Angaben und teilt der DENIC oder dem ISP Änderungen hierzu jeweils unverzüglich mit.

§ 4 Vergütung

(1) Wird der Auftrag über einen ISP erteilt und kommt dieser seinen Domain-Zahlungsverpflichtungen gegenüber der DENIC nach, ruht die Vergütungspflicht des Kunden.

(2) Erfüllt der ISP seine Zahlungspflichten gegenüber der DENIC nicht, hat der Kunde die Registrierungsleistungen unmittelbar an die DENIC zu vergüten. Die Registrierungspreise und die Zahlungsfälligkeit ergeben sich aus der jeweils aktuellen DENIC-Preisliste, abrufbar unter
http://www.denic.de/DENICdb/domainreg/DENICdirect/preisliste.html.
Die DENIC kann die Preise mit einer Ankündigungsfrist von zwei Monaten ändern.

§ 5 Haftung

(1) Die DENIC haftet nur für von ihr oder ihren Erfüllungsgehilfen grob fahrlässig oder vorsätzlich verursachte Schäden sowie bei verschuldeter Verletzung wesentlicher vertraglicher Hauptpflichten und bei Fehlen zugesicherter Eigenschaften. Der ISP ist nicht DENIC-Erfüllungsgehilfe.

(2) Bei leicht fahrlässiger Verletzung wesentlicher vertraglicher Hauptpflichten haftet die DENIC höchstens bis zum typischerweise vorhersehbaren Schaden, in der Regel bis zur Höhe einer Domain-Jahresvergütung.

(3) Der Kunde haftet für sämtliche Schäden, die der DENIC aufgrund fehlerhafter Registrierungsangaben entstehen.

(4) Der Kunde leistet der DENIC Ersatz für alle Schäden, die der DENIC durch die Inanspruchnahme Dritter wegen fehlender Berechtigung des Kunden zur Nutzung der Domain entstehen und stellt die DENIC von allen Ansprüchen Dritter frei.

§ 6 ISP-Wechsel und Domain-Übertragung

(1) Bei Beendigung des ISP-Vertrags mit anschließender Selbstverwaltung durch den Kunden oder bei ISP-Wechsel gibt der Kunde selbst oder durch den neuen ISP den Auftrag, die Domain umzuregistrieren. Die DENIC nimmt die Umregistrierung vor, wenn der alte ISP der Freigabe nicht widerspricht oder der DENIC der Umregistrierungsauftrag des Kunden vorliegt.

(2) Die Domain ist übertragbar. Die DENIC überträgt die Domain an einen vom Kunden benannten Dritten, wenn der Kunde den Registrierungsvertrag kündigt und der Dritte einen Auftrag zur Registrierung erteilt. Die DENIC ist berechtigt, einen Registrierungsauftrag abzulehnen, solange ein Dritter ein Recht auf die Nutzung der Domain gegenüber der DENIC geltend macht (Dispute-Eintrag).

§ 7 Kündigung und Sperrung

(1) Der Vertrag wird auf unbestimmte Zeit geschlossen. Er kann vom Kunden - erstmals nach Ablauf des ersten Vertragsjahres - mit einer Frist von einem Monat zum Ende des Folgemonats gekündigt werden. Geleistete Vergütungen erstattet die DENIC nicht. Die Kündigung bedarf der Schriftform.

(2) Die DENIC kann den Vertrag ohne Einhaltung einer Frist aus wichtigem Grund kündigen, insbesondere wenn

a) der Kunde wesentliche Vertragspflichten nachhaltig verletzt, insbesondere z.B. nach Mahnung und Fristsetzung die fällige Vergütung nicht bezahlt oder

b) die Domain als solche rechtswidrig ist oder

c) der Kunde schriftlich und uneingeschränkt erklärt, er wolle die Domain nicht nutzen oder

d) in einem rechtskräftigen gerichtlichen Titel festgestellt ist, dass der Kunde nicht berechtigt ist, die Domain zu nutzen oder

e) der ISP des Kunden nach Mahnung und Fristsetzung eine fällige Domain-Vergütung nicht bezahlt oder die Domain nicht ordnungsgemäß verwaltet und der Kunde nach Aufforderung innerhalb einer Frist von einem Monat weder einen neuen ISP benennt noch der Weiterführung ohne ISP zustimmt oder

f) die Identität des Kunden aus den Registrierungsangaben nicht festgestellt werden kann oder

g) die Zustellung an den unter "admin-c" Genannten bei zwei aufeinander folgenden Versuchen scheitert, ohne dass die DENIC dies zu vertreten hat, oder

h) der Kunde nach Aufgabe seines Wohnsitzes/seiner Niederlassung in Deutschland nach Mahnung und Fristsetzung keinen Zustellungsbevollmächtigten in Deutschland als "admin-c" benennt oder

i) Domain-Daten falsch sind.

§ 8 Datenschutzhinweis

Der Kunde wird darauf hingewiesen, dass Namen und Anschriften des Domaininhabers sowie des administrativen und technischen Ansprechpartners und des Zonenverwalters, vom technischen Ansprechpartner und Zonenverwalter zudem die Telefon- und Telefaxnummer sowie die E-Mail-Adresse, im DENIC-Register (whois) veröffentlicht und im Rahmen des DENIC-Abfrageservices weitergegeben werden. Weitere Telefonnummern, Telefaxnummern sowie E-Mail-Adressen werden nur auf ausdrücklichen, schriftlich erklärten Wunsch des Kunden veröffentlicht und mitgeteilt.

§9 Rechtswahl und Gerichtsstand

Der Registrierungsvertrag unterliegt deutschem Recht. Für Kaufleute und Personen mit Wohnsitz oder gewöhnlichem Aufenthalt im Ausland ist Frankfurt am Main ausschließlicher Gerichtsstand für alle Ansprüche im Zusammenhang mit dem Vertrag. Die DENIC kann auch im allgemeinen Gerichtsstand des Kunden klagen.

Glossar

Begriff	Erläuterung
APNIC	**A**sia **P**acific **N**etwork **I**nformation **C**enter
ARIN	**A**merican **R**egistry für **I**nternet **N**umbers
ARPA	**A**dvanced **R**esearch **P**rojects **A**gency
ASCII	**A**merican **S**tandard **C**ode for **I**nformation **I**nterchange. Klassische Codierung von Zeichen (*Buchstaben Zahlen, Satzzeichen*) in einem Code, der 7 Bit eines Bytes benutzt. Umlaute sind nicht vorgesehen. Im Internet werden Texte in der Regel im ASCII-Code dargestellt.
ASO	**A**dress **S**upporting **O**rganization
Backbone	Fest installiertes Leitungsnetz mit hoher Kapazität, an das kleinere Netze angeschlossen sind.
Bit	Grundeinheit der Informationsverarbeitung mit dem Computer. Ein Bit kann entweder gesetzt oder gelöscht sein. Ein gesetztes Bit besitzt die Information „*Ja*“ oder „*Wahr*“ und wird durch den Zahlenwert 1 symbolisiert. Ein gelöschtes Bit dagegen wird als 0 dargestellt und entspricht „*Nein*“ oder „*Falsch*“. Bits werden jedoch selten als Informationsträger eingesetzt, sondern in Form eines Byte aus acht Bits zusammengefaßt.
Byte	Bezeichnung für eine Gruppe aus acht Bit. Ein Byte ist (*mit Ausnahmen*) die kleinste Einheit der Datenverarbeitung, die eine Information trägt. Da ein Byte aus acht Bits besteht, gibt es also 2^8 oder 256 mögliche Zahlenwerte, die dieses Byte darstellen kann.
ccTLD	**c**ountry **c**ode **T**op-**L**evel-**D**omain
Client	Ein Client ist ein „*Dienstenutzer*“. Bezeichnung für einen Rechner, der auf einen Server zugreifen muß, um Anwendungen oder Dokumente zu nutzen.
Content-Provider	„*Bereithalter/Beschaffer*“ von Inhalten im Internet, d.h. von Informationen in Gestalt von Webseiten.
CORE	**C**ouncil **of** **Re**gistrars
CSNET	**C**omputer **S**cience **R**esearch **N**etwork
Cyberspace	Cyberspace ist eine Kunstwort aus dem Roman „*Neuromancer*“ des amerikanischen Science Fiction Autors William Gibson, das von „*Cybernetics*“ abgeleitet ist. Cyberspace bezeichnet „die Welt der Computer und die in dieser Welt herrschende Kultur“; mittlerweile wird der Begriff synonym für das Internet gebraucht.
DARPA	**De**fense **A**dvanved **R**esearch **P**rojects **A**gency
delegieren	Zuordnung zwischen Domain-Name und IP-Nummer wird im DNS eingetragen. Erfolgt der Eintrag nur beim DENIC in Karlsruhe, gilt die Domain nicht als delegiert, sondern nur als konnektiert.

DENIC	**D**eutsches **N**etwork **I**nformation **C**enter
DNS	**D**omain-**N**ame-**S**ystem
DNSO	**D**omain **N**ame **S**upporting **O**rganization
EMail	Electronic Mail. Elektronische Post direkt an einen bestimmten Benutzer.
FTP	**F**ile **T**ransfer **P**rotocol. Dateien-Übertragungsprotokoll innerhalb des Internet.
Gateway	Ein Gateway ist die Schnittstelle bzw. der Übergangsrechner zwischen zwei Netzen, die mit unterschiedlicher Software arbeiten.
gTLD	**g**eneric **T**op-**L**evel-**D**omain
Host	Bezeichnung für Großrechner und Server, an denen Workstations angeschlossen sind.
HTML	**H**yper**t**ext **M**arkup **L**anguage (*Programmiersprache für Webseiten*)
http://	**H**yper**t**ext **T**ransfer **P**rotocol
Hyperlink	Querverweis. In eine Webseite integrierte Weiterverweisung, durch die andere Webseiten auf der Website desselben Anbieters (*relative Links*) oder eines anderen Anbieters (*absolute Links*).Ein Mausklick auf einen besonders hervorgehobenen Begriff zeigt Informationen zu diesem Begriff.
IAHC	**I**nternational **A**d **H**oc **C**ommittee
IANA	**I**nternet **A**ssigned **N**umbers **A**uthority
ICANN	**I**nternet **C**orporation for **A**ssigned **N**ames and **N**umbers
IMP	**I**nterface **M**essage **P**rocessor. Die IMPs beruhten auf der Robustversion des Minicomputers 516 von Honeywell und waren die ersten Computer, die eigens für die Steuerung von Datenverkehr zwischen ARPA-Standorten entwickelt wurden.
IP-Adresse	**I**nternet **P**rotocol **A**dresse
ISO	**I**nternational **S**tandardisation **O**rganisation
ISOC	**I**nternet **Soc**iety.
ISO-Zeichensatz	Die ISO ist die Genfer „*International **S**tandards **O**rganization*" und hat für jedes Land eine eigene Variante des ASCII-Zeichensatzes mit nationalen Sonderzeichen formuliert: den ISO-Zeichensatz.
ISP	**I**nternet **S**ervice **P**rovider
LAN	**L**ocal **A**rea **N**etwork, techische Bezeichnung für ein lokal begrenztes Netzwerk.
NCP	**N**etwork **C**ontrol **P**rotocol
NIC	**N**etwork **I**nformation **C**enter
NSF	**N**ational **S**cience **F**oundation
NSFNET	**N**ational **S**cience **F**oundation **N**etwork
NTIA	**N**ational **T**elecommunications and **I**nformation **A**dministration

POP	**P**oint **o**f **P**resence – Einwahlknoten zum Internet
Proxy-Server	Um Netzwerkressourcen zu schonen und dem Internetnutzer lange Wartezeiten beim Abrufen von Internetinhalten zu ersparen, setzten viele Internet Access Provider Proxy-Server ein, die als Zwischenspeicher einmal abgerufene Seiten aus dem Internet in ihrem lokalen Speicher (*sog. Cache*) für einen erneuten Abruf bereithalten.
PSO	**P**rotocol **S**upporting **O**rganization
RFC	**R**equest **f**or **C**omment. Serie aus mittlerweile über 2000 Dokumenten, deren erstes 1969 erschienen ist. Die RFCs beschreiben sämtliche Internet-Protokolle sowie Standards, verfahren, Algorithmen, Regeln und Strategien der Kommunikations- und Netzwerktechnik. Ein RFC ist nur eine Empfehlung und wird nicht von einem förmlichen Gremium beschlossen. Er ist durch die Veröffentlichung im Internet zur Umsetzung in Hardware und Software freigegeben. Standards die in RFCs formuliert wurden, haben sich üblicherweise in kürzester Zeit durchgesetzt.
RIPE-NCC	**R**eseaux **IP** **E**uropeen **N**etwork **C**oordination **C**enter
Router	Ein Router ist ein Internet-Rechner, der am Aufbau einer Verbindung im Internet beteiligt ist. Er entscheidet, welcher Weg für die Daten am günstigsten ist.
Server	System oder logische Einheit, welche Dienstleistungen an Clients zur Verfügung stellt.
SLD	**S**econd-**L**evel-**D**omain
TCP/IP	**T**ransmission **C**ontrol **P**rotocol/**I**nternet **P**rotocol
TLD	**T**op-**L**evel-**D**omain
Traffic	Ist die Bezeichnung für die Auslastung eines Netzwerkes durch gleichzeitig aktive Anwender.
UNIX	Betriebssystem für Großrechner
URL	**U**nified **R**esource **L**ocator
Web-Browser	Computerprogramme, welche die Navigation im Internet ermöglichen.
Web-Hosting	Betreuen eines fremden Internetangebotes bzw. Verwalter einer fremden Website.
Website	Zusammenhängende Sammlung von Webseiten. Oberbegriff für den Internetauftritt an sich.
Web-Space	Speicherplatz auf einem Server zur Ablage von Internetinhalten.
WhoIs	WhoIs ist der Name eines Dienstprogramms für das Internet. Es erlaubt die Abfrage von Datenbanken mit Informationen über Personen, Organisationen, Netzwerke, Domänen und Rechner.

WIPO	**W**orld **I**ntellectual **P**roperty **O**rganization
WWW	**W**orld **W**ide **W**eb

Kolibri 360 GmbH
Ferdinand-Jühlke-Straße 7
99095 Erfurt, Deutschland
produktsicherheit@kolibri360.de

Druck:
CPI Druckdienstleistungen GmbH
im Auftrag der
Kolibri 360 GmbH
Ferdinand-Jühlke-Str. 7
99095 Erfurt